Yo Evita

Habla a las Mujeres

Patria - Pueblo - Recuperación

EVA PERÓN

Yo Evita

Habla a las Mujeres

Patria - Pueblo - Recuperación

CS EDICIONES

Tapa: *Marcelo Bigliano*

Boyacá 51 - Buenos Aires

ISBN 950-764-170-X

Queda hecho el depósito que marca la Ley 11723

IMPRESO EN ARGENTINA
PRINTED IN ARGENTINA

Eva Perón

Habla a las Mujeres

Quiero que cuando el destino vuelva a elegir mujer para esta cumbre del hogar nacional, cualquier mujer de mi pueblo pueda cumplir, mejor que yo, esta misión que yo cumplo lo mejor que puedo.

EVA PERÓN

ADVERTENCIA

I. Qué es el Peronismo

El Peronismo es un movimiento doctrinario que ha abierto todos los caminos, especialmente aquellos que sistemáticamente se les negaban a nuestro pueblo rompiendo para ello todas las vallas que trababan el progreso argentino.

EL GENERAL PERÓN HA DICHO: Pensamos en una Nueva Argentina, profundamente cristiana y profundamente humanista.

Aclaran acabadamente las ideas de lo que es el peronismo, las publicaciones **Doctrina Peronista**, **Manual del Peronista**, los discursos y obra realizadas por el General Perón.

II. Por qué soy peronista

La transcripción del artículo escrito al respecto por la Señora Eva Perón, explica terminantemente este tema al decir:

"El peronismo no se aprende ni se proclama; se comprende y se siente, ha dicho Perón. Por eso es convicción y es fe. Es convicción porque nace y se nutre en el análisis de los hechos, en la razón de sus causas y de sus consecuencias. Tiene el empuje y la dinámica de la historia en marcha. Es la conciencia hecha justicia que reclama la humanidad de nuestros días. Es trabajo, es sacrificio y es amor; amor al prójimo. Es la fe popular hecha partido en torno a una causa de esperanza que faltaba en la Patria y que hoy proclama el pueblo en mil voces distintas en procura de una libertad efectiva nunca alcanzada a pesar del dolor y del esfuerzo del pueblo de descamisados.

¿Cómo las mujeres argentinas podrían desertar de esta causa de todos? En la lucha todos tenemos un puesto y ésta es una lucha abierta por el ser o no ser de la Argentina. Luchamos por la independencia y la soberanía de la Patria, por la dignidad de nuestros hijos y de nuestros padres, por el honor de una bandera y por la felicidad de un pueblo escarnecido y sacrificado en aras de una avaricia y un egoísmo que no nos han traído sino dolores y luchas estériles y destructivas. Si el pueblo fuera feliz y la Patria grande, ser peronista sería un derecho, en nuestros días, ser peronista es un deber. *POR ESO SOY PERONISTA.*

"Soy peronista, entonces, por conciencia nacional, por procedencia popular, por convicción personal y por apasionada solidaridad y gratitud a mi pueblo, vivificado y actuante otra vez por el renacimiento de sus valores espirituales y la capacidad realizadora de su Jefe, el General Perón. Mi dignidad de argentina y mi conciencia de ciudadana se sublevó ante una patria vendida, vilipendiada, mendicante ante los mercaderes del templo de las soberanías y entregada, año tras año gobierno tras gobierno, a los apetitos foráneos del capitalismo sin patria y sin bandera.

"Mi solidaridad con el pueblo, cuya callada epopeya he sentido en mi carne y he sufrido en mi sensibilidad, reafirma mi peronismo. Porque he vivido los problemas del movimiento, su difícil gestación, su desenvolvimiento y la victoria final de la Revolución y porque he pulsado el amor apasionado que el General Perón alienta por su pueblo y por sus vanguardias descamisadas, es que me he convertido en un soldado humilde de esta causa del pueblo con una fe inquebrantable en el éxito y con un deseo irrefrenable de quemar la vida para alumbrar el camino de la liberación popular.

"Soy peronista porque veo al General Perón levantarse al amanecer y agotar su salud en interminables jornadas para proveer al bienestar de su pueblo; soy peronista porque gradúa con su fatiga la felicidad de su espíritu por llevar alegría y dignidad a los trabajadores argentinos; soy peronista porque me ha sido concedida la felicidad de compartir sus luchas, de sufrir sus dolores, de vivir sus alegrías y de alimentar sus esperanzas en un futuro mejor para todos los que trabajan y para todos los desvalidos, de quienes nadie se acordó hasta que él llamó al pueblo a la realidad de nuestra patria. Soy peronista, en fin, por convicción y por sentimiento, por confianza en la bondad y en los esfuerzos de los descamisados, en esta lucha por la total independencia económica de la Patria, por nuestra completa liberación y por nuestra absoluta y limpia soberanía.

"Este peronismo mío se ha retemplado en la lucha, se alimenta de ella y se afirma en la fe. Tiene la fuerza incontenible de las causas justas. Se ha forjado en la dignificación del trabajo, en la humanización del capital, en la protección del desvalido, en la prodigiosa multiplicación de escuelas y hospitales, en la potenciabilidad de las fábricas levantadas por la Revolución, en las mejoras al obrero del campo. Este peronismo mío se ha forjado y se afirma en este mismo lenguaje de pueblo que choca y desagrada a los que usan el lenguaje de la mentira coligada."

III. ¿Qué es la Doctrina Peronista?

La doctrina peronista, dice el **Manual del Peronismo**, es el conjunto de ideas realizables que de acuerdo con nuestro medio económico, social, político y cultural, tienen los peronistas para que en un entendimiento mutuo, con una común manera de ver, pensar y, actuar, puedan coordinar sus esfuerzos para la realización de dichas ideas.

La doctrina peronista es una creación viva, que puede evolucionar a base de hechos y de realizaciones, pero que no puede ser alterada ni renovada por hombres distanciados de la realidad y mucho menos por hombres rutinarios, egoístas, inhumanos.

La doctrina peronista no ha nacido de la vana contemplación de los hechos ni de la exaltación indebida de los méritos, sino de las posibilidades reales y de la verdadera evolución de las posibilidades.

La doctrina peronista ha nacido para nuestro pueblo con el fin de prepararlo, disciplinarlo y jerarquizarlo en sus valores morales, en su acción individual y colectiva en bien de la Nación.

La doctrina peronista ha nacido para nuestro pueblo, cuyos componentes no viven por vivir, sino que viven para mejorar su propia vida y la de los que en el mañana los substituirán, pueblo que se siente responsable, como nación, ante las generaciones futuras.

La doctrina peronista ha nacido para nuestro pueblo como guía hacia la superación y como fortificante para sacudir y desprenderse del lastre indeseable, que mantenía el alma nacional en crisis y no dejaba elevar el nivel social de nuestro pueblo.

La doctrina peronista ha nacido para nuestro pueblo, capaz de crear, que sabe ya, por dolorosa experiencia, qué significan y dónde desembocan los gobiernos sin orientación y sin principios, actuantes a ciegas, por carecer de una doctrina basada en convencimientos que los guíe y les dé fuerzas para actuar.

Y, finalmente, la doctrina peronista ha nacido del General Perón, para bien de cada uno y de todos; para bien de la Patria.

Cabe al General Perón su creación, pero cabe al peronismo no sólo la responsabilidad doctrinaria que tiende a la existencia de un alma nacional orientada hacia fines superiores, sino algo más grave y serio aún, que es su inculcación, cohesionada a los triunfos y sufrimientos comunes, vividos no con vanidad ni engaños sino en realidades tratadas objetivamente con verdad.

IV. ¿Qué es el Partido Peronista?

El Partido Peronista es la unión indestructible de los peronistas que como tales, creen, siguen, trabajan y defienden la causa peronista y que, compenetrados de la doctrina peronista, intervienen en la vida de la Nación Argentina.

El Partido Peronista nació en el mismo corazón del pueblo, creció en la acción, vive en el terreno de la lucha con claro sentido humano, sin espíritu de sectas, ni ánimo de camarillas, sino como conciencia racional.

El Partido Peronista es la ciudadanía en marcha, sujeto para la victoria, tanto a la existencia de verdaderos valores morales y doctrinarios, como a la superioridad numérica y a toda la gama de acciones que cooperan a la majestuosidad de la marcha.

El Partido Peronista responde únicamente a su Jefe, el General Perón. Cada peronista debe poner en juego todas las fuerzas de su espíritu para el triunfo de la refirmación de la doctrina peronista, de la ejecución del plan de gobierno y de la consolidación nacional en el sentido económico, social, político y cultural, cuyo derrotero ha trazado el Jefe del Movimiento.

Las fuerzas espirituales constituyen un ideal de superación tal vez inalcanzable; el nuestro consistirá, aunque no lleguemos a él, en el camino que sigamos en su procura, en el esfuerzo que hagamos y en el cariño que pongamos para acercarnos al ideal.

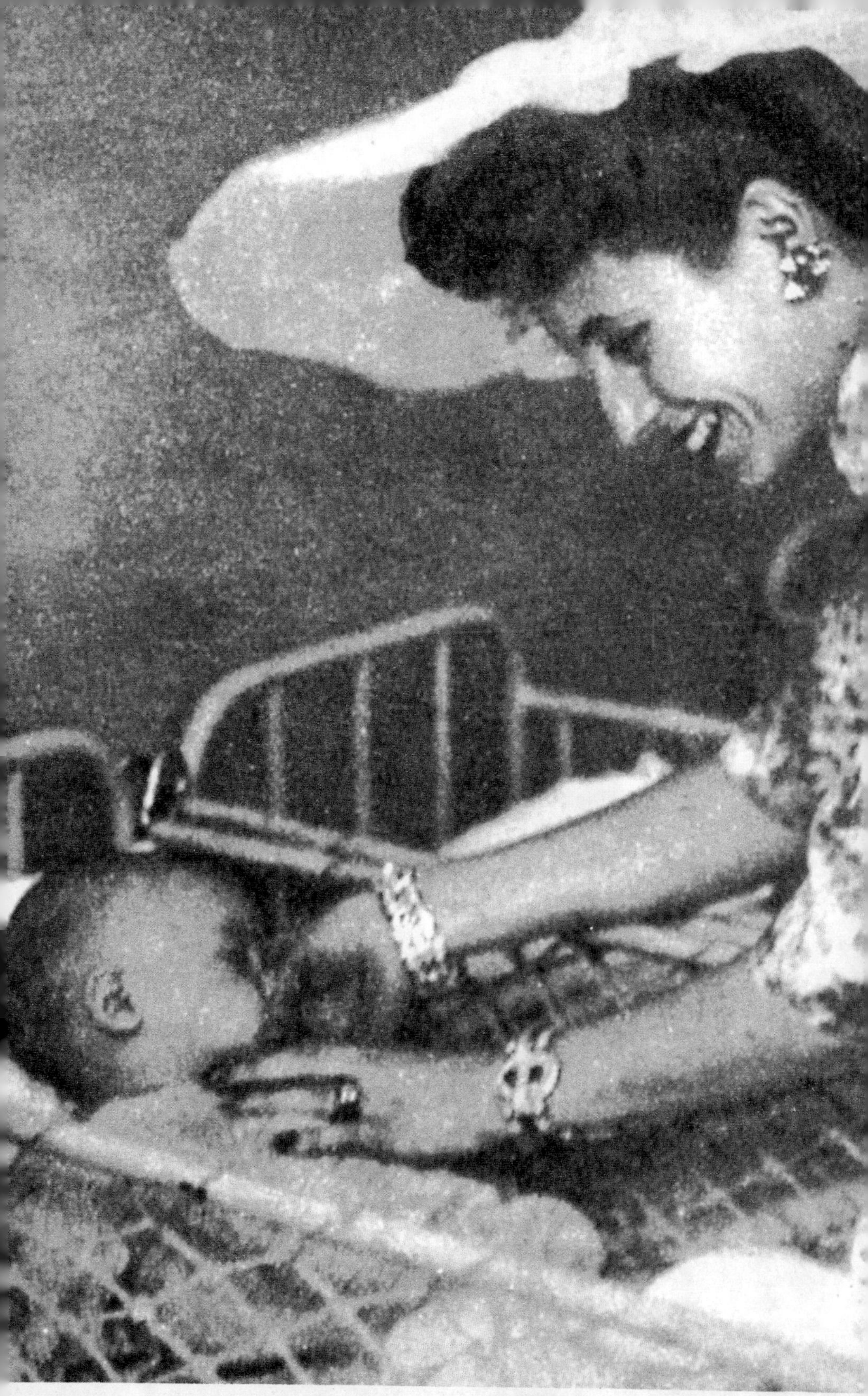

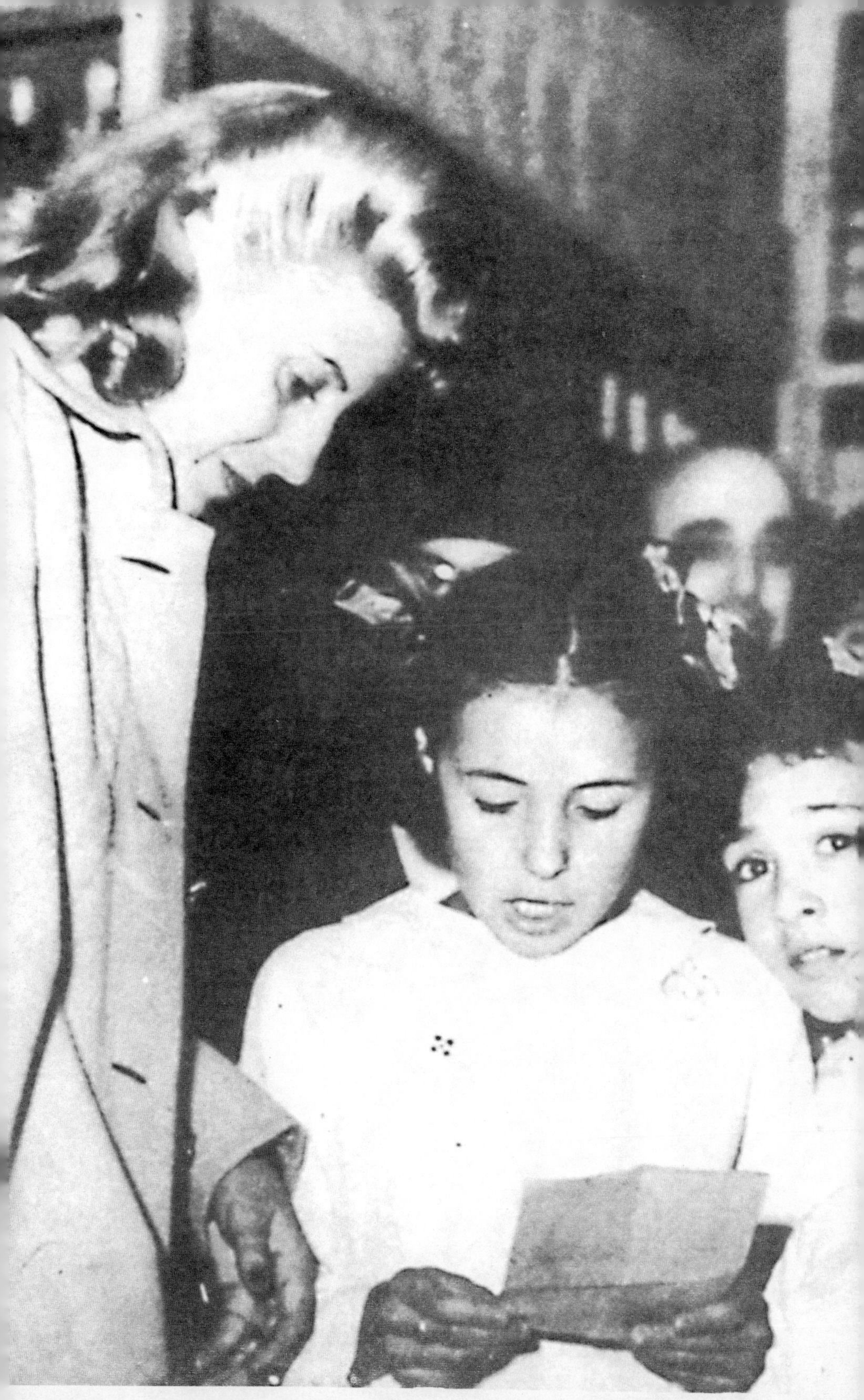

1

Mensaje a la mujer argentina

Mujeres de mi país, compañeras:

Creo que hablamos ya un mismo lenguaje de fe, y abrigamos una misma esperanza de superación para el futuro de nuestra patria. Creo que estamos cada jornada más juntas, más íntimamente ligadas con nuestro destino paralelo. Creo que, día a día, aquí y allá, en las fábricas, o en los surcos, en los hogares o en las aulas, se acrecienta esa fuerza de atracción que nos reúne en un inmenso bloque de mujeres, con iguales aspiraciones y con parejas inquietudes. Creo que, al fin, hemos adquirido el claro concepto de que no estamos solas, ni aisladas, sino por el contrario, solidarias y unidas alrededor de una bandera común de combate.

Sé quiénes me oyen

Conozco a todas y a cada una de mis compañeras. Te conozco a ti, la que reveló el taller en toda su magnífica fuerza de mujer de voluntad. Sé tus luchas, sé tus reacciones, sé tus sueños.

Me gustó que entendieras el lenguaje de la nueva justicia social que ganaba a los hombres, y que, ardientemente, la aplicaras a tu grupo. Te conozco también a ti, la "descamisada" del 17 de Octubre, la mujer de la reacción de un pueblo que no quiso claudicar, ni entregarse. Te observé en las calles. Seguí tu inquietud. Vibré contigo, porque mi lucha, es también la lucha del corazón de la mujer que, en los momentos de apremio, está junto a su hombre y su hijo, defendiendo lo entrañable.

Sí, defendiendo la mesa familiar, y el derecho a un destino

menos duro. Defendiendo en resumen, todo aquello que la mujer tiene el deber de defender: su sangre, su pan, su techo, sus ensueños.

Te conozco también a ti, la alejada en distancia, pero no en sentimiento, la mujer de nuestras chacras y pueblos del interior.

Tú también tienes tu parte, y mereces defenderla. Tú también supiste alentar a tu gente, y el resultado de tu largo y glorioso sacrificio, es ahora la noción de vivir en la protección de leyes de trabajo que han remozado tu corazón y tu rancho. Tu también tenías el derecho a la sonrisa, como cualquiera de las mujeres que en esta tierra opulenta, supieron arrostrarlo todo, siempre y en todo instante.

Conozco a mis compañeras, sí. Yo misma soy pueblo. Los latidos de esa masa que sufre, trabaja y sueña, son los míos.

No olvido mis deberes de mujer argentina

Así como el destino me hizo ser la esposa del General Perón, vuestro presidente, me hizo también adquirir la noción paralela de lo que significa ser la esposa del Coronel Perón, el luchador social. No se podía ser la mujer del presidente de los argentinos, dejando de ser la mujer del primer trabajador argentino. No se podía llegar al encumbrado e inútil sitial de esposa del General Perón, olvidando el puesto de tesón, y de lucha, de esposa del antiguo Coronel Perón, el defensor de los "descamisados".

Me lo hubieran permitido el protocolo, las costumbres de nuestro país, la linea del menor esfuerzo, la inercia, la vanidad, la satisfacción, el prurito de ignorar estando arriba, aquello que está abajo, fuera de la pupila. Nadie me hubiera recriminado ser solamente la esposa del General Perón, confundiendo mis deberes de sociabilidad con mis deberes sociales. Pero me lo hubiese impedido el corazón. Me lo hubiese impedido el ejemplo de una conducta inflexible. Me lo hubiese recriminado, diariamente, esa pasión de trabajo, esa fe iluminada, y esa permanente inquietud por su pueblo, que caracteriza al General Perón. Por eso, estoy con vosotras. Por eso, seguiré junto al que sufre, al que espera, al que desfallece, al que solicita, al que sucumbe.

Por eso compañeras, mi acción social irá ensanchándose, en la medida que se ensanchan las heridas y las necesidades de ese noble y cálido pueblo de cuyo seno he salido. No tengo otra vanidad, ni otra ambición, que esa: servir, ser útil, volcarme en la inquietud de cualquiera de los millones de mujeres, que ahora poseen un claro sentido de su deber y una noción real de sus derechos.

Nuestro baluarte: el hogar

El hogar, esa célula social, donde se incuban los pueblos, es la argamasa nobilísima y celosa, de nuestra tarea. Al hogar estamos llegando, y el hogar de los argentinos, nos va abriendo sus puertas, que son como el corazón ansioso del país. Todo lo hemos supeditado, repito, al fin último y maravilloso de "Servir". Servir a los "descamisados", a los débiles, a los olvidados, que es servir —precisamente— a aquéllos cuyo hogar conoció el apremio, la impotencia, y la amargura. Del odio, la postración, o la medianía, vamos sacando esperanza, voluntad de lucha, inquietud, fuerza, sonrisa. El hogar, que determino el triunfo popular del Coronel Perón, no podía ser traicionado por la esposa del Coronel Perón. Vosotras mismas, espontáneamente, con esa cálida ternura que distingue a las camaradas de una misma lucha, me habéis dado un nombre de lucha: Evita.

Prefiero ser solamente "Evita" a ser la esposa del Presidente, si ese "Evita" es pronunciado para remediar algo, en cualquier hogar de mi patria.

La mujer debe ir a la acción política

Todo ello, no hace sino unirnos cada vez más, compañeras.

Y al unirnos, colocarnos en un plano social nuevo. La mujer argentina ha superado el período de las tutorías civiles. Aquélla que se volcó en la Plaza de Mayo el 17 de Octubre; aquélla que hizo oír su voz en la fábrica, y en la oficina y en la escuela; aquélla que, día a día, trabaja junto al hombre, en toda la gama de actividades de una comunidad dinámica, no puede ser solamente la espectadora de los movimientos políticos. La mujer debe afirmar su acción. La mujer debe optar. La mujer, resorte moral de un hogar, debe ocupar su quicio, en el complejo engranaje social de un pueblo. Lo pide una necesidad nueva de organizarse, en grupos más extendidos y remozados. Lo exige en suma, la transformación del concepto de la mujer, que ha ido aumentando sacrificadamente el número de sus deberes, sin pedir el mínimo de sus derechos.

Unirse y afirmar una voluntad

Yo considero, amigas mías, que ha llegado quizá el momento de unirnos en esta faz distinta de nuestra actividad cotidiana.

Me lo indica, diariamente, la inquietud de vuestros pensamientos y la ansiedad que noto cada vez que cruzamos dos palabras.

La Mujer argentina ha llegado a la madurez de sus sentimientos y sus voluntades. La mujer argentina, debe ser escuchada, porque la mujer argentina supo ser aceptada en la acción. Se está en deuda con ella. Es forzoso restablecer, pues, esa igualdad de derechos, ya que se pidió y se obtuvo, casi espontáneamente, esa igualdad en los deberes. La mujer que recorrió a pie largas distancias, para afirmar junto al hombre, una voluntad: la "descamisada" que convirtió cada hogar en un baluarte de exaltación revolucionaria; el corazón que sustentó, sin desmayo ni retroceso, el triunfo del pueblo el 24 de febrero, no podrá ser olvidado por los hombres que salieron ungidos sus representantes, en aquella histórica contienda cívica. Esos hombres no olvidaron a la mujer. Esos legisladores del pueblo, recordarán a la entraña de ese pueblo: la mujer argentina, llegada a su madurez social y política. El voto femenino, será el arma que hará de nuestros hogares, el recaudo supremo e inviolable de una conducta pública. El voto femenino, será la primera apelación y la ultima. No es sólo necesario elegir, sino también determinar el alcance de esa elección. En los hogares argentinos de mañana, la mujer con su agudo sentido intuitivo, estará velando por su país, al velar por su familia.

Su voto será el escudo de su fe. Su voto será el testimonio vivo de su esperanza en un futuro mejor. Los legisladores saben eso, compañeras. Es premioso recordarles que no lo olviden.

Esa es una de las formas de nuestra lucha cotidiana, amigas, ahora que nos hemos conocido mejor y estamos unidas por todo el país, en un bloque solidario.

Soy la primera camarada de lucha

La mujer del presidente de la República, que os habla, no es —en este sentido— más que una argentina más, la compañera Evita, que está luchando por la reivindicación de millones de mujeres, injustamente pospuestas, en aquello de mayor valor en toda conciencia: la voluntad de elegir, la voluntad de vigilar, desde el sagrado recinto del hogar, la marcha maravillosa de su propio país. Esta debe ser nuestra meta.

27 DE ENERO DE 1947

2

La mujer argentina espera el precioso instrumento de su reivindicación civil: el derecho a elegir y ser elegida

Mujeres de mi país, compañeras:

Profunda y emotiva resonancia ha tenido en todo el país, mi conversación radiotelefónica con vosotras, a propósito del voto femenino. Millones de mujeres saben ahora que estamos iniciando la lucha por la superación de nuestro valor humano, dentro de la sociedad argentina. Millones de mujeres saben que está dentro de nuestra voluntad, y al alcance de nuestras manos, la conquista del derecho supremo que la Constitución acuerda a los ciudadanos del país, excluyendo justificadamente en su época, la coparticipación cívica de la mujer. Millones de mujeres saben, asimismo, que la madurez espiritual del ama de casa, que el recio brillo intelectual de las docentes, que el dinámico esfuerzo expansivo de las obreras de las fábricas, que la cultura general de la empleada y épica batalla diaria de la chacarera, junto a su hombre y a su hijo, están postulando, decisivamente, la confirmación legislativa de un derecho natural, que ha ido enraizando hasta lo profundo en el ánimo de todas ellas: el voto femenino, la facultad de elegir y de vigilar, desde la trinchera hogareña, el desarrollo de esa voluntad, que se ha convertido así, más que en una aspiración, en una exigencia impostergable. La mujer puede y debe acondicionar su propia conciencia, a la conciencia de la comunidad, de la que forma parte activa y vital. En el camino del hogar a las urnas, está implícita la transformación de la vida cívica argentina, por el aporte de una nueva valoración política, ajena a toda sugestión electoral que no sea la reclamada por la probidad, la conducta y el sentido del orden que rigen la sensibilidad en el espíritu femenino.

La mujer puede y debe votar en mi país. La mujer votará, si las camaradas, ahondando en sus responsabilidades nacionales, ofrecen a todo un vasto y ansioso sector humano, el precioso instrumento de su reivindicación civil: el derecho a elegir y ser elegida, como en las comunidades democráticas más avanzadas del mundo.

Os he hablado de la compañera Evita, y me he puesto, espontáneamente al frente de esta campaña, tan perentoria, como realista y moderna. Ella necesita, quizá, la reiteración de un concepto sobre mi persona, para excluir de mi acción toda tentativa interesada. Repetiré que no acostumbro a mirar por mí, amigas mías, como yo os digo, vengo del pueblo anónimo, donde toda excelencia nace y muere en el individuo. No defiendo, pues, privilegios de cuna, ni abogo por la continuidad de una prebenda pública. Sufrí, como todas vosotras, el 17 de octubre, cuando la regresión intentó arrebatarnos el esfuerzo generoso de una Revolución pensada, realizada y consolidada en favor de los explotados, los humildes, los débiles y los olvidados. Soy la mujer del presidente de los argentinos, pero una presidencia pasa, y la historia en definitiva no tiene en cuenta un simple vínculo conyugal, sino el desinterés de un corazón, y la rectitud de una conciencia. Si sólo apelara para hablaros, al hecho de ser la esposa del General Perón, me sentiría aprisionada en la incomodidad que supone la jerarquía y la altura de una posición. Pero os hablo, insisto, como la compañera Evita, camarada del primer trabajador argentino, y primera ejecutora de sus decisiones de gobernante. Las mujeres de mi país, saben bien que les está hablando el corazón de una muchacha provinciana, educada en la ruda virtud del trabajo.

He aprendido en el dolor de cada día, la escuela de la sencillez, conozco la crudeza de esperar. Sé que la angustia de ver pospuesta una aspiración, y la certidumbre de poder abarcar ahora todo aquello que veía remoto e inaccesible, me hace ser modesta ante las cosas. Como mujer, siento en mi alma la cálida ternura del pueblo de donde vine, y para quien me debo.

Lo inerte, se ha resuelto de esta forma en lo vital, en lo humano, en la resolución de miles de pequeños problemas que angustian a miles de hermanos. El drama diario es mi propio drama, puesto que lo comparto con todos. La alegría cotidiana, o el problema, son asimismo míos, y nada ni nadie podrá distraerlos de mi lado, para hacer de la compañera Evita una mujer de sensibilidad sin resonancia, ubicada allí donde los vaivenes de la suerte del pueblo, o no son contemplados, o no llegan jamás. También la suprema aspiración de la mujer argentina, tenía por fuerza que encontrarme, y hallar en mí su más ferviente, decidida y espontánea defensora. Por eso lucharé por el voto femenino. Porque he sentido en lo entrañable de mí, la responsabilidad crucial de la hora que atañe al hogar argentino, reducto de fe cívica nueva y futuro juez de la conducta pública de sus elegidos. Aspiramos a que, en el seno de ese hogar —en la médula de la familia— se haga carne la preocupación de elegir mejor y más sanamente, con el apoyo activo de la mujer, reserva cívica incontaminada e insobornable.

Allí donde estéis, compañeras, pensad en esta verdad inconmovible: la mujer puede y debe votar. La defensa de las conquistas de esta revolución en el plano social, económico y político están de tal manera unidas a la capacidad de elegir de la mujer, que negarse a concederle derechos civiles, equivaldría excluir a la familia y al hogar del futuro inmediato de la revolución. Perón necesita del baluarte inviolado del hogar, y del impulso intuitivo y sustancialmente conservador de la mujer, para llevar adelante y afianzar su programa de acción de gobierno. Tu hogar y el mío, amiga, son la caja de resonancia del país, y todo aquello que no puede ser discutido, criticado, aceptado o rechazado, en el intermedio de la mesa familiar, no pertenece al número de preocupaciones de tu país. Allí donde vivas, junto a tu hombre y tu hijo: allí donde concibas y trabajes; allí donde esperes y sueñes, allí, en la mesa familiar, o en el patio, o en la gran cocina patriarcal de la chacra; allí donde al final han de refluir las noticias de los diarios, el reclamo de la radio, o el repertorio de novedades del vecindario, allí mismo, en el centro del país que es tu hogar, y en el centro de tu hogar, que eres tú misma, es allí donde está la realización final del programa de redención política y social argentina, que Perón inició hace tiempo para el aumento del bienestar en los tuyos. Ahora sólo puedes sugerir, ayudar, impulsar. Pero cuando llegue el voto, tú misma tendrás ya la fuerza cívica que evite delegaciones estériles.

Tú serás el testigo, el actor y el juez de tu misma conciencia nacional, y de la conciencia de los hombres que invisten, en cualquier momento, la responsabilidad de la nación.

Piensa que depende del esfuerzo que hagamos por unirnos, y por avanzar en procura de la legitimación de nuestro derecho, el que se nos otorgue definitivamente la posesión del recurso de apelación o de crítica más emocionante y más recio del hombre: su voto; vale decir, la contraseña de que existe, de que piensa, de que opta, de que es, en fin, el amo de sus pensamientos y sus voluntades. El voto femenino restablecerá esa apremiante ausencia de iniciativa pública en la mujer. El voto femenino, abolirá al fin, el complejo de inferioridad de la mujer, ante el panorama dinámico de su pais. El voto femenino, avasallará el tutelaje incomprensible que las leyes ejercen sobre la mujer argentina, y la colocará por fortuna en plano de vigencia política a que su sacrificio permanente le ha dado justo derecho.

Con el voto femenino sancionado, vamos hacia la integración de un sistema político depurado aportado al país una experiencia electoral que millones de mujeres aguardan con sus mejores impulsos.

El voto femenino no será ni una abstracción ni una nebulosa.

Ninguna mujer argentina puede mostrar indiferencia ante su inminente aprobación por el Congreso, porque lo contrario, sería mostrar desafección por aquello que el país tiene de más puro y más incorruptible: la conciencia de una madre de familia, la conciencia de una mujer para quien Dios creó el supremo derecho de crear. El Plan Quinquenal así lo entiende, y el General Perón, pulsador de la inquietud diaria de su pueblo, así lo interpreta.

Unámonos, pues, mujeres de mi país. Unámonos en el clamor que revela un derecho, y pide una victoria. La mujer puede y debe votar.

FEBRERO 12 DE 1947

3

Sobre los derechos políticos de la mujer

[Esta noche, a las 21, desde la residencia de Olivos, prosiguiendo el ciclo de conferencias radiotelefónicas sobre los derechos cívicos de la mujer, volvió a hablar la esposa del Jefe del Estado, doña María Eva Duarte de Perón, por intermedio de L.R.A. Radio del Estado y la Red Argentina de Radiodifusión. Durante su disertación acompañaban a la señora del primer mandatario el general Perón, el gobernador de la Provincia de Bs. Aires Cnel. Domingo A. Mercante, su Ministro de Gobierno Dr. Justo Alvarez Rodríguez, el Ministro de Justicia e Instrucción pública Dr. Belisario Gache Pirán y su esposa, el Ministro de Agricultura Sr. Juan Carlos Picazo Elordy y señora, el Secretario Político de la Presidencia Dr. Román A. Subiza, el presidente del Banco Central de la República Argentina Sr. Miguel Miranda y señora, el presidente de la Cámara de Diputados de la Nación Dr. Ricardo C. Guardo y su esposa, el Secretario de Trabajo y Previsión Sr. José María Freire y el Director General de Correos y Telecomunicaciones Sr. Oscar Nicolini. La señora de Perón dijo lo siguiente:]

Vuelvo a vosotras, mujeres de mi Patria, para proseguir el análisis de la posición espiritual que adquiriremos con el reconocimiento legal de los derechos políticos de la mujer.

Al ejercicio del derecho de sufragio y al honor de contribuir al gobierno del país, las mujeres debemos corresponder consagrándonos intensamente a elevar los resortes morales de la conciencia nacional, para que aparezca adornada con las mejores galas y los mejores efluvios de la sensibilidad femenina. En el corazón de los hombres gravitan perdurablemente las emociones y los sentimientos de la mujer. Madre, hermana, novia y esposa, dejan en las determinaciones de los hombres el sello indeleble de su paso por la vida, y si queremos un mundo mejor o una era mejor que la que nos ha tocado vivir necesitamos que las acciones y las pasiones de los hombre se vean suavizadas, matizadas, ennoblecidas por nuestra ternura de mujer.

El derecho de sufragio femenino no consiste tan sólo en depositar la boleta en la urna. Consiste esencialmente en elevar a la mujer a categoría de verdadera orientadora de la conciencia nacional.

Cuenta Plutarco que en Esparta, durante el gobierno de Licurgo, se formó la escuela de las grandes mujeres lacedemonias.

Ellas comprendieron y aprendieron la importancia que para el Estado tiene la mujer; educa al niño y forma al hombre.

De grandes mujeres sólo pueden salir grandes hombres.

En una ocasión se les preguntaba a las espartanas por qué mandaban a los hombres; ellas contestaban "porque somos las espartanas las únicas mujeres que damos a luz hombres".

La misión sagrada que tiene la mujer, no sólo consiste en dar hijos a la Patria, sino hombres a la Humanidad. Hombres en el sentido cabal y caballeresco de la hombría, que es cuna del sacrificio cotidiano para soportar las contrariedades de la vida y base del valor que inspira los actos sublimes del heroísmo cuando la Patria lo reclama. Hombres formados en las costumbres cristianas que han hecho fuerte a nuestra estirpe y sensibles a la emoción de nuestros criollísimos sentimientos.

Hombres austeros, que forjen su vida al calor del hogar, donde siempre palpita un corazón de mujer.

El sufragio femenino no ha de ser un formulismo más en nuestras prácticas democráticas. Deseemos fervorosamente que sea un resorte que perfeccione los perfiles de nuestras costumbres; que afine las expresiones de nuestra conducta; que sea ejemplo, norma y guía hacia el perfeccionamiento de nuestra comunidad nacional.

Esperemos que el ejercicio de los derechos políticos de la mujer contribuya a depurar los sentimientos de nuestro pueblo, volviendo a las costumbres sencillas, humildes y alegres.

Esperamos que libres ya de la preocupación de nuestras necesidades materiales por haberla tomado sobre sus hombros el General Perón, todas las mujeres puedan saborear sus ilusiones y vivir una existencia feliz con el orgullo de poder ser útiles a la patria, no sólo dándole los hijos que necesita para su progreso, sino ciudadanos ilustres para su prestigio ante el mundo entero.

Por poco que contribuyamos a conseguirlo, nuestra existencia será por siempre más un canto al trabajo, un canto a la vida y un canto a la Patria. Desde mi puesto de fiel colaboradora del hombre que todo lo da a la Patria, no escatimaré esfuerzo para que las mujeres de mi país tengan a su servicio cuanto de mí dependa para hacerlas dignas de la gran conquista democrática que se avecina.

FEBRERO 19 DE 1947

4
La mujer, el instrumento más decisivo en la movilización de los hogares

Mujeres de mi país, compañeras:

La revolución es, ante todo, el triunfo de las nuevas formas de la justicia social, y del derecho victorioso del más débil, del más olvidado en la escala de los valores humanos. Y el peronismo, esa fuerza espontánea que ha renovado el panorama político de nuestra patria, es —ante todo— el triunfo de la lealtad y de la consecuencia, para los que, en días de prueba, afrontaron la suprema responsabilidad de cambiar la hora histórica, viviendo en la calle su vida y la de los suyos, en favor de la elegida: la del Coronel Perón, su amigo, su camarada, su baluarte en la lucha por un futuro mejor. Tanto la revolución como el peronismo, deben pagar entonces esa deuda contraída con el pueblo que los respaldó en el trance decisivo. Con tu esposo y con tu hijo, lo ha hecho amiga mía. Con los hombres de la ciudad y del campo, también. Pero falta aún algo, en este reconocimiento individual y colectivo de sacrificios. Ese algo eres tú: la mujer. El ser más relegado en lo político; el instrumento más decisivo en la movilización de los hogares, y el corazón de los trabajadores.

Perón nunca olvidará a la mujer argentina. Perón sabe cuáles fueron sus reacciones ante la regresión y cuán magnífica y firme fue la explosión de su dinámica, el día que las descamisadas abandonaron sus fábricas para lanzarse a los caminos de la liberación del líder. Sufrimos juntas y estuvimos unidas espiritualmente a lo largo de horas tristes, felizmente conjuradas por la magnífica manifestación de fe cívica del 24 de Febrero.

Eso nos enseñó a apreciar un valor nuevo, personal y efectivo.

Creíamos demasiado en los hombres y en sus posibilidades

tradicionales de reacción, para dar oportunidad de manifestar igual entereza a la mujer. A decir verdad, nuestra legislación la olvidó como entidad política. Se la despejó de ideas.

Se la apartó con discreción e indiferencia del terreno de las decisiones nacionales. No creíamos en la mujer. Y fue la revolución la que vino a sacarnos del error eterno. La mujer salió a la calle, como su hombre. Y el triunfo, fue el alarde conjunto de dos voluntades confundidas en una sola, universal, recia, incontaminada. Fue en sus pasillos de la Secretaría de Trabajo y Previsión donde la mujer que trabaja reveló que el país existe también en función de su diario esfuerzo. Y fue la calle, el 1 7 de octubre, la que certificó que la mujer argentina, representa también una opinión nacional, digna de ser tenida en cuenta.

La mujer, con magnífico impulso, se colocó de pronto en la trayectoria de su mejor derecho: el de influir en los destinos de su Patria. Tú misma, la que aquella madrugada arrojaste el delantal de la fábrica para empuñar el cartelón de la revuelta callejera, fuiste la que decidiste el valor nuevo y perentorio de tu sexo. Tu voluntad fue la voluntad de miles de compañeras indóciles. Tu convicción fue la convicción de tu hogar, el que salvó allí la Revolución del pueblo. Tu pensamiento recóndito expresado en griterío desordenado, mostró al país que la "descamisada" en marcha era desde entonces, la dueña de su propio destino. Tú rompiste el tutelaje social a que sometieron a tu clase. Tú triunfaste, como Perón. Aquella jornada, consagratoria y la noche del 17, a la luz de las teas, te reveló en toda tu suprema belleza de mujer, y de luchadora. Ya no se te podía traicionar en tu legítima fe en la justicia. Ya no se te podría posponer en tu derecho adquirido. Ya no se te podría olvidar, mujer de la fábrica, de la escuela, de la oficina, del campo argentino. Ya eres pueblo, y eres gobierno. Tu voto no será más que la renovación ritual, de tu sacrificio espontáneo del 17 de Octubre. Tienes el deber de preocuparte por la estructura moral y política de tu Patria. Tienes el derecho de exigirlo.

El sufragio femenino esperado, aparte de tu reconocimiento como entidad viva, actuante, será siempre el testimonio de un agradecimiento hacia la obra que tú contribuiste a afianzar.

Perón confió en ti y tú debes confiar en Perón, amiga mía.

Tendrás el voto para certificar tu voluntad cívica así como

tuviste voz para expresar tu anhelo social de mejoramiento y tu esperanza en el hombre que hizo posible una Argentina nueva.

Diariamente desfilan ante mi vista, mujeres de todas las clases sociales. Problemas individuales, problemas de grupo, problemas de gremio, toda esta larga y ardorosa batalla por resolver situaciones y aportar mi modesto grano de arena, a la obra social del gobierno, me fuerzan a compulsar diariamente opiniones de mujeres. Todas ellas tienen fe en mí, y aspiran a tomar parte en nuestra cruzada por el sufragio de inminente conquista. No hay una sola compañera que no me haya expresado su ansiedad por la suerte nueva que espera a la mujer que vote. No hay una sola mujer argentina que rechace o evada su deber de votar. Día tras día, el movimiento de opinión suscitado en torno de este aspecto de nuestra renovación de valores políticos, se tonifica y cobra impulso, merced al cálido y fervoroso apoyo de nuevas masas femeninas, que han entendido mi mensaje. Igualmente, desde todos los puntos del país a través de cartas y manifestaciones, me llega el eco expansivo de esa fe en nuestra campaña, nunca más oportuna, ni más justiciera.

La mujer ha entrado en su madurez intelectiva. Los tiempos son duros, y el trazo de la vida se hace férreo. La conducción del hogar, el consejo al hombre, la responsabilidad del crecimiento de los hijos, comportan para la mujer la adopción de un compromiso complementario, que da más cohesión al conjunto. La mujer no es solamente la afección, o la sensibilidad. La mujer es la conducta, y la dinámica. La mujer es la voluntad.

Se lo ha ganado en la labor de las fábricas, y el recio y parejo sudor diario del trabajo. Vive su hogar, viviendo la realidad del país. Vive su ternura, viviendo también el cuadro social donde esta ternura es posible. La mujer se ha vuelto vigilante y responsable de la arquitectura de su felicidad. Sabe que las lágrimas nacen en definitiva de un mal gobierno, y que su deber está en precaverse de un mal gobierno, influyendo directamente en las elecciones de su pueblo. Nadie le puede discutir ya esa pasión por la política, porque ha sabido conquistar una existencia mejor y aspira a consolidarla desde las urnas, donde deposite su testimonio permanente de fe pública en hombres y poderes. Debe votar, porque sabrá votar. Su voto es un poco el seguro social de su familia y su empleo. Su voto es la superación de tiempos poco gratos, en los que el hombre olvidó o equivocó su deber ciudadano. La mujer de mi país, la "descamisada" de ayer, sabe que estamos luchando por una trinchera y no simplemente por una frivolidad momentánea. Como sabe también que mi campaña se inspira en la inquietud de nuestro grupo, y no en la vanidad estéril de una mujer aislada.

Esté donde esté, sobre la vasta geografía de la Patria, ninguna mujer debe desoír esa consigna de unirse y esperar el instante de la decisiva acción política. Por todas ustedes lucho. Es a ustedes, mujeres de la ciudad y del campo, hermanas de la oficina y del taller; es a ustedes, las que aprendieron a ser a un tiempo, esposas, madres, hermanas, confesoras, sostenes y mártires, a quienes dirijo mi mensaje semanal. Es a todas ustedes, mis amigas en el dolor y la alegría diaria de existir a quienes pido adhesión y fe en mi campaña por la sanción del sufragio femenino. No lucho en vano, lo sé. Diariamente me traéis vuestro aliento. Lo agradezco como acicate. Yo conozco lo que piensas, amiga, y conozco lo que esperas, y conozco tu deber y tu derecho de argentina, porque yo misma percibo todas las inquietudes de la mujer de mi suelo, y aspiro a reflejarlas plenamente, para lograr por fin —siquiera en parte— una de las mínimas retribuciones a que mi sexo tiene derecho; esto es, la expresión de su voluntad cívica, la expresión de su libertad política, la negación del vasallaje tradicional al hombre a quien de todas formas comprende y apoya en todo lo que atañe a los valores morales del hogar y la familia.

Ha llegado la hora de la mujer que comparte una causa pública y ha muerto la hora de la mujer, como valor inerte y numérico dentro de la sociedad. Ha llegado la hora de la mujer que piensa, juzga, rechaza o acepta, y ha muerto la hora de la mujer que asiste atada e impotente a la caprichosa elaboración política de los destinos de su país, que es, en definitiva, el destino de su hogar. Ha llegado la hora de la mujer argentina, íntegramente mujer en el goce paralelo de deberes y derechos comunes a todo ser humano que trabaja, y ha muerto la hora de la mujer compañera ocasional y colaboradora ínfima. Ha llegado, en síntesis, la hora de la mujer argentina redimida del tutelaje social, y ha muerto la hora de la mujer relegada a la tangencia más ínfima con el verdadero mundo dinámico de la vida moderna. La mujer argentina de hoy, la heredera de mujeres que siempre supieron estar a la altura de sus hombres en cada instante histórico, no puede ser ya crucificada en un olvido protector, ni pospuesta en el derecho conjunto de inscribirse, como mujer integral, en el cuadro de las instituciones argentinas. La mujer puede y debe votar. Es un mandato histórico. Es una exigencia del hoy febril y recio. Es la suprema apelación al hombre, para coincidir en los pasos que nos llevan hacia un futuro mejor, vigorosa y definitivamente planeado en el Plan Quinquenal del General Perón, vuestro Presidente amigo.

MARZO 12 de 1947

5
La mujer es actora del drama de los tiempos

Mujeres de mi país, compañeras:

Quiero esta noche cerrar el ciclo de mis exhortaciones radiotelefónicas, en favor de la campaña por la sanción legislativa del voto de la mujer argentina. Resumiendo vuestra ansiedad en la mía; identificando mi acción con la de miles de mujeres, a quienes invisto; exaltando hasta el fervor el deber de conciencia colectiva e individual que me impulsa a exigir para mi sexo la libertad cívica, en todo momento he puesto al servicio de ese ideal la más recia de mi voluntad y la más tierna de mi fe en nuestro destino de colaboración política.

Sé y lo sabéis vosotras que estamos en condiciones de hacer frente al deber de votar. Sé y lo sabéis también vosotras, que no hay justificación posible para la evasión de este mandato patriótico, cada día más imperativo, cada día más perentorio.

La salvaguardia de la revolución nacional, y la consolidación de sus frutos, está, en cierto modo, en nuestras manos. Hemos dado al hombre, por delegación, nuestra responsabilidad argentina. Debemos retomarla. Debemos defenderla. Debemos exaltarla al plano de las más caras aspiraciones femeninas. Todo vano intento de reformar el curso histórico, excluyéndonos de las urnas donde una Nación juega su papel universal, es parte de una inveterada desconsideración por nuestras posibilidades políticas contempladas casi siempre en función de un imperfecto examen. Sepamos que la tradición constitucional puede envejecer. Sepamos que la tradición no confronta a veces la realidad social de un pueblo. Sepamos que la viva dinámica del hoy, admite, postula y exige responsabilidades paralelas de mujer y hombre. La mujer no es ya la consorte inerte de las circunstancias. La mujer es actora del drama de los tiempos. Es su testigo, su credencial vital. Es su mitad humana sacrificada al mismo deber histórico del hombre, y ganada en igual lucha para una misma posteridad. En nosotras, en ti y en mí, hermana, está el instrumento del poder de mañana. Y el poder de mañana, puede ser nefasto a aquéllos que hemos luchado por obtenerlo. Defendemos el jornal mejor de tu marido, y el acceso al techo digno y al pan común con tu voto y el mío, ¿comprendes? Defendemos el derecho de opinar en la mesa del hogar que hicimos laboriosamente. Defendemos el buen sentido de esa célula ínfima que mueve, sin embargo, los países. Defendemos con el voto, el hogar de un ciudadano cualquiera del país. Defendemos y aseguramos la continuidad de una esperanza política, de una fe en los hombres que crean poseer la virtud de gobernar.

Yo sé que habrá muchas de vosotras que, en este momento, se retraigan dentro de sí, para decirse: ¿Pero cómo? ¿No es el voto, algo eternamente masculino? ¿Qué tenemos que ver con los comités, con los partidos políticos, con los complejos y ajenos resortes electorales? Sí, yo advierto que habrá muchas mujeres que, en la Argentina, aún creen sustraerse al deber de emitir su juicio en una elección libre, donde se juegan la tranquilidad de su esposo, la carrera de su hijo, la ambición de su novio o el porvenir de su hermano o el resumen de toda situación personal que es el destino de la patria misma.

A esas mujeres, a esas compañeras mías, yo les diría: "Leed los diarios del mundo. Pensad en que el hambre, la miseria, y el dolor, vagan por las tres cuartas partes del globo". ¿Es humano dejar a los hombres la sola responsabilidad de correr la aventura trágica del poder? Y ante todo: ¿Es humano delegar siempre en los hombres, aunque vivamos en el país de la riqueza, el fruto de nuestros deberes políticos? ¿No creéis, compañeras mías, que ha llegado la bendita hora de oponer al desborde de una hora, nuestra sedimentada pasión de años y años, pasadas en la observación, en el silencio, en el ejercicio de nuestro buen sentido ¿No creéis que, al hombre, le hace falta también descansar de sus compromisos nacionales, en el complemento obligatorio de su vida, en el ser más entrañable, en el testigo más íntimo de su preocupación, de su ansiedad, de su inquietud: su mujer —tú y yo misma? ¿No lo creen así, mujeres de mi pueblo, estén donde estén, al recibir esta suprema confesión de un corazón femenino que cree interpretarlas a todas? Sí: es necesario que me respondáis Sí. Esa afirmación es la afirmación de la verdad. Decir SI, es vivir la realidad social de la revolución argentina, iniciada bajo el auspicio promisorio de la mujer que —por primera vez— reaccionó en forma política, decisiva y recia.

El hombre que tu esposo con su voto, y tú con tu ansiedad de mujer consciente, llevaran a la presidencia de la República el 24 de febrero, ya ha reconocido esa necesidad de sufragio femenino, con estas palabras decisivas: "Estamos convencidos de la necesidad de otorgar a la mujer los derechos políticos y apoyamos con todas las fuerzas de nuestra convicción, el propósito de hacer de ésta una realidad argentina. Es necesario dar a la Constitución su plena aplicación dentro de las formas democráticas que practicamos, y debemos una reparación a esta Constitución mutilada en lo que se refiere a la mujer". Tales son las palabras que el Gral. Perón dedico a este fundamental aspecto de nuestra renovación política, pero agregó algo más que ni tú ni yo podemos dejar de recordar en este momento, para que nos sirva de acicate perenne. " Resulta paradójico —añadía— que mientras los hombres sostenemos esta necesidad impostergable, de cumplir con plena responsabilidad los compromisos adquiridos, haya dentro de nuestra evolución humanista y como continuación de nuestra obra social y política, mujeres que se opongan a compartir nuestra responsabilidad en el manejo de la cosa pública. No; no es ése el espíritu espartano que la Nación necesita. Es ésta una hora en que ni la mujer ni los hombres deben rehuir el compromiso que la grandeza futura de la Patria impone a todos sus hijos, sin distinción de sexos. En síntesis —finalizaba— somos partidarios de otorgar el sufragio a la mujer, porque no hay ninguna razón que se oponga a que este llegue a concretarse en una realidad".

Como veis, compañeras, nuestra lucha es la lucha de la realidad argentina misma. De este período histórico, que puede llegar a todo, porque posee voluntad, y conciencia plena para llegar a todo, es preciso extraer el arma liberadora de la mujer.

Ya no hablamos para nuestra generación, sino para las que vendrán. Ya no hablamos para el país de hoy, retemplado por una tónica nueva, sino para el país de mañana, consolidado en otra medida dentro del concierto universal de los pueblos.

Debemos facilitar a las mujeres que llegarán después de nosotras, la base de operaciones, para exaltar y realizar, nuevas preocupaciones y nuevas complejidades de gobierno. ¡Debemos asimismo, entregar al hombre el valor de nuestro complemento ejecutivo, al valor de nuestro pensamiento armónico, del exacto sentido de la realidad. Dígase lo que se quiera, la mujer argentina posee la sutileza de discriminar entre lo aceptable y lo desechable. Su intuición estará, pues, al servicio de un sistema de ideas y hechos políticos, en cuyo democrático manejo revelará probidad, versación y aguda percepción de los intereses que le atañen directamente, para la conservación de su hogar, su familia, su fe y su trabajo. Si la mujer sabe remediar o rehacer, si la mujer sabe trabajar y sufrir; si la mujer se ve obligada a asistir y ser actora en el drama de la existencia cotidiana, también la mujer sabrá VOTAR, vale decir, obrar, opinar, dar fe de su destino.

Así, al finalizar aquí mis exhortaciones radiales, yo quisiera evadir la petulancia de refirmar los conceptos jurídicos y filosóficos que el tema entraña. Preferiría, como hago siempre, llegar con palabras llanas y llenas de amistad. Sería un placer llegar hasta el fondo del corazón de ustedes, una a una, allí donde quiera que la caprichosa geografía de nuestro suelo les haya fijado su destino. Me agradaría, en suma, dedicar las últimas frases a ese fondo tierno y lleno de ensueños y esperanzas que hay en toda mujer, por ruda o estoica que sea su existencia. Y ante todo quisiera que estas insinuaciones de mujer a mujer para la preparación de un nuevo espíritu femenino, no comportaran para ustedes la creencia de que la mujer va a ser menos mujer porque vote, o porque realice al votar el deber que la tradición de la tierra ha reservado al nombre.

No, queridas compañeras, ¡no! Sería ilusorio tratar de mudarnos el alma. Sería inútil variar la índole de nuestros instintos, o condicionar nuestra sensibilidad a la insensibilidad de la política. ¡No! Cuando concito tu atención, amiga mía, cuando apelo a tu sentido común, y al dictado de nuestra nueva conciencia, no intento siquiera mudar la delicadeza de tu personalidad de mujer. La mujer debe votar. La mujer debe complementar el proceso cívico de su pueblo. La mujer debe influenciar de manera viva y decisiva en la esfera pública. Pero la mujer no debe por ello resignar ninguna de las dotes espirituales que le dan expresión. Al contrario. La mujer debe ir hacia la vida pública, con su voluntad confortada con tan delicados y supremos valores humanos. Si al hombre, en el ejercicio de ciudadanía, se le puede invalidar una ambición rastrera o interés subalterno, a la mujer argentina, de manera alguna se le podría mañana achacar irresponsabilidad o ligereza electoral. Piénsese que el lenguaje del voto, que es el lenguaje de un pueblo libre y soberano, nace naturalmente en el hombre, y en cambio la mujer debe aprenderlo desde sus primeras frases. Esta meditación de su significación, esta nerviosa y apasionante elección de elegidas, esta antesala de conciencia que el sufragio supondrá para la mujer, harán cuadruplicar su valor cualitativo, sin que la mujer pierda por ello, ninguna de sus más caras y femeninas esencias. La Nación necesita una madre para sus hijos, pero también necesita una ciudadana. En la calle, en el taller, en los campos, allí donde esté una mujer argentina, está la levadura del magnífico país que soñamos.

La "descamisada" que llevó un cartel político, puede llevar también la bandera de la Nación.

MARZO 19 DE 1947

6
A la mujer mendocina

Mendocinas, compañeras: Dentro de pocos días pisaré tierra mendocina, acompañando al hombre que representa para vuestro hogar un sostén y una esperanza, y para mí el acicate permanente y cada día más vivo de una acción en pro de las mujeres de mi país. Llevo dentro del corazón, en las fibras más intimas, la emoción de recorrer el suelo que fue grato a las damas que hicieron de su sacrificio en el pasado, la promesa del futuro que San Martín hizo para la Patria. Las damas mendocinas, ilustres antecedentes de una de nuestras más preciadas glorias, pueden iluminar ahora y retemplar nuestra fe en el calor de nuestra acción.

Ellas ayudaron a sus hombres por un futuro mejor. Nosotras ayudaremos a los nuestros por un país más intenso en su justicia igualitaria, más poderoso y más decisivo en sus manifestaciones de potencia económica y política. Ese es el tono de nuestra prédica al solicitar de los poderes legislativos la sanción del voto femenino, de cuya campaña me he hecho carne y bandera de combate. Es a esa sola finalidad, a esa extraordinaria finalidad a la que debemos sacrificar desde ahora en adelante toda nuestra dinámica de mujeres, ya definitivamente incorporadas al ritmo del país.

Pero hay algo más, mendocinas. Hay algo más vivo, más ennoblecido, que nos hermana y nos relaciona en esta emergencia del viaje a las tierras de Cuyo, precisamente cuando festejáis el gozo popular de vuestra producción por excelencia.

Mujeres de la viña, mujeres de las tierras que riegan las acequias murmuradoras, a la manera de un símbolo augural de paz y de trabajo, es a todas ustedes a quienes incumbe el futuro de nuestro hogar. A todas nos vincula ahora esta preocupación nacional por vuestros hijos, esposos, hermanos y amigos. Vivimos ya una tónica nueva. Vivimos el ardor de una revolución nacional, vivimos una fe que arraigará hasta convertirse en una sólida realidad. Esto es, pues, lo que ya he dicho y lo que repetiré siempre, para que a su vez, cada una de ustedes lo haga llegar hasta el último de los hogares argentinos.

La mujer ha tomado la bandera de su redención. La mujer está más cerca de su hombre, porque está más cerca de las inquietudes de su suelo, de su región, de su célula más íntima y más trascendente. La mujer está cerca del corazón del país porque está más cerca de las necesidades de su pueblo. La mujer de la nueva Argentina, la mujer consciente de sus deberes, a quienes con tanta justeza estáis representando vosotras, mendocinas, debe vivir ya una existencia conformada a esa realidad esencial. Perón está en la conciencia de tu esposo, de tu hermano, de tus amigos del taller, la fábrica, la escuela, la oficina. Haced, pues, que ese mismo Perón esté en todo momento cerca de vuestro consejo de mujer. Haced que esté, como la esperanza, allí donde la voluntad de renovarse de tu pueblo o tu hombre flaquee o se resienta. Eso es lo que os pido, mendocinas. Fe en la acción; fe en la resurrección del país nuevo; fe en el hombre que hizo posible, con su desinterés y su patriotismo, la sonrisa en el hogar argentino. Modestamente, en la medida de mi esfuerzo de mujer, yo comparto esa decisión fundamental. Ayudadme; seguidme. Millones de mujeres nos están esperando en la ruta maravillosa de ese amanecer. Desde el fondo de mi corazón, a través de mis lágrimas de mujer luchadora, os abrazo y os concito a la lucha. Estrechémonos las manos; conozcámonos y luego, como compañeras de un mismo ideal, lancémonos a andar. El futuro debe ser de las mujeres que supieron estar junto a su líder; el futuro nos corresponde.

ABRIL 4 DE 1947

7

A las mujeres de América

En la vida universal, América simboliza el continente de la esperanza. Para los hombres y para los pueblos de empresa, esa esperanza representa la libertad suprema y la felicidad entre los hombres.

Por eso, América es el continente de la justicia y de la paz. En nombre de estos principios sociales y cristianos, liberadores y fraternos de la justicia y de la paz, hablo a todas las mujeres americanas para llevarles el pensamiento y los saludos de las mujeres argentinas que sueñan y luchan, al igual que por el engrandecimiento de la patria, por el afianzamiento americano y por la consolidación del bienestar universal.

En su inmensa extensión, América es, en el juego de la naturaleza, una enseña viva de la libertad humana. América puede exhibir con orgullo el ejemplo de sus generaciones. Puede ofrecer, asimismo, la dignidad de su historia y con ella, la vida de sus heroínas, mujeres que conjuntamente con los forjadores del americanismo, rivalizaron en el bronce los prestigios de su cooperación y de su esfuerzo.

Hubo siempre una mujer que ayudó a la Patria

No hay un solo pueblo, como tampoco un sólo Estado, que no venere el recuerdo emocionado de alguna de las mujeres heroínas de América del pasado o del presente. Es como si América toda, en la femineidad de su nombre, hubiese deseado acompañar su destino con el concurso de las mujeres que refirmaron en la historia continental con provechosas enseñanzas y con ejemplos santificados, hasta dónde llega el aporte de la mujer en la lucha por el progreso humano.

Al lado de la heroína civil o militar desde los días de la gesta colonizadora, cuando el nativo paseaba su dominio y soberanía por la tierra inmensa e inconquistada, hasta los días claros de la jornada emancipadora americana, encuéntrase en el desarrollo de la historia, la presencia de mujeres alentando al nativo, acompañando al héroe, aconsejando al soldado, dando su intuición al revolucionario, colaborando con el estadista y prestando su apoyo. Tras cada una de estas figuras, que luego alcanzaron los perfiles de la heroicidad, hubo siempre una mujer que alentó sus pasos, una mujer que colaboró en la hora inicial de América.

Hay un lugar en la historia para cada mujer de América

Cualquiera sea el nombre de las montañas que cruzan como una vertebral de roca el continente; cualquiera el color de sus piedras o el verde de sus vegetaciones; cualquiera el murmullo de sus fuentes de agua o el canto de sus pájaros, siempre y en todo lugar, en la naturaleza abierta, como en el cerrado laboratorio, en las arenas de la plaza pública o en el retiro del gabinete, la mujer estuvo y estará al lado de los hombres americanos. Hay pues, en la historia continental, un lugar para cada mujer de América.

Ella tiene un lugar destacado. La hemos visto ocultarse tras el anonimato, en el recogimiento del hogar o luchando en procura del afianzamiento de las libertades humanas. En los días de la emancipación, o en los de las luchas civiles, prestando su consejo o curando las heridas de los combatientes. Pero siempre, las mujeres de América, trabajando por la paz y la justicia Siempre, las mujeres de América, al lado de los americanos, trabajando en beneficio de todos, en procura de la felicidad común para refirmar con la dignidad extraordinaria de sus servicios la majestuosa trayectoria del continente.

Los héroes de América fueron hijos de mujeres americanas.

Pensemos en los hogares de aquellas madres y en los hijos

que así premiaron a las patrias del hemisferio, entregando sus nombres ilustres a la historia, como las madres entregaron sus hijos al continente.

En los hijos y en las madres de toda América, hoy evocamos las glorias americanas como algo común y sagrado, que llega más allá de las amarguras, de la opresión política o económica, y que nos resulta credo esperanzado de nuestra libertad inacabable, convertida en preocupación creadora del espíritu.

Este mensaje de saludo, en día glorioso para las mujeres que luchan en América, es también de augurios para las mujeres del presente y del porvenir.

Este es un llamado a todas las mujeres americanas, para que se enrolen y trabajen por la afirmación de una doctrina que impulse hacia los principios por los que debe luchar la humanidad presente.

La mujer representa más de la mitad de la población americana y no reclama sus derechos con actos de requisitoria en favor de la justicia de su causa. Reclama, en cambio, un lugar para compartir con el hombre sus jornadas y para trabajar con él para el triunfo definitivo de la fe, por la voluntad y por la vida que se nutren en su espíritu generoso y porque las ciudades, los campos y la civilización, también fueron afianzados con energías femeninas.

Exhortación a trabajar por la paz y la justicia social.

Trabajemos por la paz que libre a los pueblos de las amenazas y de las agresiones y nos permita cerrar las heridas abiertas por contiendas indefinibles; por el afianzamiento de esa paz, para impedir que la guerra castigue a la humanidad con nuevos sufrimientos.

Trabajemos por una paz, que refirme la fe en los derechos fundamentales de los seres humanos, que desarme los espíritus de odios y prevenciones, sin discriminaciones de raza, sexo, idioma o religión.

Trabajemos por la conquista de un futuro mejor, basado en el amor y no en el odio, en que se anhele construir y no destruir y que, por sobre todas las cosas, restituya a los hombres y a los pueblos el derecho inalienable de libertades y soberanías.

Trabajemos por imponer la justicia, basada en el respeto al principio de igualdad de derechos y al de la libre determinación de los pueblos.

Trabajemos por la justicia que América reclama para el mundo, por la justicia que todos esperan ver llegar como fuerza liberadora de las múltiples cargas que acosan aún a la humanidad.

Trabajemos por la justicia social para el trabajador del continente. Por la consecución de sus sueños y anhelos, cristalizados en sus derechos indiscutibles de trabajar, de gozar de una retribución justa, de alcanzar su capacitación y tener condiciones dignas de trabajo, de preservar su salud, de gozar un bienestar físico y espiritual, poseer su seguridad social, protección para su familia, alcanzar su mejoramiento económico y desarrollar libremente actividades lícitas en la defensa de los intereses profesionales.

¡Que el mundo sea una inmensa humanidad bendecida por Dios!

Mujeres de América, compatriotas continentales:

Unamos nuestros esfuerzos y nuestros corazones para que nadie padezca; para que en nuestra lucha por el porvenir y en defensa de los días venideros, no haya sobre el mundo miserias enervantes; para que los seres, cualesquiera sean su color, su nacionalidad, sus dioses, sus ideas o su fortuna, puedan vivir en la armoniosa ponderación cristiana del entendimiento: para que termine la división de réprobos y elegidos, de satisfechos y desheredados; para que el mundo sea una inmensa humanidad bendecida por Dios y para que los pueblos sean una fraterna comunidad de seres.

Las mujeres de América estaremos entre ellas, e integraremos la columna de las mujeres del mundo. Por ello es que exhorto —en nombre de las mujeres argentinas entregadas a una paciente y laboriosa obra de construcción social— a meditar en este día espiritual de las Américas, en favor de la unión fraterna de las mujeres del continente, segura de que tras esa meditación tranquila de mujeres patriotas, encontraremos el medio que haga posible el entendimiento de nuestros corazones y perdurable la vinculación de nuestros sentimientos.

Convoco para que nuestros más puros ideales de hermandad conjuguen su fuerza emocional con el afianzamiento de su destino histórico. Somos en esta lucha gigantesca lo que hemos sido siempre, grandes o heroicas, humildes u olvidadas, en la gloria o en la adversidad, mujeres dispuestas a cumplir con nuestro deber, haciendo de América lo que debe ser: una grande e indivisible tierra de confraternización.

Así podremos decir que los espíritus inmortales de los patricios invocados nos hacen llegar, con la fuerza de sus abnegaciones, los grandes ejemplos sobre los verdaderos ideales de este continente, en horas en que parecieran querer realimentar con sus designios las acciones de una nueva etapa humana.

Sea nuestra voz, nuestra oración y nuestro credo, canto al trabajo; redención para nuestros hombres; voz de amor para las juventudes; himno de Patria para los hijos del porvenir, en este hogar de hogares que es nuestra América.

Con motivo de la celebración del Día de las Américas, el 14 de abril de 1947, desde el Salón Dorado del Ministerio de Relaciones Exteriores y Culto.

8
La mujer debe votar

Desde los primeros momentos de su campaña electoral el coronel Perón incluyó en su programa de gobierno el otorgamiento de los derechos políticos a la mujer. Anhelaba, quien sería luego presidente de la Nación, reparar un olvido injusto que mantenía a nuestras instituciones a la zaga de los países civilizados.

En sus discursos recordó con insistencia la necesidad de conceder a la mujer argentina el pleno uso de las actividades cívicas y tuvo conceptos definidos respecto a su capacidad para ejercer el derecho de votar.

Las mujeres del país, estimuladas en sus aspiraciones por las palabras del líder revolucionario, vieron en él al realizador de concepto moderno y al estadista capaz de materializar su idealismo.

En ese entonces ya se perfilaba también la figura de una mujer constituida en avanzada, gestora inmediata, que supo tomar esta causa patriótica con el fervor que le concedía su temple de abanderada del pueblo femenino: doña María Eva Duarte de Perón.

A los veintidós días de haber asumido la presidencia, el general Perón, en su mensaje del 26 de junio de 1946, expresó ya como gobernante su propósito de reparar sus defectos y las omisiones legales que detenían el progreso institucional del país. Y dijo ante la Honorable Asamblea Legislativa:

"La creciente intervención de la mujer en las actividades sociales, económicas, culturales y de toda índole, la han acreditado para ocupar un lugar destacado en la acción cívica y política del país. La incorporación de la mujer a nuestra actividad política, con todos los derechos que hoy sólo se reconocen a los varones, será un indiscutible factor de perfeccionamiento de las costumbres cívicas. Oportunamente tendré el honor de elevar a la consideración de Vuestra Honorabilidad, un proyecto de ley estableciendo el voto y demás derechos políticos para la mujer."

El 19 de octubre de 1946, el general Perón remitió a las Cámaras su Plan Quinquenal. En él incluyó el proyecto de ley sobre derechos electorales de la mujer e hizo una exposición de motivos para fundarlo, en la siguiente forma:

"Por otra parte, el reconocimiento de los derechos políticos de la mujer constituye un acto de justicia, porque la experiencia de todos los pueblos ha demostrado que cuando en ellos se presentan circunstancias de alteración gravísimas, en que corre riesgo la propia vida de las naciones, la mujer coopera con su esfuerzo y con no menor energía que el hombre a la defensa de los intereses y de los derechos colectivos; muchas veces con sacrificio de su vida, de su hogar y de su tranquilidad; por lo cual resulta inconcebible que se la mantenga apartada de la defensa de esos mismos intereses y derechos en las épocas de normalidad.

"En la República Argentina la solución del problema, en lo que se refiere al derecho femenino del sufragio activo y pasivo, es tanto más fácil cuanto que no sólo en la Constitución no existe precepto alguno que lo impida, sino que ni siquiera en la ley 8.871 ni en sus modificatorias, las números 9.147, 10.269, 11.387, 11.783 y 12.298, se plantea el tema del voto femenino; ni entre las exclusiones específicamente consignadas con respecto al padrón electoral, figura ninguna por razón de sexo".

Basado en estos conceptos, acompañó en el mismo Plan Quinquenal el siguiente proyecto de ley:

Artículo 1°- Toda mujer argentina nativa o naturalizada tiene derecho, a partir de los 18 años de edad, de elegir y ser elegida, lo mismo que los varones, siempre que estén inscriptas en el padrón electoral.

Art. 2° - El Poder Ejecutivo dictará las disposiciones reglamentarias que se precisen, para proporcionar a las mujeres con derecho al voto, el documento de identidad necesario para la identificación de su personalidad y para la debida constancia de que han ejercido el derecho de sufragio.

Dos días después —el 21 de octubre del mismo año—, ratificando sus propósitos, y al hacer el análisis general de su plan de Gobierno ante las Cámaras reunidas en Asamblea, entre otras ideas, expresó:

"En el orden electoral el Poder Ejecutivo ha contemplado la necesidad de ampliar el área de expresión democrática, concediendo los derechos de sufragio activo y pasivo a las mujeres y a los suboficiales de las fuerzas armadas. A tales fines se encaminan los dos proyectos de ley que figuran en el plan de Gobierno. En cuanto al primero, es decir, el relativo al voto femenino, no parece que pueda suscitar oposición, ya que se han presentado también proyectos en igual sentido, aunque en distintos términos por los señores legisladores representantes de la minoría y de la mayoría. Trátase por lo demás de una norma cada vez más extendida en el campo del derecho político y con respecto a los países que se desenvuelven en régimen de democracia. Es también un acto de justicia que se reconoce a la mujer argentina y que ella merece por su cultura y por la elevación de su pensamiento".

Y, por último, en su mensaje de apertura del período legislativo ante la Asamblea realizada el 1° de mayo de 1947, el presidente Perón volvió a recordar la necesidad de conceder a la mujer derechos políticos, con las siguientes palabras:

"Dentro del campo de los derechos políticos de los ciudadanos, la legislación electoral constituye, en lo que se refiere a la acción del gobierno, otra de sus realizaciones. En mi mensaje al Honorable Congreso señalé que era indispensable, como acto de justicia, conceder los derechos de sufragio a la mujer y a los suboficiales de las fuerzas armadas. No habían pasado muchos meses sin que el Gobierno remitiese a la consideración del Honorable Congreso sendos proyectos de Ley".

La mujer ya puede votar

El 9 de setiembre de 1947, el Congreso dio sanción definitiva al anhelado proyecto. Con la firma del presidente de la República, promulgándolo, quedó convertido en ley. Y el General Perón, constante forjador de las aspiraciones políticas de la mujer que había alentado sus ideales, incorporando a la legislación argentina una conquista revolucionaria para nuestra organización institucional, comprendió que el pueblo mismo debía ser el depositario del triunfo logrado. Por ello le dio cita en la Plaza de Mayo, para que asistiera a la promulgación de la ley.

Testigos de la historia

El día 23, desde hora temprana, se observó en las calles de Buenos Aires un ambiente de júbilo. Las actividades habituales fueron paralizándose a medida que avanzaba la tarde hacia la hora fijada para la gran concentración que debía realizarse en la histórica Plaza de Mayo. Las pequeñas concentraciones parciales fueron aumentando en número y entusiasmo hasta formar compactos núcleos que en manifestaciones bulliciosas se dirigieron hacia el centro de reunión. Mujeres de las más diversas clases sociales, obreras que abandonaron presurosas sus talleres; empleadas que ese día esperaban ansiosas el término de su jornada; madres, algunas con sus hijos pequeños en brazos que suspendieron sus tareas hogareñas, estudiantes; profesionales; mujeres todas confundidas en manifestación de júbilo espontáneo y de justificado regocijo, formaron esa muchedumbre que se desplazó hacia el histórico escenario de nuestros hechos más trascendentales. Hacia allí fueron también hombres de todas las edades, acompañándolas en sus inquietudes y anhelos cívicos para participar de esa fiesta de la mujer argentina, que desde la fecha se sumaba a los grandes acontecimientos nacionales. Medio millón de personas fueron testigos de la histórica promulgación.

Ley 13.010

Buenos Aires, 23 de septiembre de 1947

Por cuanto:

El Senado y Cámara de Diputados de la Nación Argentina, reunidos en Congreso, etc. sancionan con fuerza de:

LEY:

Artículo 1°- Las mujeres argentinas tendrán los mismos derechos políticos y estarán sujetas a las mismas obligaciones que les acuerdan o imponen las leyes a los varones argentinos.

Art. 2° - Las mujeres extranjeras residentes en el país tendrán los mismos derechos políticos y estarán sujetas a las mismas obligaciones que les acuerdan o les imponen las leyes a los varones extranjeros, en caso que éstos tuvieren tales derechos políticos.

Art. 3°- Para la mujer regirá la misma ley electoral que para el hombre, debiéndosele dar su libreta cívica correspondiente como un documento de identidad indispensable para todos los actos civiles y electorades.

Art. 4° - El Poder Ejecutivo dentro de los dieciocho meses de la promulgación de la presente ley, procederá a empadronar, confeccionar e imprimir el padrón electoral femenino de la Nación en la misma forma en que se ha hecho el padrón de varones. El Poder Ejecutivo podrá ampliar este plazo en seis meses más.

Art. 5° - No se aplicarán a las mujeres las disposiciones ni sanciones de carácter militar contenidas en la ley 11.386. La mujer que no cumpla con la obligación de enrolarse en los plazos establecidos, estará sujeta a una multa de cincuenta pesos moneda nacional o a la pena de quince días de arresto en su domicilio, sin perjuicio de su inscripción en el respectivo registro.

Art. 6° - El gasto que ocasione el cumplimiento de la presente ley, se hará de rentas generales, con imputación a la misma.

Art. 7° - Comuníquese al Poder Ejecutivo.

Dada en la Sala de Sesiones del Congreso Argentino, en Buenos Aires, a los nueve días del mes de septiembre del año mil novecientos cuarenta y siete.

J. Hortensio Quijano — Ricardo C. Guardo
Alberto H. Reales — Rafael González

POR TANTO:

Téngase por Ley de la Nación, cúmplase, comuníquese, publíquese, dése a la Dirección General del Registro Nacional y archívese.

PERÓN - ANGEL G. BORLENGHI

Discurso pronunciado por María Eva Duarte de Perón

Mujeres de mi Patria:

Recibo en este instante, de manos del Gobierno de la Nación, la ley que consagra nuestros derechos cívicos. Y la recibo, ante vosotras, con la certeza de que lo hago, en nombre y representación de todas las mujeres argentinas. Sintiendo, jubilosamente, que me tiemblan las manos al contacto del laurel que proclama la victoria.

Aquí está, hermanas mías, resumida en la letra apretada de pocos artículos una larga historia de lucha, tropiezos y esperanzas. ¡Por eso hay en ella crispaciones de indignación, sombras de ocasos amenazadores, pero también, alegre despertar de auroras triunfales!... Y esto último, que traduce la victoria de la mujer sobre las incomprensiones, las negaciones y los intereses creados de las castas repudiadas por nuestro despertar nacional, sólo ha sido posible en el ambiente de justicia, de recuperación y de saneamiento de la Patria, que estimula e inspira la obra de gobierno del general Perón, líder del pueblo argentino.

El triunfo de un ideal

Mis queridas compañeras:

Hemos llegado al objetivo que nos habíamos trazado, después de una lucha ardorosa. Debimos afrontar la calumnia, la injuria, la infamia. Nuestros eternos enemigos, los enemigos del pueblo y sus reivindicaciones, pusieron en juego todos los resortes de la oligarquía para impedir el triunfo. Desde un sector de la prensa al servicio de intereses antiargentinos, se ignoró a esta legión de mujeres que me acompañan; desde un minúsculo sector del Parlamento, se intentó postergar la sanción de esta ley. Esta maniobra fue vencida gracias a la decidida y valiente actitud de nuestro diputado Eduardo Colom. Desde las tribunas públicas, los hombres repudiados por el pueblo el 24 de febrero, levantaron su voz de ventrílocuos, respondiendo a órdenes ajenas a los intereses de la Patria. Pero nada podían hacer frente a la decisión, al tesón, a la resolución firme de un pueblo, como el nuestro, que el 17 de octubre, con el coronel Perón al frente, trazó su destino histórico. Entonces, como en los albores de nuestra independencia política, la mujer argentina tenía que jugar su papel en la lucha. Hemos roto los viejos prejuicios de la oligarquía en derrota. Hemos llegado, repito, al objetivo que nos habíamos trazado, que acariciamos amorosamente a lo largo de la jornada. El camino ha sido largo y penoso. Pero para gloria de la mujer, reivindicadora infatigable de sus derechos esenciales, los obstáculos opuestos no la arredraron. Por el contrario, le sirvieron de estímulo y acicate para proseguir la lucha. A medida que se multiplicaban esos obstáculos, se acentuaba nuestro entusiasmo. Cuanto más crecían, más y más se agigantaba nuestra voluntad de vencer. Y ya al final, ante las puertas mismas del triunfo, las triquiñuelas de una oposición falsamente progresista, intentó el último golpe para dilatar la sanción de la ley.

La maniobra contra el pueblo, contra la mujer, aumentó nuestra fe. Era y es la fe puesta en Dios, en el porvenir de la Patria, en el general Perón y en nuestros derechos. Así se arrancó la máscara a los falsos apóstoles, para poner punto final a la comedia antidemocrática.

Venciendo obstáculos

Pero... ¡bendita sea la lucha a que nos obligó la incomprensión y la mentira de los enemigos de la Patria!... ¡Benditos sean los obstáculos con que quisieron cerrarnos el camino, los dirigentes de esa falsa democracia de los privilegios oligárquicos y la negación nacional! Factores negativos que ignoran al pueblo, que desprecian al trabajo y trafican con él, incapacitados para comprender sus reservas combativas. Esas mentiras, esos obstáculos, esa incomprensión, retemplaron nuestros espíritus. Y hoy, victoriosas, surgimos conscientes y emancipadas, fortalecidas y pletóricas de fe en nuestras propias fuerzas. Hoy, sumamos nuestras voluntades cívicas a la voluntad nacional de seguir las enseñanzas dignificadoras y recuperadoras de nuestro líder, el general Perón. Marchamos con las vanguardias del pueblo que labrará desde las urnas el porvenir de la Patria ansiando una Nación más grande, más próspera, mas feliz, más justiciera y más efectivamente argentina y de los argentinos.

El derecho y el deber

He recorrido los viejos países de Europa, algunos devastados por la guerra. Allí, en contacto directo con el pueblo, he aprendido una lección más en la vida. La lección ejemplarizadora de la mujer abnegada y de trabajo, que lucha junto al hombre por la recuperación y por la paz. Mujeres que suman el aporte de su voluntad, de su capacidad y de su tesón. Mujeres del pueblo que actúan en las fábricas, en los talleres, en las universidades. Mujeres que forjaron armas para sus hermanos, que combatieron al lado de ellos, niveladas en el valor y el heroísmo.

Mis queridas compañeras: ¡Inspirémonos en su ejemplo! Este triunfo nuestro encarna un deber, como lo es el alto deber hacia el pueblo y hacia la Patria. El sufragio, que nos da participación en el porvenir nacional, lanza sobre nuestros hombros una pesada responsabilidad. Es la responsabilidad de elegir.

Mejor dicho, de saber elegir, para que nuestra cooperación empuje a la nacionalidad hacia las altas etapas que le reserva el destino, barriendo en su marcha los resabios de cuanto se oponga a la felicidad del pueblo y al bienestar de la Nación.

Consolidación de una conquista

¡Con nuestro triunfo hemos aceptado esta responsabilidad y no habremos de renunciar a ella! La experiencia de estos últimos años, que puso frente a frente la reprimida vocación nacional de justicia económica, política y social, y los viejos caciques negatorios de los derechos populares, ha de servirnos de ejemplo. En momentos de gravedad, los hombres argentinos supieron elegir al líder de su destino e identificaron en el general Perón todas sus ansias negadas, vilipendiadas y burladas por la oligarquía sirviente de intereses foráneos. ¿Podremos acaso las mujeres argentinas hacer otra cosa que no sea consolidar esa histórica conquista? ¡Yo digo que no! ¡Yo proclamo que no! Y yo les juro que no, a todas las compañeras de mi Patria.

El voto que hemos conquistado es una herramienta nueva en nuestras manos. Pero nuestras manos no son nuevas en las luchas, en el trabajo y en el milagro repetido de la creación.

¡Bordamos los colores de la Patria sobre las banderas libertadoras de medio Continente! ¡Afilamos las puntas de las lanzas heroicas que impusieron a los invasores la soberanía nacional!

Fecundamos la tierra con el sudor de nuestras frentes y dignificamos con nuestro trabajo la fábrica y el taller, y votaremos con la conciencia y la dignidad de nuestra condición de mujeres, llegadas a su mayoría de edad cívica bajo el gobierno recuperador de nuestro jefe y líder, el general Perón.

Luchar por la paz

Tenemos, hermanas mías, una alta misión que cumplir en los años que se avecinan. Luchar por la paz. Pero la lucha por la paz es también una guerra. Una guerra declarada y sin cuartel contra los privilegios de los parásitos que pretenden volver a negociar nuestro patrimonio de argentinos. Una guerra sin cuartel contra los que avergonzaron en un pasado próximo nuestra condición nacional. Una guerra sin cuartel contra los que quieren volver a lanzar sobre nuestro pueblo la injusticia y la sujeción. En esta batalla por el porvenir, dentro de la dignidad y la justicia, la Patria nos señala un lugar que llenaremos con honor. Con honor y con conciencia. Con dignidad y altivez. Con nuestro derecho al trabajo y nuestro derecho cívico.

Perfeccionar la democracia

Somos las mujeres, misioneras de paz. Los sacrificios y las luchas sólo han logrado, hasta ahora, multiplicar nuestra fe.

Alcemos, todas juntas, esa fe, e iluminemos con ella el sendero de nuestro destino. Es un destino grande, apasionado y feliz. Tenemos para conquistarlo y merecerlo, tres bases insobornables, inconmovibles: Una ilimitada confianza en Dios y en su infinita justicia; una Patria incomparable a quien amar con pasión y un líder que el destino moldeó para enfrentar victoriosamente los problemas de la época: el general Perón.

Con él y con el voto, contribuiremos a la perfección de la democracia argentina. Nada más.

Discurso pronunciado por el Presidente de la Nación General D. Juan Perón

[El presidente de la República inició su discurso entre la estruendosa ovación de la muchedumbre que, pese a la llovizna que caía en esos instantes, se mantuvo en sus puestos, subrayando jubilosamente cada pasaje y permaneciendo hasta mucho tiempo después de haber terminado sus palabras el General Perón. Dijo, textualmente, el primer mandatario:]

Conciudadanas y conciudadanos:

La ley que reconoce los derechos cívicos de la mujer modifica un estado de cosas que representaba en nuestro medio un anacronismo político. Reconoce que no habíamos cumplido integralmente con nuestra Constitución y estos derechos que asisten a la mujer igual que al hombre, tardiamente reconocidos, vienen a llenar un vacío que la nacionalidad, exigía desde hace mucho tiempo.

Recordemos que ya desde los viejos tiempos de la Esparta gloriosa los hombres morían por sus mujeres. Recordemos que en nuestra historia la mujer luchó, desde los cimientos de la nacionalidad, al lado de su hombre en los primeros combates por la independencia; que ha sido, a lo largo de toda la historia argentina, la compañera inseparable del hombre, que luchó y murió a su lado por los ideales de la causa que él defendía.

La misión de la mujer

Resabios de incultura y de incivilización propios de pueblos primitivos viven en la mente de algunos hombres para quienes la cultura no ha representado sino un beneficio material. Son esos resabios los que han permitido llegar hasta 1947 con la mujer relegada a un lugar secundario en la vida de este pueblo cuando ella debe ser la formadora de la nacionalidad, ya que es la primera maestra del niño desde su cuna misma. Es allí, en la misma cuna, donde comienza a enseñarle al hombre que debe ser honrado, virtuoso y patriota.

¿Cómo negarle a ella el derecho para intervenir en las grandes decisiones cuando representa el comienzo de la vida, puesto que abre los ojos de sus hijos y cierra los ojos de sus padres? ¿Cómo negarle derechos a ella que se desenvuelve toda su vida teniendo por normas la abnegación y el sacrificio? No es posible que la mujer que vive sacrificada, que vive con abnegación, no tenga derecho de compartir con el hombre las decisiones que nos conciernen a todos en la vida de la Nación.

Mujeres que necesita la Patria

La negación a la mujer de esos derechos ha ido formando en nuestras clases dirigentes sectores femeninos de elementos frívolos e inoperantes para la nacionalidad; mujeres que no han pensado jamás en el bien de sus hombres sino en disipar una vida con moral o sin ella.

No son éstas las mujeres que necesita la nacionalidad. El pueblo, el país, la Nación exige mujeres que luchen para perfeccionar la especie; mujeres que sean buenas madres, buenas compañeras de sus hombres y que no cometan la enormidad de matar sus horas esperando que el tiempo las mate a ellas sin haber hecho otra cosa.

Los derechos cívicos reconocidos a la mujer argentina es una vindicación de la memoria espuria de los hombres que no reconocieron a sus madres, ni a sus hermanas el derecho de inmiscuirse en los negocios de la Nación, que a todos conciernen por igual.

Sagradas obligaciones

Ahora no olvidemos que con esos derechos nacen deberes.

Cada mujer debe pensar que en nuestra tierra es obligación dar hijos sanos y formar hombres virtuosos que sepan sacrificarse y luchar por los verdaderos intereses de la Nación. Cada mujer debe pensar que sus obligaciones han aumentado porque el Estado, al otorgar derechos, tiene paralelamente la necesidad de exigir que toda madre sea una maestra para sus hijos, que en su casa construya un altar de virtud y de respeto, que intervenga en la vida pública defendiendo esa célula de la sociedad que es, precisamente, el hogar, que ha de ser sagrado. Cada mujer debe saber que mientras el hombre gasta sus energías para alimentar al hogar, ella ha de constituir el alma que infunde el respeto y la virtud, que es la suprema de las condiciones humanas. Cada una de las mujeres que intervendrá en la vida pública ha de representar un modelo de esfuerzos espirituales que complemente la acción de los hombres, para que en esta bendita tierra argentina podamos construir una sociedad que se afirme en los cimientos de la virtud.

Hacia un sublime objetivo

Este maravilloso espectáculo de mujeres y hombres, mancomunados por iguales ideales y por idénticos objetivos, nos lleva a lanzar la mirada a través de nuestra historia, para ver el camino recorrido por esta nación gloriosa e ilustre por muchos factores y numerosos hechos que jalonan nuestra vida nacional. Los nuevos valores espirituales que la mujer incorpora al torrente de sangre nacional, han de vivificarla haciendo que desde ya, cada uno de nosotros deba formarse en su mente la convicción firme de alcanzarlos.

Señores, les pido que al desconcentrarse, como hay tantas señoras en esta inmensa multitud, lo hagan con orden y tranquilidad.

Les pido, como siempre, que en el futuro, hombres y mujeres al terminar la jornada nos preguntemos si durante el día hemos hecho algo por la Patria y por la familia.

Pero, el sufragio femenino lleva en sí algo más. Lleva la responsabilidad. Lleva un compromiso sagrado. Es la responsabilidad y el compromiso del ejemplo que comporta su ejercicio.

No nos olvidemos que la mujer está representando al hogar.

Y, de hecho, el hogar es la simiente de los nombres nuevos.

Es su caldo de cultivo. Es su educación, el ejercicio de su primera fe pública, el ejemplo de su iniciación en la difícil carrera del ciudadano. Aquí pues, es donde se hace resaltar el valor extraordinario que tiene, para las manos de la mujer, esa arma del sufragio, vale decir, la voluntad de elegir, la voluntad de discriminar y de ilustrar, la voluntad de negarse o consentir en el juego democrático de las elecciones de un pueblo.

9
En el homenaje realizado por el personal femenino del frigorífico La Negra

Compañeras:

Con profunda emoción estoy otra vez en esta Secretaría de Trabajo y Previsión, donde a diario estamos en contacto con el pueblo y con los obreros argentinos, y digo con profunda emoción porque nos acompaña en este recinto del trabajo un héroe de Francia, el general de Tassigny, quien, comprendiendo nuestra labor y comprendiendo a nuestro pueblo ha querido llegarse hasta esta casa y ver al pueblo que junto con el viejo coronel Perón, tomaron la bandera de los descamisados y la llevaron adelante, y digo al viejo coronel Perón, porque hoy nuestro general, desde el sillón de Rivadavia en la Casa Rosada, está soñando y bregando por la felicidad del pueblo argentino.

Yo, la más modesta de los colaboradores del general Perón, la mas insignificante de este movimiento peronista, he tomado la bandera de los descamisados, de los desposeídos y de los olvidados, tratando de llevar adelante en esta Secretaría de Trabajo y Previsión ese mito que creara el viejo coronel Perón, de hacer justicia social a todos los descamisados y a todo el pueblo argentino, y pueden ustedes tener la seguridad que mientras el general Perón esté al frente del gobierno, la justicia social se cumplirá inexorablemente, cueste lo que cueste y caiga quien caiga.

Compañeras del Frigorífico La Negra: les agradezco emocionada este homenaje que ustedes vienen a tributarme; él me sirve de acicate para la lucha en que estoy empeñada, y puedo asegurarles que durante el gobierno del general Perón no habrá conflictos obreros que no sean justamente solucionados. La compañera Evita está también junto a su querido pueblo, tanto en las horas de sacrificio o de angustia como en las de felicidad.

Les entrego mi corazón y les prometo que, no bien regrese del Chaco acompañando a nuestro presidente, he de darles fecha para visitar el Frigorífico La Negra. Lamento no poder estar más con ustedes: les traigo un abrazo afectuoso del viejo coronel Perón y, para terminar, un viva a la Argentina y un viva a Francia.

OCTUBRE 14 DE 1947

10

Mensaje a las mujeres de la República

En la auspiciosa fecha de tan caros matices, en que al calor del ambiente hogareño todos se aprestan a despedir con alegre efusión el año transcurrido, no quiero que falte mi cordial mensaje a todas las mujeres de la Patria.

Con emoción sentida quiero llegar a ellas, las nobles compañeras de nuestros obreros criollos, a las valientes madres que, plenas de fe en la obra con que Perón construye la nueva y grande Argentina de los trabajadores, van dando en generoso desprendimiento, esos hijos que sellarán mañana, el triunfo de la nueva conciencia en marcha, cuyos frutos magníficos ya vamos recogiendo.

Quiero deciros a vosotras, mujeres de mi patria, que en este nuevo año que tan brillantemente se anuncia para la recuperación definitiva de nuestra argentinidad, que ya tenéis de plena posesión, todos vuestros derechos..., ya ha desaparecido la injusta diferencia que nos subestimaba. Y gracias al general Perón todas las mujeres argentinas valen lo que deben valer.

Y en la fecha señera al sentirme muy junta a vosotras, os exhorto a manteneros siempre en sagrada unión... y en esa magnífica comunión de ideales, de patrióticas inquietudes, y de afán de superación, sellemos por siempre las mujeres de la Patria, la firme decisión de marchar junto al Líder en pos de la plena conquista de la argentinidad.

Que en este nuevo año de la Nueva Argentina, baje del cielo la bendición divina y al cubrirnos con su hálito bienhechor podremos las mujeres argentinas cumplir con éxito nuestra misión sagrada: labrar la grandeza de la patria que Perón redimiera.

Mujeres de mi Patria; os deseo en este año que se inicia la más venturosa suerte y que lo gocéis pleno de felicidad en unión de vuestros seres queridos.

DICIEMBRE 31 DE 1947

11
Primera Asamblea Nacional del Movimiento Peronista Femenino

Compañeras delegadas:

Por primera vez en nuestro país, en América, la inmensa mayoría, para no decir la totalidad de las mujeres de una nación, están representadas en una asamblea efectivamente nacional e indudablemente democrática, para trazarse sus propios caminos, dentro de la inmensa falange de todo un pueblo que marcha con seguridad y confianza hacia la superación de todos los problemas de la colectividad nacional. Sean, pues, mis primeras palabras personales, de saludo y bienvenida a todas las compañeras delegadas de las provincias y territorios argentinos, portadoras de la voluntad unitaria de todas las mujeres de la Patria que quieren coordinar su acción en los cuadros del movimiento femenino peronista, forma específica de una revolución nacional y popular única en nuestra historia y en la vida de todos los pueblos de América. A estas palabras personales de saludo y bienvenida fraterna, debo agregar que estoy segura corresponden al íntimo deseo de cada una de nosotras y de cuantas nos hemos reunido aquí.

Es nuestro más entusiasta, más sincero y más ferviente mensaje de fe y de esperanza, de gratitud y de respeto, de solidaridad y de apoyo al Líder de la nacionalidad. A quien fue coronel del pueblo y es Presidente de la Nación. Al supremo gestor de la dignificación social, el bienestar económico y la conquista de los derechos políticos para las mujeres argentinas. A nuestro Líder querido y ejemplar: ¡al General Perón!

Estoy plenamente segura de interpretar así la voluntad general y de expresar un sentimiento colectivo de todas las "descamisadas", que llevan al Coronel Perón grabado en la memoria y tienen al General Perón en lo más íntimo y sensible de su corazón. Esta asamblea femenina nacional, la primera y la más representativa que haya visto el Continente, tiene su razón determinante esencial en la doctrina de Perón, la posibilidad de realizarse en la obra de Perón y todas las perspectivas de su porvenir reposan sobre la progresiva unidad femenina alrededor de Perón. Es justo, pues, que nuestro primer pensamiento colectivo se dirija hacia el Líder que unifica nuestro entusiasmo, nuestra fe y nuestra seguridad en un porvenir mejor para todas las mujeres argentinas y sus continuadoras en la posteridad.

Consolidación de la unidad

Dije al comenzar, compañeras delegadas, que nos reuníamos en la primera gran asamblea femenina realizada en el país, para trazar nuestros propios caminos, dentro del cauce vibrante de todo un pueblo que marcha por la senda de superación de sus problemas colectivos. El hecho que nos aprestemos a trazar nuestra propia trayectoria, como mujeres y como ciudadanas, no significa ni podría significar separarnos de la revolución nacional peronista ni dividir el movimiento peronista que es órgano político de !a Revolución. Es precisamente lo contrario de separar y dividir, y el programa y la misión que nos impone el pueblo, nos exige la revolución y nos señala el General Perón como Líder del movimiento, primer trabajador de la República y responsable máximo del presente y del futuro de la nacionalidad. Nuestro programa, nuestra elevada misión de mujeres, de trabajadoras y de ciudadanas peronistas es reforzar y consolidar nuestra unidad femenina, propalar y popularizar la doctrina de Perón, transformándonos en sus orgullosas abanderadas e incansables portavoces en todos los sectores de la vida nacional. Comenzando por el hogar, del que somos inspiración y espíritu, cuya vida material y moral llenó de luz la doctrina y la obra del General Perón, prosiguiendo en toda nuestra vida de relación y culminando en nuestra campaña peronista de esclarecimiento y transmisión de nuestra confianza y nuestra fe en el Líder de todos los lugares de trabajo donde hay una mujer, incorporada al esfuerzo y a la producción manual o intelectual.

Unidad femenina peronista

La unidad femenina peronista, debe ser nuestra preocupación básica y debe constituir nuestro objetivo diario y superior de ciudadanas y de mujeres. Esa unidad es la palanca a cuyo impulso poderoso no habrá privilegio que resista, enemigo que contenga, intereses que dominen o coalición interna o exterior que logre vencer. Esa unidad es la llave maestra de la felicidad y el bienestar presente de todas las argentinas y la máxima garantía de sostenimiento de las conquistas del pueblo trabajador. Porque la unidad femenina peronista, es en síntesis la unidad de todo el pueblo y la unidad popular, que es imprescindible para el afianzamiento de las virtudes esenciales de la sociedad humana; que sólo es total cuando cuenta con el apoyo de la mujer, cuya negación y cuyo olvido es indigna de las sociedades modernas y civilizadas, como advirtió el Líder cuando dijo en el acto de la promulgación de la ley que nos otorgaba los derechos cívicos que reclamábamos:

"Resabios de incultura y de incivilización propios de pueblos primitivos, viven en la mente de algunos hombres para quienes la cultura no ha representado sino un beneficio material. Son esos resabios los que han permitido llegar hasta 1947 con la mujer relegada a un lugar secundario en la vida de este pueblo, cuando ella debe ser la formadora de la nacionalidad, ya que es la primera maestra del niño desde su cuna misma.

Es allí, en la misma cuna, donde comienza a enseñarle al hombre que debe ser honrado, virtuoso y patriota".

Cuidemos, pues, como a nuestra más preciada herramienta en la construcción de una Patria grande, para un pueblo generoso y feliz, nuestra unidad femenina peronista. Consolidarla sin cansancio, apuntalarla sin pausas, soldarla cada día más sólidamente y con más diligente decisión, es un deber supremo de todos nosotros y es un mandato imperativo para cuantas estamos dispuestas a todos los sacrificios por el triunfo del pueblo trabajador y de todos los argentinos dignos de esta Patria de excepción.

Ahora bien, compañeras; para que nuestros esfuerzos y nuestros afanes por consolidar el movimiento femenino peronista puedan ofrecer los mejores resultados y cumplamos más perfectamente la misión que nos toca desempeñar, es preciso que cada una de nosotras individualmente, y todas nosotras colectivamente, comprendamos e identifiquemos cómo se manifiesta esa unidad y cuál es su característica específica e insustituible.

Inicialmente tenemos que comprender que ninguno de los enemigos del pueblo, que son los enemigos de la revolución nacional, tiene la menor posibilidad de éxito si se presenta tal cual es, es decir, como adversario directo y franco del General Perón y del movimiento nacional. Los enemigos del peronismo, para quebrar nuestra unidad, tendrán que disfrazarse y fingir identificarse con nuestros anhelos para desvirtuar los objetivos de la revolución. ¿Cómo conocerlos, entonces? ¿Cómo identificarlos? De una sola manera, compañeras delegadas: señalando la característica insustituible que identifica más típicamente esa unidad. Es la más estricta fidelidad a la doctrina, la obra y la personalidad del General Perón, que corresponde a la manera más completa de identificarse con la revolución, porque nuestro movimiento se inspira teórica y doctrinariamente en la palabra de Perón y se alimenta prácticamente de su obra de gobernante. ¡Para la mujer ser peronista es, ante todo, fidelidad a Perón, subordinación a Perón y confianza ciega en Perón!

Nuestro líder único

Yo me siento absolutamente cierta que lo que acabo de definir es una convicción que tiene la misma solidez en todas las delegaciones presentes y todas las mujeres peronistas que están aquí representadas, y que son la totalidad de las que sostienen con su conciencia y su fe la causa de Perón en toda la extensión del país. El hecho de que las mujeres peronistas gocemos de plena conciencia que el General Perón y su obra no sólo son la máxima y la más pura expresión del peronismo, sino que el líder es el vértice de nuestra unidad, tiene que llevarnos necesariamente a una conclusión. Y es, lógicamente, la siguiente: que toda ambición personal, por mejor intencionada que parezca, toda fuerza y energía peronista gastada en provecho propio, aunque se gaste dentro de los mismos cuadros de nuestra organización femenina, resulta consciente o inconscientemente una acción contra su unidad y, por lo mismo, un esfuerzo contra el General Perón. Y resultando contrario a nuestra unidad peronista y al mismo General Perón, tenemos la voluntad insobornable de identificarla como contraria al pueblo y a la revolución que conquistó, para todos y para todas, el bienestar económico, la libertad política y la seguridad social de lo que justamente estamos orgullosas las mujeres peronistas, porque hizo de nuestra Patria una excepción ejemplar en el caos económico-político-social que caracteriza el trágico momento que vive la humanidad en esta amenazadora postguerra.

No hay más que un Líder, no hay más que un objetivo ni hay más que un camino para llegar a él. Nuestro Líder único es el General Perón, espíritu y brazo de un pueblo que ha reiterado su voluntad de ser económicamente libre, socialmente justo y políticamente soberano. El objetivo único es la felicidad de todos los que trabajan, condición esencialísima para la grandeza de la Patria, porque no hay patria grande donde no alienta un pueblo feliz. Y el camino único que se ofrece a las mujeres peronistas, en la plenitud del goce de sus derechos políticos, es la organización y la unidad del movimiento femenino peronista, al servicio del Líder y de la nacionalidad.

Todas nosotras, sin una sola excepción, desde la que se considera a sí misma la más humilde, hasta la que es considerada por sus compañeras la más eficiente y capaz, ni somos ni aspiramos a ser otra cosa que colaboradoras del General Perón. Ese título de honor nos basta y nos sobra. Ser colaboradora del Líder significa beber a grandes sorbos en la corriente doctrinaria que creó, imponerse a sí misma el deber de transmitir esa doctrina y enriquecerla con la propia experiencia, que sólo es fecunda en contacto con el pueblo y atentas a sus derechos de trabajadores y de constructores de la riqueza nacional. Ser colaboradora del Líder es renunciar a sí misma para seguir fielmente las enseñanzas y el ejemplo del General Perón, incansable en sus servicios a los "descamisados" y a la Nación. Ser colaboradora del Líder es hacerse abanderada de su vida, y de su obra, que se desenvuelve y se realiza en bien del pueblo y de la grandeza nacional, suprema y única ambición de nuestro maestro y guía.

Colaboradoras del General Perón

Ser colaboradora del General Perón es seguir el ejemplo de su laboriosidad, la pureza de sus intenciones, la eficacia de su capacidad de realización, la grandeza de sus sueños, el silencio de sus sacrificios y la confianza ilimitada que tiene en la virtud de nuestro pueblo para comprender y valorar la obra gigantesca del gobierno de la Revolución. Todo eso, que es ser colaboradora del General Perón, debe hacerse carne en nuestra carne y espíritu en nuestro espíritu, para que el movimiento femenino peronista que vamos a estructurar sea digno del Líder y de la alta misión de la mujer, liberada por él, en la nueva Argentina de Perón.

Estamos reunidas en la primera asamblea nacional del movimiento femenino peronista, para trazar nuestros propios caminos, buscando nuestra propia trayectoria, como mujeres y como ciudadanas que han aceptado y sienten la responsabilidad que les toca en el porvenir de la Nación. Tenemos una ideología, la doctrina peronista; tenemos un Líder, el General Perón; tenemos una democracia política y económica, de amplio contenido social, pasible de ser perfeccionada; y la búsqueda de la perfección es una tarea específicamente femenina, porque es la mujer la más alta reserva moral del hogar. Hay pues, ante nosotras, un ámbito enorme que espera la actividad político-social de la mujer para iniciar la marcha hacia formas más perfectas de vida, de relación y de existencia comunes a toda la familia nacional.

Dos herramientas básicas garantizan la eficiencia de nuestra obra. La primera se forma con nuestra experiencia del pasado cercano, tan vívido aún en nuestra memoria. La segunda se concreta con nuestra fe en el Líder y con nuestra unidad femenina en torno a su doctrina y su obra de reformador social y de gobernante. Esas dos herramientas, que son como dos palancas capaces de mover todos los obstáculos que podamos encontrar en nuestra marcha, deben estar permanentemente presentes en nuestra conciencia y en nuestra memoria, que se fortalecerá en proporción directa a su recuerdo y experiencia y en proporción directa también a su identificación con el General Perón.

Nosotras, las mujeres peronistas de hoy, que aspiramos a desempeñarnos en la vida político-social de la nación como deben desempeñarse las mujeres de mañana, no hemos olvidado que fuimos también las mujeres de ayer, de ese ayer vergonzoso de todas las negaciones sufridas calladamente por la mujer. La aparición en el escenario político nacional del entonces coronel Perón marca la etapa nueva de valorización de la vida femenina, que sin renunciar a ninguno de los aditamentos de la femineidad, transforma su hogar, hasta ayer recaudo de la conducta privada, en el supremo juez de la conducta pública. Hemos superado el período de las tutorías civiles y nuestros derechos cívicos, conquistados con nuestro esfuerzo y mediante el apoyo decisivo del General Perón, han puesto punto final al tutelaje inaceptable que las leyes ejercían sobre las mujeres argentinas, y nos han colocado en el plano de vigencia política a que nos dio derecho nuestro permanente sacrificio por la familia, por la patria y por la colectividad.

Pero el reconocimiento de nuestros derechos cívicos no nos ha hecho olvidar el cuadro negativo de nuestros problemas de ayer, que no sólo eran de todo el pueblo, del que formamos orgullosamente parte esencial, sino que tenían su máxima expresión en la negación económica y social. Ni lo hemos olvidado ni lo debemos olvidar aún, porque el balance comparativo de lo que fuimos ayer y de lo que somos hoy, reafirma nuestra fe en el Líder y nuestra identificación con la revolución nacional popular peronista.

Situación de la mujer

Un análisis somero de la situación económica, política y social de la mujer antes del 4 de junio, nos da la sensación cabal del trayecto recorrido en esta marcha colectiva que guía el Líder de la nacionalidad. Debemos referirnos al 4 de junio como punto de partida, no porque la fecha coincida con el despertar de la fuerzas sociales que encauzaron, definitivamente, por rumbos certeros, la marcha de la revolución, sino porque el 4 de junio señala el principio de la liquidación del poder político de la oligarquía que, aunque volvió a recuperarlo después, lo perdió definitivamente y por obra exclusiva del pueblo trabajador durante la jornada gloriosa del 17 de octubre y las grandiosas consecuencias político-sociales provenientes de la liberación del entonces coronel Perón.

¿Cuál era la situación de la mujer en lo económico, lo político y lo social, hasta esa fecha? Madre, hija, hermana del pueblo, la mujer argentina sufrió las mismas negaciones e injusticias que caían sobre ese pueblo y sumó a ellas, la suprema injusticia de no tener derecho a elegir ni a ser elegida, como si ella, que era la garantía del hogar y de la vida y la educación de sus hijos, desde la cuna hasta la madurez, resultara un peso muerto para el perfeccionamiento político de la colectividad.

En lo económico sufríamos directamente en doble proporción la indignidad económica que pesaba sobre todo el pueblo argentino. Si recordamos los salarios de la época, lo mismo en las industrias de la ciudad que en los trabajos del agro, las cifras que las expresan resultan la mejor demostración de la diferencia que hay entre ese cercano ayer y nuestro hoy satisfactorio. Con sueldos de hambre en toda la industria nacional, con nuestros campos poblados con el peonaje anónimo, sin ninguna protección gubernamental y entregados todos a la voluntad y omnipotencia de los privilegiados de la oligarquía la vida de nuestro pueblo sólo se enriquecía de odios sociales y de esperanzas de redención. La previsión social no existía ni siquiera como mentira piadosa, porque la prepotencia de los poderosos contaba con los poderes públicos para imponer su dictadura económica sobre toda protesta popular. Las leyes sociales, que desde principio de siglo se arrastraban por los pasillos del Parlamento, sin salir jamás de la condición de proyectos, solo servían para soldar la esclavitud de la masa, porque aparecían ante sus ojos esperanzados durante cada campaña electoral y todos los partidos las desplegaban en sus banderas antes de la elección para guardarlas entre los trastos viejos después del triunfo electoral.

No había salario mínimo, convenios colectivos, vacaciones pagadas, subsidios por enfermedad, reglamentación del trabajo de los menores que fuera cumplida, ni ley de accidentes de trabajo que resolviera una sola vez el problema planteado en beneficio del trabajador. Los despidos, que se hacían en masa cada vez que la voluntad patronal así lo requería o que sus intereses de casta lo recomendaban, estaban a la orden del día. Sin indemnización, sin justicia efectiva, sin garantía de trabajo permanente y sin gobernante ante quien recurrir, porque todos los gobiernos de todas las épocas estuvieron social, económica y políticamente al servicio de la oligarquía de los intereses del gran capital, de aquí y del exterior, nuestros trabajadores en muy poco se diferenciaban de los siervos de la Europa medieval.

Tal era a grandes rasgos el panorama económico. El político se caracterizaba por el fraude, y el social, por la negación sistemática a todo derecho de agremiación. Vivía nuestro pueblo una noche permanente de derechos esenciales, mientras la oligarquía trajinaba alegremente sobre toda la economía nacional para servir al capitalismo sin patria del otro lado del mar.

Si volvemos los ojos hacia el campo, la situación era aún peor y más vergonzosa para el patriotismo y la conciencia nacional y social de todos los argentinos. La producción del agro estaba en su totalidad entregada al capricho de los monopolios, que fijaban su precio sin considerar para nada los derechos del productor. La tierra era un bien de renta a la que no podía aspirar el trabajador rural. Los desalojos, enfermedad endémica de los campos argentinos, ponían su caravana de vergüenzas en todos los caminos del interior del país. La promiscuidad y los rancheríos, en que vivían los hijos de nuestros esforzados trabajadores rurales, ponían en jaque permanente todo el tesoro moral del campesinado que sólo se salvó porque las mujeres argentinas, vosotras mismas, lo sostuvisteis sin desmayos ni claudicaciones en medio de las tinieblas de esa noche de la argentinidad.

Derechos del pueblo

En este cuadro político-social de tintas sombrías y desesperantes, la mujer fue el receptáculo de las mejores esperanzas de la argentinidad. No fuimos espectadoras pasivas del drama político, la miseria económica y la negación social de nuestro pueblo, sino que constituimos dentro de él la fuerza moral que sostuvo sus virtudes y que alimentó sus esperanzas en una vida mejor, en una Patria más grande, en una sociedad más justa y en una época próxima más rica en libertad y en soberanía populares.

La aparición del entonces Coronel, en la actividad política argentina, marca la primera luz en esas tinieblas que cubrían los derechos del pueblo y que los ocultaban a la miopía intencional de todos los partidos políticos argentinos. Fue él el único en señalar que, o se daba un contenido social a la revolución que carecía de él, o el movimiento no lograría ser más que el cambio de unos hombres por otros hombres, igualmente sordos a los derechos populares e igualmente ciegos a su drama económico, político y social. La lucha sin cuartel que emprendió entonces el Coronel Perón contra los privilegios oligárquicos para levantar los derechos populares y elevar la vida de nuestro pueblo a un nivel digno de la condición humana, no tiene similar ni ejemplo en la historia moderna de la República. Y si por un lado fue dibujando ante los ojos de la masa la proporción de su personalidad de Líder único e indiscutido de los trabajadores de la Patria, por el otro lado atrajo hacia sí los odios irracionales de todos los privilegiados y polarizó la conspiración de todos los explotadores que veían en él, y no se equivocaban, al enemigo fundamental del atraso político, económico y social en que vegetaba la Nación.

La fundación de la Secretaría de Trabajo y Previsión, cuna de la justicia argentina, fue un hecho histórico cuya trascendencia escapó a la generalidad, pero cuya acción inmediata señaló a los trabajadores que el Coronel Perón acababa de lanzar los cimientos del hogar, de las fuerzas productivas argentinas y forjarles el arma y el escudo capaz de conquistar su dignificación y preservarla de todos los ataques.

Desde allí se inició, inspirada por Perón, conducida por Perón e impuesta por los "descamisados" de Perón, la reforma social y la reforma económica que había de transformar, impulsándola hacia el futuro, toda la vida de la Nación y todos los derechos del pueblo. Hasta entonces, por comodidad y rutina, todos habían seguido las huellas que marcaban los demás países y ante las discordias y los conflictos surgidos entre el trabajo y el capital, sólo se buscaban soluciones dentro de fórmulas postizas y aparentes, que importaban con la misma ligereza y falta absoluta de conciencia nacional los partidos de la derecha que se negaban a evolucionar y los partidos de la izquierda, que buscaban en la evolución una forma de agitar las conciencias laboriosas para aprovechar políticamente la lucha de clases e imponer su dictadura contraria al espíritu del pueblo, a las esperanzas de la nacionalidad y a la moral cristiana y argentina.

Secretaría de Trabajo y Previsión

Fue la obra de Perón desde la Secretaría de Trabajo y Previsión, recién creada, la que hizo posible que el país tomara en sus manos la orientación rectora de la tradición humanística, base insustituible y raíz imperecedera de toda libertad económica, soberanía política y justicialismo social. Fue el Coronel Perón, creador del organismo, quien lo dinamizó con las virtudes características de su genio de conductor, de reformador social y de realizador y con las fuerzas insobornables de su solidaridad con los humildes, su respeto por los trabajadores y su conciencia de sus derechos esenciales. La Secretaría de Trabajo y Previsión tenía un objetivo: realizar el bien para el mayor número de trabajadores. Sostuvo una consigna: trabajar día y noche, sin desmayo ni pausas, hasta lograr el bienestar laborioso. Se impuso a sí misma una misión trascendental que cumplir, apoyándola en tres postulados que pronto despertaron y se enraizaron en toda la conciencia del país: dignificar el trabajo, humanizar el capital y elevar la cultura ciudadana, poniendo a su disposición los medios necesarios para su desenvolvimiento e incorporándole el calor de las masas trabajadoras, que siempre habían sido despreciadas y temidas por el Estado y la burocracia estatal.

Así comenzó la auténtica "Casa del Trabajador", cuya acción dio de inmediato resultados insospechados para la nacionalidad. El aumento efectivo de los salarios cubrió las necesidades impostergables de los trabajadores en toda la amplitud de nuestra tierra la ley de despidos vino a poner coto a la prepotencia patronal que no había conocido limitaciones. El aguinaldo, las vacaciones, el aprendizaje y la jubilación reforzaron la economía laboriosa y la colocó a alturas hasta entonces desconocidas y apenas soñadas por nuestros trabajadores de la industria y del campo.

Eso en relación a las conquistas sociales de contenido económico y de inmediata necesidad. Pero al mismo tiempo, la acción del Coronel Perón desde la Secretaría que él fundó y vitalizó con todo el caudal de su conocimiento y de su energía, iba forjando en nuestros trabajadores la conciencia de su virtualidad y la necesidad de agremiarse para defender victoriosamente sus conquistas. Y fue así que cuando el nueve de octubre, el último zarpazo de la oligarquía y el capitalismo foráneo secuestró al Coronel Perón e intentó separarlo del pueblo y de su trabajo, en bien de la colectividad los "descamisados" llenaron las calles y las plazas de la capital, exigieron la vuelta de su Líder y solo volvieron a sus hogares cuando el Coronel Perón, otra vez en medio de ellos, les advirtió en aquella noche del glorioso 17 de Octubre que había reconquistado el derecho de disponer de su propio destino.

A las conquistas sociales inmediatas siguió, después del 17 de octubre, el esbozo de lo que había de concretarse después de la reforma económica. En esta materia el General Perón ha sostenido siempre una idea central simple y clara. Nuestro Líder jamás creyó que pudiera existir una economía **patronal** y una economía **obrera**, sino sencillamente que lo efectivo y real es la existencia de una **economía nacional**. Por esa misma razón, sostiene y sostuvo entonces nuestro Líder, que los problemas que afectan a uno de los grupos sociales actuantes, sea el de los trabajadores o el de los patrones, no son problemas exclusivos de ese grupo sino comunes a todos los demás.

"Que los ricos sean menos ricos y los pobres menos pobres", mediante el doble instrumento de la dignificación del trabajo y la humanización del capital, camino exclusivo para los pueblos que quieren contornar la tragedia sin límites y la terrible destrucción de todos los valores materiales y morales en que desemboca la lucha de clases, fue la consigna del Coronel Perón y es la síntesis de la acción reformadora en lo económico-social del General Perón.

Triunfante en las elecciones del 24 de Febrero, instituido el gobierno de la revolución, los argentinos reconocieron en él al primer gobierno surgido del pueblo y actuando para el pueblo. Por primera vez en la historia política del país, un gobernante era estrictamente fiel al programa del candidato y no buscaba pretextos ni razones para borrar como mandatario lo que escribió como ciudadano que solicitaba el voto del pueblo, porque sólo confiaba en el pueblo, para llegar a la presidencia de la Nación, a luchar por los derechos del pueblo y a hacerlos prevalecer.

Derechos cívicos

Nosotras, las mujeres argentinas, cuyos hogares que habían conocido la miseria conocían ahora el bienestar, cuyos hijos que apenas si lograban cursar los estudios primarios tenían ahora abiertas las puertas de la universidad, cuyos esposos, hermanos y padres, mediante la dignificación del trabajo y la humanización del capital, conocían efectivamente la alegría de vivir y llenaban de claridad los hogares laboriosos, teníamos aún algo que conquistar. Eran nuestros derechos cívicos, el honor y la responsabilidad de elegir y ser elegidas de la misma manera que nos habíamos conquistado el derecho y la responsabilidad de trabajar, de producir y de sufrir en el seno del pueblo al que pertenecemos, sin ninguna diferencia con los varones de la nacionalidad.

El 23 de setiembre de 1947, en nombre y representación de todas las mujeres de la Patria, recibí de manos del General Perón la Ley N° 13.010, que dice en su primer artículo que las mujeres argentinas tendrán los mismos derechos políticos y estarán sujetas a las mismas obligaciones que les acuerdan o imponen las leyes a los varones argentinos". Habíamos conquistado nuestros derechos cívicos, habíamos logrado que se nos reconociera la responsabilidad de unirnos cívicamente a todo el pueblo en la lucha por la perfección de nuestra democracia. Habíamos logrado romper los lazos anacrónicos de un convencionalismo negativo que mutilaba el espíritu de Nación y habíamos conquistado para el porvenir el arma noble y fecunda del voto.

Todo derecho presupone un deber y nuestros derechos cívicos multiplican nuestra responsabilidad, que suma ahora a la que surge de nuestra condición de ciudadanas. El General Perón cumplió su programa de liberar a la mujer de los viejos convencionalismos negativos. Nosotras las mujeres peronista de la actualidad, debemos cumplir como cumplió Perón. Y cumplir con el Líder significa comprender todo lo que nos ha dado para determinar cuánto le debemos y qué tenemos que consolidar y preservar para que su obra grandiosa en bien del pueblo —que son nuestros hijos, nuestros hermanos, nuestros padres y nosotras mismas— rinda todo el fruto que justifica su sacrificio por la colectividad.

Doctrina peronista

Esa comprensión nos obliga al estudio y al conocimiento de la doctrina peronista, de la obra de Perón y de los objetivos fundamentales por los que lucha incansablemente desde la Presidencia de la República. La magnífica exposición que el Líder del movimiento hizo ayer ante la asamblea extraordinaria del peronismo, fijando los derroteros esenciales para toda acción ulterior con la clarividencia de su genio, la honradez de sus propósitos y la energía de sus convicciones, son los caminos seguros que se ofrecen ampliamente a la voluntad del pueblo de cumplir con el Líder que siempre cumplió con él.

El movimiento femenino peronista, que es parte integrante y substancial de ese mismo pueblo, sabrá cumplir sus tareas específicas acrecentando y preservando, para sí mismo y para sus hijos, los beneficios económicos, políticos y sociales que tienen su fuente en el pensamiento y la obra del General Perón.

Para ello, declara que no sólo caducó la era del fraude y del desconocimiento de la voluntad cívica de la Nación, sino que caducaron también las vergüenzas de los comités donde entre empanadas y tabas se atentaba contra la conciencia cívica de la nacionalidad. Nuestro movimiento, para extender y popularizar la doctrina y la obra del Líder, cubrirá el país de centros y ateneos femeninos de educación y de cultura, que barrerán de toda la extensión de la Patria el recuerdo de la ignominia de esos comités, ofreciendo a todas las mujeres peronistas los beneficios de la capacitación y la ampliación de su conciencia cívica y fundamentándola sobre la doctrina y el ejemplo del conductor de la nacionalidad.

Esos beneficios, de orden material y moral, involucran toda la amplitud de nuestra vida hogareña, nuestra actividad política, nuestras inquietudes económicas y nuestra preocupación social. Emanan de la acción y la doctrina del General Perón y han venido a configurar nuestra voluntad de ser libres, soberanos y justicialistas. Conforman las tres columnas maestras de nuestro bienestar en toda la complejidad de sus manifestaciones específicas y son la mejor herencia que podríamos legar a nuestros sucesores en la línea directa de nuestra descendencia y la línea afectiva de toda la nacionalidad. Y para preservarlos y fortalecerlos nos hemos citado en esta primera asamblea femenina nacional, que es un ejemplo para América y un hecho nuevo en la actualidad mundial, que valora íntegramente el papel decisivo de la mujer en los días que se avecinan para toda la humanidad.

Los movimientos político-sociales, se definen, asimismo, teórica y prácticamente. En el terreno teórico por sus aspiraciones o programas enunciados. El movimiento femenino peronista no es una excepción ni quiere serlo. Define sus aspiraciones y su programa en la doctrina peronista de la liberación económica, la soberanía política y el justicialismo social, y aspira a demostrarse ante el pueblo y ante el Líder como un elemento eficaz y eminentemente realizador de ese programa.

La mujer argentina, en el pasado y en el presente y seguramente también en el porvenir, tiene conciencia de lo que representan los destinos del país y una voluntad de hierro para encauzarlos con dignidad aunque para ello haya tenido que realizar los supremos sacrificios de dar la sangre de sus hijos y hasta el último latido de su corazón. Preparada espiritualmente para rechazar toda suerte de opresión, ya sea aquélla que viene del capitalismo internacional, perturbador, sin patria, sin sentido humanista y sin religión o de aquélla otra que somete al hombre a las violentas reacciones del materialismo extremista, nosotras las mujeres de hoy hemos hallado en la tesis sociológica de la Tercera Posición proclamada por Perón, el instrumento político que la civilización americana brinda a la humanidad para redimirla de sus males e impulsarla hacia la felicidad.

Tercera Posición peronista

La ciencia política ve así incorporada a su acerbo el más grande de sus postulados. Y si la ciencia política es la ciencia de las ciencias, como se ha dado en denominarla, porque involucra todo el saber y la vida social y fundamenta todas las formas del conocimiento humano, no es aventurado afirmar que el postulado de la Tercera Posición Argentina, que es la resultante histórica impuesta por la civilización, tiene la trascendencia grandiosa de una de las expresiones más profundas del saber humano y nos enorgullece el identificarla como uno de los ' postulados esenciales de la doctrina de nuestro Lider, el General Perón.

Cuando él se refería a los problemas planteados por la lucha entre los excesos del individualismo y el absolutismo estatal, que constituye los síntomas predominantes en el mundo, llegó a las conclusiones definitivas en los siguientes párrafos magistrales:

"Parecería que una Tercera Posición pudiera conformar una solución aceptable, por la cual no se llegaría al absolutismo estatal ni se podría volver al individualismo absoluto del régimen anterior. Sería una combinación armónica y equilibrada de las fuerzas que representan al Estado moderno, para evitar la lucha y el aniquilamiento de una de esas fuerzas, tratando de conciliarlas, de unirlas y de ponerlas en marcha paralelas para poder conformar un Estado en el cual, armónicamente, el Estado, las fuerzas del capital y del trabajo, combinadas inteligente y armoniosamente, se pusieran a construir el destino común, con beneficio para las tres fuerzas y sin perjuicio para ninguna de ellas".

La profunda filosofía de este pensamiento, que tiene audacia revolucionaria en un mundo que se define en una dictadura capitalista, sin más ley que la ganancia, y una dictadura materialista, sin más ley que la opresión, descansa sobre un moderno y amplio alcance del concepto Trabajo. La mujer peronista ha de colaborar ferviente, decidida y patrióticamente con su creador, el General Perón, en la aplicación integral de este postulado básico, que regirá las relaciones entre los seres humanos y los pueblos de los tiempos venideros y que rige ya en nuestra actualidad nacional. Para ello es necesario formarse un adecuado conocimiento del carácter moral y el carácter social del trabajo. Estudiar los problemas atingentes a su división y difundir los Derechos del Trabajador en sus más amplias manifestaciones.

De lo expuesto, surge el valor incalculable que para el logro de las finalidades señaladas, se debe asignar al cuidado de la familia, a través de la formación psicológica y moral del niño, la educación alimenticia y el clima hogareño en general, ámbito propicio a nuestra mejor actividad.

Es evidente que giran en torno a la mujer esta cuestión y sus consecuencias obligadas, como ser el conocimiento a fondo del presupuesto familiar, con una derivación que creo trascendentalísima y que nadie mejor que la mujer puede cumplir: me refiero a la educación para el consumo, problema capital de la economía social moderna, tan importante como ese otro principalísimo que es el incremento constante de la producción.

Quien estudie este pensamiento magnífico de la Tercera Posición, profundizando sus proyecciones, encontrará que no es ajeno a él el problema de la Previsión, tan avanzado y efectivo como el que más y seguramente más que ninguno en nuestro país y bajo el gobierno del General Perón. Este aspecto básico de nuestra actualidad requiere la colaboración más amplia y generosa de la mujer argentina, como lo estamos ensayando felizmente con éxito y uno de cuyos aspectos más emocionantes lo constituyen los llamados Derechos de la Ancianidad, que tuve el honor de suscribir un día no lejano, en nombre de todas las mujeres argentinas y ofrecerlos al corazón solidario de todas las mujeres del mundo, dejándolos en manos del Presidente de la Nación y Líder de nuestro movimiento, a cuya humana comprensión y sensibilidad se debe que hayan sido incluidos en la nueva Constitución sellada por el pueblo en comicios memorables.

La mujer argentina, dispone ya de una sólida conciencia política estoy lejos de pensar en las modalidades intrascendentes de aglomeración ciudadana y en la vida desorganizada de los comités que mantenía el viejo régimen para engañar a la masa y traficar con sus más altos ideales. Me refiero a esa mística, que se alimenta de una superada realidad social y que volcó a las masas en torno a su Líder, el entonces coronel Perón, en la gesta histórica del 17 de Octubre.

Comprendemos que esta conciencia no se logra en un día, pero sabemos que también se logra fácilmente si perseveramos, como nos lo enseña el General Perón, hasta lograr la perfección a través del tiempo. De todas maneras queda así señalada de dónde viene y adónde va la conciencia política de la mujer argentina, a cuyas conclusiones llego con la colaboración de todas las delegaciones y fundada en el constante auscultar de los corazones de miles de mujeres trabajadoras de mi Patria, guiada por la doctrina y el ejemplo de nuestro Líder, el General Perón.

El clima hogareño

He dicho antes que el clima hogareño es el más propicio para nuestra actividad. La mujer, mejor depositaria que el hombre de los valores espirituales y más accesible a las buenas costumbres por su diferente condición biológica-social, es el pilar sobre el que descansa la sociedad para asegurarse una buena formación psicológica y moral del niño, eliminando sus complejos y contribuyendo a la educación del carácter.

La salud física del hombre y del adulto depende asimismo de nosotras y esto se logra mediante la educación para la alimentación y para la higiene. El clima hogareño de los "descamisados" de hoy, supera fundamentalmente al que conocíamos ayer y será seguramente superado por el que prevalecerá mañana. El talento y la atención de la mujer en la vida del hogar, no sólo puede, sino que debe contribuir a resolver la mejor y más adecuada inversión de los ingresos, tratando de adquirir una verdadera educación para el consumo, ahorrando y evitando esfuerzos estériles en el campo de la producción. Así por ejemplo, tenemos que pertrecharnos de nociones sobre la situación del mercado, para evitar ser instrumento de los interesados en desorganizarlo y multiplicar el monto innecesario de la demanda, porque el productor, mejor advertido, se defenderá con éxito y el resultado casi siempre se traducirá en un aumento del precio en perjuicio del pueblo trabajador. Saber comprar debe ser nuestro lema en la materia para consolidar y sostener el salario real de la economía peronista.

A la educación para el consumo, que debe ser nuestra preocupación fundamental, debemos sumar nuestra inquietud constante y alerta por los problemas de la producción. Es indudable que en relación al primero, es decir, la educación para el consumo, nuestra colaboración puede ser más eficaz que en relación al segundo, es decir, la producción. Pero eso no puede significar que la mujer tenga que desinteresarse de factor tan importante como es el de la producción y comercialización de los bienes económicos, sobre cuyo planteo y soluciones nuestro país está justamente llamando la atención general, por la eficaz aplicación de los principios revolucionarios del General Perón, nuestro querido y único Líder.

El movimiento femenino peronista ha de apoyar con todos sus entusiasmos al Líder en sus desvelos por organizar la riqueza argentina, evitando la entronización del poder económico foráneo dentro del poder político nacional. Se solidariza con él en su política de humanización del capital y en su tesis luminosa de la función social de la propiedad, donde se confunden con maravillosa armonía los principios invulnerables de la iniciativa privada y del bien común, estado armónico que tiene su iniciación en la política de recuperación nacional nacionalizando servicios y cancelando deudas, para redimirnos del coloniaje económico imputable, en parte, al destino en otra parte más a los errores del pasado y en una proporción mucho mayor a los manejos de aquellos a quienes el pueblo calificó certeramente con el apelativo de "vendepatrias".

El movimiento femenino peronista agradece al Líder, en nombre de todas las mujeres, de todos los niños y del porvenir, la trascendental revolución económica que está forjando los cimientos de la Patria nueva, inspirada por el General Perón y expresada por su obra de gobierno. Y una vez más declaramos nuestro apoyo total, apasionado y diario a sus dos grandes consignas, que son sus dos grandes triunfos memorables: multiplicar la construcción en lo interno y consolidar la paz en lo internacional.

La propagación de los Derechos del Trabajador debe ser una preocupación constante de todas las mujeres peronistas del país y de nuestro movimiento organizado de acción femenina. Proletarias sin derechos cívicos ayer, proletarias y ciudadanas de hoy, la mujer argentina acredita condiciones suficientes para comprender y defender la esencia justicialista de estos derechos, a través de sus fases, distributiva, conmutativa y legal.

Los Derechos del Trabajador

Deducidos del magno postulado de la Tercera Posición, resuelven en su tesis, con criterio filosófico-científico, insuperable, el problema capital de la vida en las modernas colectividades organizadas. Orgullo de su creador, el General Perón , patrimonio inestimable de sus "descamisados" y de todo el pueblo, los Derechos del Trabajador han merecido la espontánea aprobación de otros pueblos del mundo, a través de las exteriorizaciones de sus masas proletarias, rubricadas en documentos trascendentales de las más importantes reuniones internacionales de la postguerra.

Esos diez derechos básicos deben estar presentes en todo momento en la mente y en las conciencias de todas las mujeres que siguen al General Perón y están dispuestas a luchar por sus conquistas revolucionarias. No podríamos renunciar a ninguno de ellos ni necesitaríamos para nada ninguno más. El Derecho de trabajar es el derecho a vivir, porque el trabajo es vida; el Derecho a una retribución justa es razón determinante de paz y armonía en un mundo, porque evita las luchas estériles y fratricidas; el Derecho a la capacitación es, en esencia, el derecho a la propia liberación; el Derecho a condiciones dignas de trabajo es fundamento de bienestar ulterior, porque salva al individuo y, a través de él, preserva a la sociedad del Derecho a la salud, que es obligación del hombre ante la conciencia y la majestad de Dios, que le hizo el don de la vida; el Derecho al bienestar, que capacita para gozar de todos los bienes materiales y espirituales, perfeccionando al ser, el derecho a la seguridad social, que es la posibilidad de toda una vida digna y decorosa, al margen de la deprimente mendicidad; el Derecho a la protección de la familia, que es elevar a su altura ideal el amor y el hogar, que es su templo; el Derecho al mejoramiento económico, que es el derecho revolucionario a una mejor distribución de la riqueza, fundamento de la unidad nacional y la paz social y el Derecho a la defensa de los intereses profesionales, que encarnan la unión de los productores y evita la ruin competencia entre los hombres.

Si estos Derechos, que implican seguridad, bienestar, mejoras salud, cultura y dignificación progresiva para los hombres, han sido recibidos con los brazos y el corazón abiertos por todo el pueblo trabajador, ¿cómo no habremos vibrado de entusiasmo nosotras las mujeres, si para ellos eran la culminación de sus mejores esperanzas? ¿Cómo no lo iban a ser para nosotras, más sacrificadas, más negadas, más despreciadas en el mercado del trabajo y en las lides del civismo que nuestros hermanos y compañeros?

Compañeras delegadas a esta primera asamblea femenina peronista: los Derechos del Trabajador deben ser nuestra preocupación fundamental y diaria porque conforman la culminación de un estado social, económico, político y cívico superior para todas las mujeres de la Patria.

Nuestro movimiento femenino peronista está, pues, perfectamente definido. Teóricamente, por la doctrina justicialista del General Perón en su triple aspecto de libertad económica, soberanía política y justicia social. Prácticamente, por nuestra decidida cooperación para el logro total de esos postulados.

Nuestra confianza en el Líder y nuestra solidaridad con él tienen así todas las características de lo ilimitado. La figura y la obra del General Perón, de la que tenemos plena conciencia, lo justifica y lo determina.

El Justicialismo

Nuestra fe no significa desconocimiento de los problemas actuales y de su gravedad en la órbita mundial. Hacia donde miremos fuera de nuestras fronteras vemos la lucha sin fin de la opulencia y el hambre, mientras que la inocencia clama por la boca de millones y millones de niños que nadie parece escuchar y comprender. Todos los ensayos han fracasado y el fantasma de la violencia vuelve a rondar sobre las ciudades todavía devastadas por la última conflagración.

Yo recuerdo aún mis impresiones de Europa y siento que se me acongoja el corazón a la visión de tanto infortunio junto a tanto despilfarro y a tan lamentable estado social generalizado. El egoísmo sin limites determina el mal y la incapacidad política de derechistas e izquierdistas lo multiplican o lo explotan. El cuadro total de las luchas de clases tiene allí su total representación y sería de desear que todos los argentinos y argentinas lanzaran una ojeada sobre aquella desolada amplitud, para que comprendieran mejor y valoraran más efectivamente la obra de paz social que realiza y sostiene con su Tercera Posición el General Perón:

Los hombres desgastan energías en lo que no es inmediatamente necesario o no debía ser producido y niegan la misma energía en la producción de bienes imprescindibles, y que en lenguaje sencillo del pueblo son el pan, el abrigo y la vivienda decorosa, cuando no, los auxilios de medicamentos para salvar a la niñez.

Y mientras el hombre, en este ambiente de desequilibrio, se entrega febrilmente a la búsqueda de solución para problemas abstractos, sin contenido práctico muchas veces, las madres se aplican abnegadamente a resolver hora tras hora los problemas que crean el presupuesto familiar, la alimentación, educación y el abrigo de sus hijos, con esa vigilancia permanente y esa sensibilidad de espíritu que les permite comprender toda la magnitud del mal.

Nosotras, alejadas del epicentro de la desolación, no somos menos sensibles a los problemas trascendentales de este instante de la vida mundial. El desequilibrio entre la producción de los trabajadores del mundo y lo que reciben por ella, que es la base de la cuestión social, encuentra eco en nuestras conciencias y en nuestros corazones. Por eso reclamamos una posición firme frente a todos los problemas del pueblo y ofrecemos a los hombres, una consciente y entusiasta colaboración para ayudarlos a atemperar, a sosegar todos los excesos del egoísmo.

Si la humanidad es lo que es, nosotras, queremos que sea mejor, ratificando la decisión inquebrantable del General Perón, cuya obra social tiene alcances incalculables en lo nacional y lo internacional, de encontrar en el justicialismo el camino seguro hacia el bienestar general y la paz que ningún otro ensayo logró conquistar para los hombres y para los pueblos.

Para ello tenemos nuestra fe, nuestra esperanza, nuestra propia experiencia y el arma doctrinaria que forjó nuestro Líder, que tiene el mismo valor para la total liberación de los argentinos y su perfeccionamiento social, que para todos los pueblos que sufren los desequilibrios que el exceso de egoísmo produce en el complejo anímico del ser humano.

Fe y Esperanza

El planteo de los embates entre los valores de la Fe y la Esperanza y los excesos del egoísmo, nos lleva a la conclusión que los grandes males que amenazan al hombre actual coinciden en sus orígenes con el nacimiento del liberalismo, que a pesar de las bondades que tantos pensadores de bien le reconocen, mantiene vicios de sistema, que no están de acuerdo con los derechos de la sociedad, que no puede resultar, a pretexto de libertad, encadenada al libertinaje y a los privilegios económicos de minorías explotadoras.

Bueno es que las mujeres discutamos y conozcamos el problema porque tiene él la misma trascendencia en el campo social en que vivimos. Y que no se admiren los políticos de alta escuela. Los sociólogos y economistas, si la mujer argentina de hoy pretende y logra ahondar en esas cuestiones. La economía, la sociología y la política, que son ciencias de la vida, sólo tienen validez y efectividad cuando se alimentan de la realidad de esa misma vida y no pierden contacto con el sentido común.

La mujer es, precisamente, la depositaria del sentido común de la especie, porque gravita sobre ella la responsabilidad de perpetuarla y la naturaleza le ha dado un sentido común superior al que pueda exhibir el hombre.

La historia demuestra que la revolución industrial, que comenzó en Inglaterra hace ciento cincuenta años, sorprendió a los pueblos en el abandono transitorio de la Fe, fruto de luchas, incomprensiones y las desbordantes pretensiones de gobernantes y conquistadores, impotentes e incapaces para resolver el problema del hambre de los pueblos, como consecuencia de un súbito y desconcertante crecimiento de la población.

La madurez del conocimiento de las artes y las ciencias, que los hombres venían acumulando durante siglos, coincidió con ese movimiento inusitado de pobladores y sus corrientes migratorias y el genio inventivo no se hizo esperar. Creaciones mecánicas de toda índole fueron favoreciendo la lucha del hombre por la producción y los gobernantes de entonces no hallaron mejor modo que aquel de "dejar hacer y dejar pasar", como contraposición a los viejos privilegios feudales, que habían sido aparentemente derrotados por la proclamación de los "Derechos del Hombre" Se impuso así el libre albedrío, que si en verdad resultó revolucionario y progresista ante los viejos privilegios del feudalismo, engendró un conflicto de libertades ante la pasividad desconcertante del Estado gendarme, ajeno a los males del desequilibrio social en ciernes.

El abandono de la Fe volcó a los hombres en las nuevas formas del paganismo materialista; el deseo de aliviar el hambre de las poblaciones cada día más numerosas se trocó en acaparamiento. La prescindencia del poder rector del Estado engendró en el hombre el error, que es el pecado mortal del liberalismo, de volcarse en los excesos del egoísmo, buscando afanosa mente primero y sin ningún escrúpulo después, las más groseras acumulaciones de riqueza para saciar una enfermiza pasión de lucro que se hizo la lacra del capitalismo internacional.

Injusticia social

Social, económica y políticamente tuvo más fuerzas un error desdichado que cien afanes nobles pero inoperantes de los mentores de ese sistema. La injusticia social fue la consecuencia inmediata de ese Estado que dice apoyarse en la libertad porque cada cual es libre para apropiarse del esfuerzo ajeno y las masas tienen la triste libertad de morirse de hambre de miseria y de desolación. El capitalismo, que se fortaleció hasta lo infinito con el concepto liberal de una libertad que cada día tenía más características de libertinaje, vivió ajeno a la distribución humana de la riqueza. Fue inútil que voces proféticas y espíritus iluminados advirtieran a los poderosos que las "riquezas sólo son un bien cuando sirven a la virtud". Esas palabras se perdieron entre el fragor del egoísmo y la ambición de las ganancias.

¿Y qué querían decir subordinando al ejercicio de la virtud, la justificación de la riqueza? Anunciaban sencillamente la indignidad de su mala distribución y la consecuente injusticia social que encarnaba. Afirmada que la riqueza sólo es un bien cuando se distribuye equitativamente, para que llegue a todos en la medida necesaria. Decía, en síntesis, lo que nos ha dicho en cien ocasiones el General Perón, cuando sintetizó su pensamiento distributivo anunciando "que los ricos deben ser menos ricos y los pobres deben ser menos pobres", señalándose como el primer gobernante de la tierra que supo desarrollar y aplicar la esencia de aquella luminosa profecía en toda la profundidad de su cabal interpretación.

Ahogados así los hogares de los "pobres", como se los llamaba entonces en las metrópolis industriales, asistieron impotentes al desenlace sordo y lento de la tragedia de nuestros tiempos: salarios insuficientes, ausencia de previsión, ninguna garantía económica o social. De los hogares de los trabajadores, en toda la extensión del mundo, había huido la sana alegría de vivir. Y esa tragedia, que es obra directa del capitalismo deshumanizado, fue posible por el libertinaje del liberalismo, el que se intenta pasar de contrabando disfrazándolo de libertad.

La mujer fue doblemente víctima de todas las injusticias. En el hogar sufría más que los suyos, porque toda la miseria, toda la desolación, todos los sacrificios los monopolizaba ella para evitárselos a sus hijos. Llevada a la fábrica, sufrió toda la prepotencia patronal. Atormentada por el sufrimiento, abatida por las necesidades, aturdida por las jornadas agotadoras y rendida en las escasas horas destinadas al reposo por los quehaceres del hogar, nuestras compañeras de entonces —que son nuestras compañeras de hoy, aunque avergüence recordarlo, en infinidad de paises del mundo— no encontraron otra puerta en su vida que la resignación frente al "acumular cada dia mas" de los insensibles y bastardos expoliadores del capitalismo.

Y como si fuera poco, el destino le deparaba un sufrimiento mas. Descubierta finalmente por el industrial como fuerza de trabajo que se puede pagar menos, transforma la mujer laboriosa en la competidora de su propio hermano trabajador, realizando, por imposición de las circunstancias y las necesidades de llevar el sustento al hogar, los mismos trabajos pero con salario menor.

No obstante los grandes inconvenientes de su vida y la injusticia con que era relegada, la mujer no se conforma con ser espectadora y se convirtió en actora común del fenómeno social más trascendente de las épocas modernas, que es el proletariado, y acumuló experiencia en la inquietud de su espera hogareña y en su constante desplazamiento ciudadano.

Es por eso que hoy comprende con la misma claridad que el hombre, la esencia de los problemas sociales. Sabemos que la máquina no es enemiga del trabajador; que el enemigo es el "maquinismo", que es el aprovechamiento abusivo de las bondades del trabajo organizado sobre grandes sistemas mecánicos, que es el que se apropia de la totalidad de los beneficios que ofrece la máquina, única, y cínica virtud de los oligarcas y plutócratas.

Mala distribución

Lo hemos comprendido siempre y ahora lo comprendemos mejor. Y ahora nos resulta más claro y patente porque contamos con el auxilio de la dirección genial de nuestro Conductor y Líder, que brindó al movimiento de las masas trabajadoras del país su esfuerzo inagotable, sus horas de vigilia y su fe en los "descamisados". El nos ha brindado, con su ejemplar laboriosidad, la justicia de nuestros derechos, que ordena que si nuestros trabajos son prolongados e intensos, deben ser adecuadamente remunerados y que si el obrero debe darse integralmente a su obra, el capitalismo no puede acopiarse indebidamente de su esfuerzo. Así atacó el General Perón las entrañas mismas del mal, que no estaba en la máquina ni en la producción, sino en la mala distribución de lo producido, vergüenza social que ha liquidado entre nosotros el justicialismo peronista.

Las mujeres no hemos sido meras espectadoras del drama social. Hemos sido actoras y lo seremos en el porvenir con más intensidad aún. Reclamamos un puesto en la lucha porque hemos sufrido tanto o más que los hombres y porque, como sostenemos siempre, nuestra misión esencial no sólo es dar hijos a la Patria, sino hombres a la humanidad. Este concepto amplía la responsabilidad del movimiento femenino peronista, que debe ofrecer a las mujeres de América y del mundo el fruto de sus inquietudes y de sus desvelos y la experiencia de sus conquistas sociales, obtenidas para nosotras y para nuestra posteridad bajo el gobierno y la acción constructiva de nuestro Líder, el General Perón, nombre de la argentinidad y reformador social americano.

Reclamamos un puesto en la lucha y consideramos ese derecho como un honor y como un deber. Si nuestros compañeros se sintieron proletarios porque les fue negado el acceso a la propiedad y a una existencia mejor y no gozaron más que de una ficticia libertad política, regulada por la reacción y negada por el fraude, nosotras las mujeres fuimos menos libres y más explotadas. Si los trabajadores conocen la repugnancia que hay en comercializar el trabajo a bajo precio, considerándolo, no como el esfuerzo a través del cual el hombre se realiza, sino como una mercancía más en el mercado de consumo capitalista, esa repugnancia ha sido doble en la mujer. Y si al hombre se le impidió el goce total de la vida ciudadana, a la mujer laboriosa como él, más negada que él y más escarnecida que los hombres, se le negó también y en mayor proporción el derecho a rebelarse, a asociarse y a defenderse.

¿Cuándo la mujer se expresó así en este país? ¿Cuándo se levantó fervorizada y decidida, a reclamar su puesto en la vida ciudadana? ¿Cuándo sintió la inquietud que hoy siente y se abocó en esta forma a ofrecer su contribución? Vosotras que representáis justamente a la totalidad del movimiento femenino peronista, tenéis la respuesta en el corazón. La mujer argentina se transformó desde aquella tarde gloriosa del 17 de Octubre en que formó, con todo el pueblo, las columnas reivindicatorias de la voluntad nacional, dispuestas a morir o a libertar al Coronel Perón. La mujer argentina se fervorizó y reclamó su puesto en la lucha desde el día de la epopeya popular, como cuando el pueblo, al rescatar al Líder, rompió las cadenas de la negación política, la esclavitud económica y la injusticia social y fue dueño y señor de su destino, para gloria de la Patria y grandeza de la Nación. La mujer argentina se transformó desde el instante preciso que encontró a su Líder y puso su fe en el Coronel Perón, cuyos nervios templados en la tormenta, vibraban con un corazón desbordante de afecto por sus "descamisados".

Ciencia humanizada

La historia nos demuestra que el progreso material no impide la agitación de los espíritus y que cada día resulta más difícil hallar los cauces que conducen a la armonía y la paz. Algunas voces femeninas han intentado, en el curso de los años, señalar los males existentes, pero fueron ahogadas por la magnitud de los hechos catastróficos y el pauperismo, cuando no por las guerras, siempre provocadas por el capitalismo internacional, que en las páginas de su doctrina el General Perón definió como "la fuerza de aglomeración fría, internacional, sin patria y sin corazón; aglutinación de lo espurio del dinero y acaparamiento de la riqueza".

¿Qué podían hacer los hombres de ciencia ante tantos excesos? ¿Qué habían de hacer los médicos, por ejemplo? ¿Curar a un niño, dos, tres, diez veces, mientras las epidemias, las pestes, el hambre y los vicios y todo lo que componía el cuadro vergonzoso de la miseria en los barrios, mataban diez, cien, quinientos o miles de niños? ¿Qué podían hacer los médicos conscientes de su deber ante las anemias perniciosas, las tisis galopantes y la desnutrición de las obreras que vivían en rancheríos, trabajando desde que amanecía hasta el anochecer en el inhumano y mal pagado trabajo a domicilio? ¿Cómo sacarlas de las fábricas o de la máquina de coser, si no podía ofrecérseles la hospitalidad de un internado o la adecuada alimentación?

Así, en la carrera desenfrenada y desigual entre la técnica mal aplicada en sus proyecciones sociales y la ciencia reparadora, resultaban impotentes los esfuerzos practicados desde otras ramas del conocimiento, como las de la Educación, la Higiene y la del Urbanismo, pues a pesar del progreso que esas ciencias realizaban, la injusticia social permitía el avance más rápido de la miseria, la destrucción y el vicio.

El General Perón, vigía celoso de una Patria argentina llamada a cumplir grandes destinos, se dio en utilizar los resortes de las ciencias renovándolas y enriqueciéndolas de nuevos principios sociales y aplicándolas y haciéndolas aplicar al servicio del pueblo. Pudo encarar así con éxito no sólo los nuevos conceptos de la medicina social, de la educación general y profesional, accesible a todos los argentinos, que tiene abiertas de par en par, cualquiera sea su situación económica las puertas de las universidades, sino los conceptos de una higiene integral y de un urbanismo moderno, que se especializa en barrios obreros, viviendas soleadas y techos con calor de hogar, dignos de los argentinos y de su capacidad productora.

Las mujeres argentinas han seguido con profunda ternura y admiración este aspecto sencillísimo de la obra de su Conductor, el General Perón. La comprendemos en totalidad y la estimulamos con nuestro más firme y emocionado apoyo porque es obra de bien y constituye un orgullo para las mujeres y un ejemplo para toda la civilización.

Cooperación internacional

Compañeras delegadas:

El movimiento femenino peronista, reunido aquí en su primera asamblea nacional, tiene plena conciencia de que su vida de organización popular, para el pueblo, por el pueblo y por Perón, se estructurará en una época particularmente convulsionada por el capitalismo internacional, a la que los sociólogos modernos han denominado "la época del imperialismo". Las fuerzas oscuras que amenazan a la humanidad quieren dividir al mundo en dos grandes fracciones, dispuestas ambas a destruir todo lo que en siglos de sacrificios y de sueños logró construir la civilización. Nosotras, las argentinas, pertenecemos al mundo y no podemos acariciar el sueño imposible de vivir al margen de él. La independencia de todos los países de la tierra se acentúa cada día más y los modernos medios de transporte nos aproximan a las antípodas. Además, las fuerzas de producción que el capitalismo desenvolvió han rebasado todos nuestros conceptos de Estado o de Nación y nos obligan a una permanente vigilancia de nuestra propia soberanía.

Nuestro Líder, el General Perón, en la esencia medular de su doctrina, ha señalado los peligros de la hora y ha llamado a la unidad de todos los argentinos para la libertad, al progreso y el bienestar. Pero no sólo señaló las dificultades del presente, sino ofreció soluciones que llevan al porvenir dentro de la paz interna y de la convivencia y la cooperación internacional. Esas soluciones residen en la Tercera Posición ante los problemas exteriores y el justicialismo en el ámbito nacional. El justicialismo depende de nosotros mismos y el movimiento femenino peronista tiene como misión esencial consolidarlo y fortalecerlo sin prisa pero también sin pausa. Ahora bien, la paz interior, la libre convivencia entre los pueblos, los beneficios de la cooperación internacional, no dependen tan sólo de nosotros ni pueden ser determinados por nuestra sola voluntad.

Como mujeres y como ciudadanas sabemos que todas las madres, todas las obreras y todas las hijas del mundo quieren la paz, están dispuestas a sacrificarse por la paz y cifran sus mejores esperanzas en el sostenimiento de la paz. Pero sabemos también, como mujeres y como ciudadanas conscientes de esta mueva Argentina que está forjando el General Perón, que las fuerzas del mal tejen sus intrigas y que el capitalismo internacional, incapaz de resolver los problemas sociales de los distintos países donde predomina, mira hacia la guerra como hacia una solución momentánea para sus problemas internos.

La prepotencia del imperialismo, la injusticia permanente que lleva con él, allí donde va, su incapacidad virtual para comprender y resolver los problemas sociales, su egoísmo en la distribución de la riqueza y la brutal dictadura económica que impone por doquier apoyada en la libertad-libertinaje, que permite el liberalismo, han tenido en el mundo una trágica consecuencia político-social: la aparición y el fortalecimiento del extremismo, que niega a la patria, desprecia a la familia y busca en la satisfacción de los apetitos materialistas la razón determinante de su lucha por el poder.

Esas dos fuerzas, las del imperialismo y las de su consecuencia más directa, el extremismo, se enfrentan en la escala mundial. Y es ante ella, ante sus apetitos y ambiciones, que nosotras reafirmamos los valores morales, materiales y tangibles de la Tercera Posición. Pero la Tercera Posición, no puede ser efectiva en el orden internacional si no está apoyada en su expresión interna, que es el justicialismo. De ahí parecería surgir un círculo vicioso, que nos llevaría a la pasividad si no fuera más aparente que real.

Efectivamente: no hay razones para pasividad femenina frente a la amenaza que se ejerce por igual sobre nosotras las mujeres argentinas, que sobre la totalidad de nuestras hermanas de América y del mundo. Y no hay razones de pasividad, porque no sólo tenemos el arma teórica que soluciona el problema esencial, sino que podemos exhibir la virtualidad del ejemplo de nuestro país, cuya política pacifista y de cooperación está apoyada en la conquista de una efectiva y real justicia social, vale decir, en el fenómeno repetido de su paz interior.

La paz mundial

Esa es y debe ser nuestra contribución a la paz mundial y nuestra solidaridad con todas las mujeres del mundo. La dinámica de este movimiento argentino por la paz, cuya bandera, que es de Perón, y que las mujeres peronistas recogemos y haremos tremolar incansablemente ante los ojos de nuestras hermanas de todos los pueblos, no es un enunciado utópico, puesto que gravita ya en la atmósfera de las Naciones Unidas.

La declaración de julio del General Perón, cursada a todos los gobiernos americanos, la sintetiza así:

1) Llama a todos los pueblos y gobiernos del mundo a la pacificación interna e internacional, como único medio para lograr la felicidad de los seres humanos; 2) Los pueblos y gobiernos alcanzarán el equilibrio y la tranquilidad interna creando una economía de abundancia, fortaleciendo los derechos de los trabajadores, y arbitrando los mejores medios de comprensión espiritual; 3) Los pueblos y gobiernos deben promover los factores determinantes del equilibrio mundial, fundamentándolos en el respeto recíproco, la igualdad jurídica, el arbitraje obligatorio, la cooperación económica, la paz permanente, para asegurar la normalidad política internacional, la seguridad económica mundial, la justicia social en el universo y la pacificación de los espíritus.

Esta declaración, que es una de las más efectivas contribuciones argentinas a la cooperación y la soberana convivencia entre las naciones, está apoyada en una política que condice con sus postulados. El gobierno del General Perón ha firmado convenios, tratados y pactos que son modelo de acción de una nación soberana y que, por lo mismo, refuerzan la solidaridad entre los pueblos, invitan a la cooperación entre las naciones y propician la fraternidad entre los hombres. La política internacional determinada por el peronismo y fijada por su Líder, es clara, limpia y exenta de otras ambiciones que la noble ambición de paz y de pacífica construcción del bienestar colectivo. Lo más acertado será definir con sus mismas palabras, como ve el General Perón el mundo del porvenir, por el cual, en la medida de sus esfuerzos y en el ámbito de la nacionalidad, lucha el Líder con todas las energías de su carácter y con toda la clarividencia de su genialidad:

"Creo que el mundo del porvenir —nos ha dicho el General Perón en uno de sus recientes estudios— se desenvolverá dentro de las normas democráticas y de respeto a la libertad individual. Ahora bien, los conceptos de libertad y de democracia están evolucionando con rapidez. La libertad será cada vez menos el derecho de cada cual de hacer lo que le plazca, cada vez más la obligación de hacer lo que convenga a la colectividad. En este sentido la intervención del Estado aumentará día a día, lo que no es incompatible con el más profundo respeto a los principios esenciales de una democracia auténtica y de una república representativa. Desgraciados los pueblos que por no querer ver la evolución de los ideales políticos se empeñen en establecer una incompatibilidad entre las fuerzas del Estado y las ideas de libertad y democracia. Véase lo que está sucediendo en Europa y se notará con cuánta razón hablo.

"En materia política ha de suceder lo mismo que en materia económica. Subsistirá en el futuro el régimen capitalista individual pero sobre la base de transgresiones y de concesiones.

Quienes se empeñen torpemente en conservarlo todo, correrán el riesgo de perderlo todo. Y esto, repito, es de aplicación tanto a las normas políticas, como a las económicas y sociales.

Ni la libertad económica puede tener en un futuro próximo —no lo tiene ya— el mismo sentido que el liberalismo manchesteriano, ni la libertad política puede quedarse en la revolución francesa. En este criterio se inspira toda mi actuación de gobernante " .

Estas palabras del General Perón resultaron proféticas. El tiempo no ha hecho más que confirmar la justeza de su posición, la visión de su política y la verdad de su causa. Los que desde el poder seguían ensayando soluciones reaccionarias, y por lo mismo totalitarias, se encuentran hoy encerrados en un círculo vicioso. Los unos se atan a los conceptos caducos del liberalismo indiferente ante el problema social; los otros se aferran a la violencia como único medio de dominación.

Pero ni unos ni otros han podido lograr la paz interior ni pueden renunciar a la guerra como instrumento de su política internacional.

En contraste con ese fracaso patente la Argentina del General Perón sigue marchando por las sendas de su destino, dueña ya del inmenso capital de su soberanía política, su libertad económica y su justicialismo social. Siguiendo la única política capaz de mantener los principios que deben regir en el mundo futuro. Apoyando las justas reivindicaciones de los trabajadores, distribuyendo mejor la riqueza en todos sus aspectos, procediendo conciliatoriamente para resolver los problemas planteados entre el capital y el trabajo, para lograr una efectiva y verdadera unidad y hermandad nacional. Evitando que a pretexto de una mentida "libre iniciativa", se ponga en peligro y se conspire contra los intereses supremos de la colectividad formando injusticias y desigualdades.

Este es el resultado directo de la vida y la obra del General Perón. Y éste es, para el movimiento femenino peronista que vamos a estructurar, el programa a sostener y las conquistas a consolidar.

Factores de felicidad

He sido más extensa de lo que me había propuesto ser, pero he creído necesario fijar en totalidad, qué es el movimiento femenino peronista, qué se propone, cuáles son sus raíces y de dónde procede la mística que nos arma y que nos capacita para hacer frente a cualquier adversidad. Frente al país que nos mira, a América que no escucha y al mundo que se debate en el temor y la desesperación, esperando la buenanueva y las soluciones integrales de los jóvenes pueblos americanos reiteramos nuestra profesión de fe en la doctrina del Líder, nuestra ilimitada confianza en la acción del Conductor, y nuestra total identificación con el programa, la política y la concepción social del General Perón. Nuestro bienestar es un ejemplo, nuestra tranquilidad social un factor de emulación, nuestra vida una exaltada y repetida sucesión de triunfos colectivos que cimentar, para todo nuestro pueblo y para todas sus mujeres la alegría de vivir.

Ese es nuestro caudal, enorme y generoso. Lo hizo posible la doctrina del General Perón, lo forjó el trabajo del General Perón y lo guía y lo preserva contra todos los egoísmos, la vigilante energía del General Perón. El movimiento femenino peronista, sólo puede aspirar al honor de ponerse a las órdenes del Líder y luchar hasta el último aliento por su obra y por él. Sólo así seremos dignas del genial conductor de la argentinidad, admirable arquitecto que está trazando con sus desvelos las líneas maestras de un grandioso porvenir, para nosotros, para nuestros hijos y para todos los hombres de buena voluntad que quieran habitar y fertilizar con su trabajo el suelo argentino.

En el acto inaugural de la Primera Asamblea Nacional del Movimiento Peronista Femenino, realizado en el Teatro Nacional Cervantes, de la Capital Federal, el 26 de julio de 1949, la señora Eva Perón pronunció este discurso ante las delegaciones de todas las provincias y territorios de la República.

12
Discurso en la sesión de la Asamblea Femenina

Mis queridas compañeras:

Confieso que muy pocas veces me he sentido embargada por tan honda emoción y que en muy contadas ocasiones mi corazón de mujer, entregado por entero a la causa del pueblo y del General Perón, se ha sentido tan íntimamente confortado como hoy. Esta Primera Asamblea Nacional Femenina de fervorosa exaltación peronista colma con creces todos los trabajos que haya podido realizar, todos los sacrificios que haya logrado hacer y todas las esperanzas que haya podido alimentar como argentina, como mujer y como humilde y fiel colaboradora del General Perón.

Me siento emocionada y confortada porque todas las delegaciones han vibrado al impulso de una misma mística, han sentido la comunión de una misma voluntad creadora, han manifestado el deseo de una misma vocación y han expresado la fuerza de una misma determinación revolucionaria. La mística de Perón, la voluntad de consolidar su obra, la vocación de ser las proclamadoras de la justicia de su causa y de la pureza de sus intenciones y la determinación de llevar por toda la extensión de la Patria la verdad nacional de su doctrina. Este resultado, que es la síntesis de la primera asamblea del movimiento peronista femenino, yo quisiera ofrecerlo a nuestro Líder, en nombre de todas nosotras, como la más alta y efectiva de nuestras contribuciones a la magnitud de sus conquistas y a la diafanidad de sus sueños. Y no como propulsora de este movimiento magnífico del que la mujer argentina, todas nosotras, nos hemos hecho responsables ante el pais y el mundo que nos observa, sino como una más entre vosotras, como la mas humilde de todas y como la más obligada de todas las peronistas, a ser digna de la vida y de la obra del General Perón.

Esta asamblea y sus resultados, compañeras de todo el país, me ha llenado de emoción y me ha llenado de orgullo. He visto vuestro fervor y vuestra disciplina, vuestra inmensa solidaridad y vuestra exaltada fe en el Líder de todos los argentinos y me he sentido orgullosa de ser una de vosotras. Porque no puedo concebir orgullo más legítimo que representar a la mujer en este momento histórico de exaltación y reconocimiento de su personalidad como peronista, como ciudadana y como fracción ponderable de la comunidad nacional que es dueña de sus destinos.

Es tan grande el espectáculo de nuestra unidad, como ejemplo para todos y como garantía de la eficacia de nuestra acción ulterior, que yo no sabría agradecerle a todas y cada una de las delegaciones con la ternura y con el compañerismo que hay en mi corazón y que se distribuye por igual entre todas las mujeres peronistas, que son doblemente hermanas mías por peronistas y por su condición de mujer. Sólo podría decir para expresar mi gratitud emocionada que en todos los momentos de mi vida y ante todos los instantes en que por cualquier causa pudiera flaquear, dos grandes fuerzas insobornables sostendrían con seguridad mis brazos y mi corazón. Esas dos grandes fuerzas están constituidas y alimentadas por mi total identificación con el General Perón, de quien sólo reclamo el honor de ser colaboradora humilde y sencilla y la inmensa y cariñosa fraternidad que siento por todas vosotras, hermanas queridas en la fe, la lucha, el apasionamiento y la ilimitada confianza en el Líder de la nacionalidad.

Ahora que pronto vamos a separarnos para recorrer como peronistas todos los senderos de la Patria, como peregrinas de nuestra doctrina de liberación en lo económico, justicia en lo social, soberanía en lo político y unidad en el peronismo, yo quisiera que todas vosotras llevaseis bien patente en vuestros corazones el recuerdo de mi gratitud por vuestro cariño, por vuestra dedicación, por vuestro entusiasmo y por vuestra fe. Y que siguierais viendo en mí, en la compañera Evita, no a la esposa del Presidente de la Nación, sino a la compañera humilde y leal que siente vuestras mismas inquietudes, que vive vuestros mismos sueños y que sufre vuestros mismos dolores porque está totalmente identificada con vosotras, con vuestras esperanzas y con vuestros justos anhelos de bienestar y felicidad.

Nos esperan grandes días que serán de constancia y de demostrada capacidad de realización. Somos las misioneras de Perón en toda la extensión de la Patria y hemos adquirido el compromiso de sembrar sobre la totalidad de su territorio los fortines acogedores de su mística y su fe, concretados en los ateneos y centros de cultura peronista que sustituirán para siempre —porque tendrán para dinamizarlos todas las fuerzas y la cohesión de las mujeres— a los viejos y desmoralizados comités de taba y empanadas donde se traficaba sin pudor con la voluntad cívica del pueblo y el perfeccionamiento político de la Nación.

Nos esperan grandes días que serán de esfuerzos y de sacrificios pero también de esperanzas, de triunfos y de fe. Tenemos ante nosotras una obra enorme de consolidación que realizar la que involucra no sólo nuestro presente superado de mujeres, de trabajadoras y de ciudadanas, sino el porvenir de nuestros hijos, de nuestros hermanos y de las generaciones futuras que vivirán felices y fraternales en la gran Patria argentina que esta forjando Perón. Para esa misión femenina, porque ha sido siempre la mujer la que consolidó las obras de los hombres con su sacrificio y su tenacidad, nosotras las mujeres peronistas contamos con dos palancas que nos llevarán seguramente a la victoria y al bienestar. La primera es la doctrina que recibimos directamente del General Perón, factor determinante del despertar nacional. La segunda nuestra unidad femenina peronista que debe forjarse invariablemente sobre nuestra fe en el Líder, nuestra comprensión de sus afanes y nuestra ternura y solidaridad hacia todo el pueblo argentino.

Yo sé, compañeras, que esas dos palancas poderosas, capaces de mover todos los obstáculos, están firmemente sostenidas por las manos de todos los descamisados y que su obra de transformación se destacará de inmediato en toda la extensión del país. La palabra imposible, que no es argentina en la época del General Perón, tampoco será femenina porque no lo fue jamás y ahora lo será menos que nunca. Pero es necesario compañeras, que nosotras las mujeres multipliquemos esas palancas y vayamos depositándolas en todas las manos femeninas laboriosas que hay en la Nación. Que con nuestro ejemplo primero, con nuestra persuasión después, en el ambiente de nuestros ateneos y centros culturales peronistas femeninos hagamos de cada mujer una misionera del Líder, un puntal de su doctrina, y un soldado disciplinado de la total liberación nacional.

Esa tarea nos corresponde por dos razones esenciales; primero porque es propio de la mujer hacerse abanderada de las grandes soluciones colectivas que garantizan el porvenir de la humanidad y ésa ha sido su misión en la historia; segundo, porque como la peronización del país tendrá como consecuencia directa la exaltación de sus más altos y efectivos valores morales y espirituales y éstos reposan siempre sobre la acción de la mujer, nuestra colaboración es imprescindible e insustituible. Y nosotras sabremos cumplir. Tengo esa plena seguridad y sé que es compartida por todas las delegaciones. El movimiento peronista femenino no puede fracasar en sus objetivos porque su fracaso sería el de toda la nacionalidad y la historia nos repite por todas sus páginas que las empresas que contaron con el apoyo de la mujer, porque eran dignas de los pueblos y de su porvenir, triunfaron siempre como nosotras habremos de triunfar.

Que cada ateneo sea un baluarte de nuestra fe en el conductor; que cada centro cultural se convierta en un semillero de peronistas, que cada mujer se transforme en un misionero del General Perón y que todas unidas y cada una de nosotras individualmente, en el ambiente en que actúa y en las medidas de sus posibilidades, se sienta depositaria y responsable de la doctrina y de la consolidación de la obra del General Perón y su más directa colaboradora.

Yo creo, mis queridas compañeras, que para definir nuestra acción futura, nada mejor que un pensamiento del General Perón lo podría realizar. Para el movimiento peronista femenino debe ser un mandato imperativo esa afirmación del Líder que dice que "todos sean artífices del destino común y nadie sea instrumento de la ambición de nadie". En este mandato está sintetizado todo nuestro programa y la obra que habremos de realizar porque presupone unidad, igualdad en derechos y obligaciones, solidaridad y espíritu de sacrificio ante la empresa común, que es nuestra y de todo el pueblo que liberó el General Perón.

Nada más tendría que agregar a esta intervención si no me sintiera tan profundamente deudora de gratitud hacia cada una de las compañeras que han traído su entusiasmo y su fe peronista a esta Primera Asamblea Nacional. Confieso que aunque había descontado la ejemplar disciplina en que se desenvolverían sus trabajos, la total adhesión hacia el Líder en sus manifestaciones, el espíritu femenino que presidiría toda su acción y el entusiasmo unitario de todas sus deliberaciones y resoluciones, la realidad superó a mis mejores esperanzas y la experiencia rebasó toda mi expectativa. Hemos dado un ejemplo que es al mismo tiempo una confirmación de la justeza con que procedió el General Perón cuando no escatimó su apoyo para que las mujeres argentinas conquistaran plena igualdad con los hombres en los derechos ciudadanos. Hemos sido dignas del Líder y del momento histórico que vive la Nación, buscando por los senderos de la justicia y de la total liberación la grandeza de su porvenir. Y creo que no se podría premiar mejor a una mujer peronista que asegurándole que ha sido digna del General Perón.

Volvamos, pues, mis queridas compañeras, a nuestra tarea diaria en bien del pueblo, del porvenir de la nacionalidad y de la elevación progresiva de la mujer, con redoblada fe en el General Perón, con mayores entusiasmos femeninos y con más amplia perspectiva de unidad peronista en todo el país.

Esta Primera Asamblea del movimiento peronista femenino ha de dar frutos y éstos consolidarán la obra que el Líder realiza sin descanso y proseguirá realizando hasta conquistar para todos y para todas la felicidad a que tenemos derecho por nuestro trabajo, por nuestra hermandad y por nuestro espíritu de lucha. El peronismo está en marcha y nada ni nadie lo podría detener. Garantizan su triunfo las leyes inmutables del progreso y la perfección del género humano, los imperativos de la dignificación popular y el destino superior de los pueblos.

Nosotras las mujeres peronistas que somos parte integrante de ese pueblo y que sentimos sus inquietudes con la doble perspicacia de mujeres y de ciudadanas, nos hemos constituido en misioneras del General Perón y de su obra de recuperación nacional, de justicialismo social y de intransigente soberanía. Nuestra fe, nuestro entusiasmo, nuestra fidelidad al pueblo y al Líder, son una garantía más para el triunfo popular, que es el triunfo de Perón. Unidas alrededor de él, fortalecidas con su doctrina, inspiradas en su ejemplo y dinamizadas por su devoción a la noble causa argentina, seremos invencibles.

Voy a terminar y quiero repetirles a todas mi gratitud sin límites y mi emoción sin trabas, abrazándolas como a hermanas queridas por quienes se siente el cariño y la fraternidad de similitud de esperanzas, la igualdad de condición y la identidad de emociones. Gracias, mis queridas compañeras. Y que esta gratitud humilde y leal de quien siente vuestras mismas inquietudes, de quien alimenta vuestros mismos sueños, y de quien sufre vuestros mismos dolores, porque se enorgullece de estar totalmente identificada con vosotras, con vuestras esperanzas y con vuestros justos anhelos de bienestar y felicidad, sea el lazo que nos una para siempre, por sobre todas las distancias y en derredor de nuestro General Perón.

JULIO 29 DE 1949

13

En el acto de clausura de la Asamblea Extraordinaria de la Comisión Interamericana de Mujeres

Señoras delegadas

América aquí reunida, celebra el esfuerzo de voluntades de todas sus mujeres para encontrar soluciones que arriben a hechos concretos y tangibles en los derechos civiles, políticos, económicos y sociales de la mujer. El esfuerzo realizado no debe servir para alimentar idealismos infundados: no serán recomendaciones para la justificación de ese olvido de la historia; tampoco serán realizaciones prácticas que carezcan de la inteligencia y del espíritu que vive el Continente en esta hora, porque América tiene una expresión práctica de todo ello, porque tiene una porción de tierra continental que le sirve de fuente inspiradora para la materialización de todo cuanto es capaz de realizarse.

El movimiento Peronista es un movimiento de conciencias dirigido por una mano rectora y firme, apoyado por la expresión de una mayoría de voluntades que ha trazado sus propios caminos dentro del espíritu de su propio pueblo; ese pueblo que marcha con seguridad y confianza hacia la solución de todos los problemas de la colectividad; consolidando su unidad física y espiritual; coordinando su acción dentro de ese cuadro permanente que la historia fijará como un ejemplo para todos los pueblos de América.

La nacionalidad exigió, en momentos de decadencia y desaliento, una acción entusiasta que llevara un mensaje de fe y de esperanzas, de apoyo y de solidaridad, hacia una causa que gestaría la dignificación social, el bienestar económico, la conquista y el respeto de todos sus derechos.

Aquella acción, se vio superada por realidades que hoy reposan sobre la progresiva unidad de un pueblo que marcha por la senda de la superación de un porvenir mejor, trazando una trayectoria que no es un interrogante ante el mundo, sino una manifestación de fe.

En esa trayectoria piensan hombres y mujeres, ciudadanos de una causa, que no imponen su mandato, sino que ese pueblo se asimiló a nuestro movimiento cuyas raíces penetran hasta lo más profundo del sentimiento de la nacionalidad, para luego elevarse por sobre los convencionalismos y expandirse hacia todas las latitudes que tienen puntos coincidentes con el espíritu cristiano que la anima.

El Presidente Perón, líder máximo de esta causa, primer trabajador de la República, conductor directo de ese movimiento Peronista, o sea, humanista, identificándose con las supremas aspiraciones e intereses de nuestro pueblo, unido a sus profundas convicciones de que los deberes del gobernante comprometen a los gobernados, afianza la potencialidad justiciera de un pueblo de extraordinaria capacidad constructiva, heredada de aquel sagrado mandato de nuestro Padre de la Patria que nos dijo: "Serás lo que debas ser o si no, no serás nada".

Nuestra generación recogió ese interrogante de la historia y hofrendándolo como imperativo y fuerza de una tradición honrosa, lo identificó con ese esfuerzo potencial que la Argentina ha conquistado, que América espera y que el mundo ansía para lograr la pacificación de sus espíritus y el progreso material de todos sus pueblos.

El movimiento Peronista, inspirado por la acción de su líder, el genial conductor General Perón, encontró en la unidad, la palabra a cuyo impulso poderoso no hay privilegio que se resista, enemigo que contenga, intereses que dominen o coaliciones que logren vencer. La síntesis de esa unidad, que no admite resabios de incultura y de incivilización de pueblos primitivos, se manifiesta en esa multitud de hombres y mujeres que espontánea y soberanamente expresan su adhesión sincera y cordial a su obra de patriota en pro de los humildes de la Nación, que no tiene paralelo en la historia argentina.

Meditados estudios, largas vigilias y serias reflexiones precedieron a esa conquista de un pueblo que tenía derecho a un mínimo bienestar retribuible por esfuerzos realizados en beneficio de la comunidad. Ese esfuerzo ha sido asimilado por el pueblo compuesto de hombres y mujeres de buena voluntad cuyas ideas sólo aspiran a imponerse por la fuerza de la convicción y por el espíritu que las sustenta.

Es esta una oportunidad feliz para Argentina, de que las mujeres de América se encuentren en esta ciudad capital, para que comprueben, en la realidad de los hechos, las conquistas de un pueblo trabajador y cuya negación sólo puede admitirse en mentes que aún no hayan sufrido el proceso evolutivo de la edad presente, que aún no hayan promulgado la ley que sentencia el aforismo de que la evolución es fruto de los pueblos idealistas, que buscan, en la fórmula de las realidades, el sendero de sus propios destinos. Aquellos pueblos que buscan apoyo en la cordialidad de una mano amiga, encontrarán siempre en el corazón argentino los beneficios de un orden material y moral que desciende en línea recta desde nuestra propia nacionalidad, y puede ofrecer al mundo un programa de liberación económica, de soberanía política y de justicialismo social.

Esa aspiración de progreso está preparada para rechazar toda suerte de opresión de tendencia lateral que intente perturbar la paz de un pueblo cuyo espíritu de patria y sentido humanista no admite en los hombres reacciones violentas de materialismo extremista, sino las virtudes civilizadoras de una religión en la cual la humanidad redime sus males y la impulsa hacia la felicidad.

El orden material y moral de nuestro movimiento de conciencias se dirige hacia destinos seguros, involucrando la actividad integral de toda la vida interna de la República Argentina, a fin de colocarse en una posición internacional propia, liberada de extremismos y segura de que sus principios son la expresión íntima de todos los pueblos amantes de la paz. Argentina la ha denominado como la tercera posición internacional, si es que la ciencia de los pueblos admite la ciencia fundamental de la libre y soberana determinación de sus destinos.

Es ésta una combinación armónica y equilibrada de un sistema operativo que niega el absolutismo estatal y el individualismo absoluto; que niega la lucha y el aniquilamiento de las fuerzas morales y materiales de los pueblos; porque aborrece la idea de la potencialidad agresiva de los bandos que dividen los pueblos y preparan la guerra. La profunda filosofía de este pensamiento, que anima la idea peronista, en un mundo que se define, por un lado, como una dictadura capitalista sin alma y por otro, como la expresión de una fuerza opresora de un régimen basado en el despotismo, se basa en los principios de hermandad solidaria de todos los hombres que desean vivir en un mundo de paz y cordialidad.

Los pueblos que perfeccionan el concepto del trabajo, la dignificación del trabajador, dentro del plan integral del postulado básico de la civilización, que es LA PAZ, tienen en formación un principio de elevación de la unidad de familia como elemento fundamental de la unidad de los pueblos, depositarios de la humana comprensión y de la sensibilidad de una mística que sólo tiene cabida en los pensamientos sublimes.

Es propicia esta hora en que América se encuentra representada aquí por sus Delegadas, para hablarles de estas cosas, dentro del clima cordial para el entendimiento de voluntades, a fin de lograr la acción constructiva de los futuros destinos de América. La tradición política internacional de Argentina se ha visto tonificada con ese nuevo concepto que se incorporó, definitivamente, en la conciencia de aquellos pueblos que repudian las guerras destructoras del mundo y de su felicidad.

El aporte femenino argentino como expresión de voluntades hacia una causa que inspira su acción en el apoyo sin reparo, secunda el trabajo de restauración de la riqueza moral y material de nuestro pueblo, solidarizándose con esa política de humanización, que es la tesis más luminosa de la función social de los hombres y mujeres que se confunden, en la armonía de principios invulnerables, para lograr la estabilización de las fuerzas que impulsan la unidad física del Estado.

No podríamos renunciar a ningún derecho conquistado sin dar el paso retrógrado que implique inseguridad y paralización del bien general. Pero nada de ello podrá ocurrir, porque al lado de nuestro genial conductor, el General Perón, que guía con paso firme los destinos de la Patria, se encuentran, vibrando de entusiasmo, todas las mujeres cuya abnegación, sacrificios y esperanzas se hallan al servicio del civismo de nuestros hermanos y compañeros que forman nuestras Vanguardias Descamisadas que son lo más puro de la Nacionalidad.

El movimiento femenino argentino está perfectamente definido dentro de la política justicialista del General Perón, en su triple aspecto de libertad económica, soberanía política y justicia social, y se encuentra empeñado en el firme propósito de cooperación para el logro total de esos postulados que son la síntesis que justifica un vasto plan de Gobierno.

Esta trilogía de principios encuentra su natural realización en nuestra fe por las instituciones democráticas y republicanas que nos gobiernan, porque creemos que ellas son las únicas que pueden garantizar la libertad y seguridad de los pueblos, sin apelar a ideologías nutridas de principios materialistas.

Pero cuando al apelar a la confianza de las ideas liberales, nos encontramos con los vicios y deformaciones que derivan de regímenes del mas crudo despotismo o con métodos de libertinaje detractor, no hay fuerza humana, con sensibilidad cristiana, que no repudie esas tendencias que degradan los atributos esenciales de la personalidad humana.

Tanto el hombre como la mujer expresan el concepto de que la función social nace en el hogar y es el centro sensible por excelencia, del corazón de la Patria; es el lugar específico para servirla y engrandecerla. La sociología económica de esta célula básica de la sociedad, no pudo resistir los desplazamientos sucesivos de una injusticia, cuyas voces eran ahogadas por las riquezas de los que sólo vivían sin servir a la virtud.

Las palabras perdieron el fragor del estoicismo ante la admisión del egoísmo. Pero hoy, en la Argentina, se abre una nueva y trascendental claridad justiciera estableciendo normas que sirven para orientar la acción de los individuos y de los poderes públicos, a fin de elevar la cultura social, dignificar el trabajo y humanizar el capital, como la forma ideal de establecer el equilibrio y el orden social.

El hombre cumple así el individualismo en función social por medio del derecho de trabajar, el derecho a una retribución justa, el derecho a la capacitación, el derecho a condiciones dignas de trabajo, a la preservación de la salud, al bienestar, a la seguridad social, a la protección de su familia, al mejoramiento económico y a la defensa de los intereses profesionales, que constituyen atribuciones esenciales para todos, los hombres y mujeres, sagrados derechos que figuran en la Constitución justicialista de Perón y proclamados por el Líder de los trabajadores argentinos.

Se ha eliminado el triste problema de la vejez abandonada o privada de los elementos indispensables de vida. El justicialismo no olvidó esa afligente grieta que el ciclo vital impone a la humanidad en los últimos tramos de su carrera; pero la vida exige en esas circunstancias la subsistencia con decoro dentro de la comunidad.

Correspondió al movimiento Peronista, el realizar nuestra independencia económica e inscribir en la tabla de los valores humanos los "Derechos del Trabajador", jerarquizar al hombre en las postrimerías finales de su vida, imponiendo, por patrimonio ético, por virtudes de la tradición y por la fuerza de los ideales, el derecho que corresponde a la ancianidad como un derecho a la asistencia, como un derecho a la vivienda, a la alimentación, al vestido, al cuidado de la salud física, al cuidado de la salud moral, al esparcimiento, al trabajo, a la tranquilidad y el derecho al respeto que la ancianidad tiene en la consideración de sus semejantes.

Todos estos principios, todas estas realizaciones, todos estos avances que se incorporaron al acervo moral y espiritual del pueblo argentino, nada hubiesen significado para el afianzamiento y la consolidación del bienestar social si la evolución y el sentido de la legislación dictada por los hombres de nuestro movimiento no hubiesen encontrado en la Reforma de la Constitución Nacional su manifestación propicia. La Constitución adquirió así la consistencia de un corto mensaje a la posteridad, reflejo de una nueva era de justicialismo peroniano que vivimos, y como una rectificación de las deformaciones que el pasar de los años imponen y que fijan limites al necesario avance de la civilización.

Inspirado en esos mismos principios, y correlativamente con esas mismas reformas, el patrimonio civil y político de la mujer adquirió la forma de un derecho consagratorio, es decir, el reconocimiento de los derechos como un acto de justicia a la cooperación, al esfuerzo y a la defensa de los intereses colectivos que nos diera nuestro gobierno democrático de auténticos trabajadores.

Señoras delegadas:

No desearía terminar esta apretada síntesis de los esfuerzos de la voluntad, y de la intuición de un hombre, de un patriota que supo penetrar en el corazón de su pueblo, para perfeccionar la magna idea de una democracia socialmente justa, sin olvidar a América, que es Continente de fe y esperanza.

Nos encontramos espiritualmente unidas en este recinto, y es por eso que desearía que estas palabras mías, que interpretan a las clases humildes y laboriosas de la Patria con las representantes del Continente, se tradujese en un estímulo para que el resto de las mujeres de América encuentren en él, el ejemplo de lo que puede un pueblo cuando la voluntad se propone cumplir los destinos que la tradición marca en su historia.

Al volver a vuestros hogares, desearía que el recuerdo de las horas vividas en nuestro bendito suelo argentino no sea una pausa en esa labor fecunda que las mujeres tienen deparada en los países de América.

Señoras Delegadas a la Asamblea extraordinaria de la Comisión Interamericana de Mujeres:

Desde esta tribuna, en el momento de declarar clausurados los trabajos realizados en pro de la mujer, formulo un llamado a la unidad de nuestros movimientos femeninos, haciendo votos fervientes por el futuro de la Comisión y el bienestar y la felicidad de todas las mujeres de América, obreras conscientes y apasionadas de los ideales de perfección y justicialismo que constituyen el tesoro mas preciado y común a toda la humanidad.

AGOSTO 24 DE 1949

14
A las trabajadoras del país

Compañeras y compañeros del Secretariado de la C.G.T.:

Ante todo quiero agradecer emocionada a la Confederación General del Trabajo, y en especial a su comisión femenina, el que me brinde la oportunidad, tan popular, tan cara a mis sentimientos y tan familiar en mi acción constante en pro de las clases humildes y proletarias del país.

He aceptado dirigirles la palabra a las compañeras trabajadoras del país, porque es muy honroso para mí el hacerlo en estos momentos en que las fuerzas partidarias femeninas se están organizando paulatinamente alrededor de la doctrina y de la causa peronista femenina para llevarla adelante, porque es la causa de la patria, o sea la del General Perón.

A las compañeras que trabajan a diario, les pido que colaboren con las censistas y subcensistas, porque ellas no tienen más que una misión especifica: la de censar para saber cuántas mujeres estamos enroladas en la causa peronista. Las dirigentes saldrán de la masa. Las más laboriosas, las más abnegadas y las más disciplinadas serán las que surgirán, porque la masa será la que elegirá y yo respaldaré a las elegidas con el cariño y el respeto que siento siempre por las decisiones del pueblo.

Momentáneamente no tenemos otra misión que la de censar, y toda colaboración que se reste al censo peronista femenino significará restarles a las mujeres una posibilidad para que luego sean verdaderas dirigentes del partido peronista femenino.

Yo siempre he pensado que las dirigentes no se hacen: nacen.

Con estas palabras, que están al margen de mi conferencia, aprovecho esta oportunidad para aclarar de que no me he olvidado de ninguna mujer que ha trabajado, trabaja y trabajará por la causa del peronismo, porque yo siempre he tratado de ser un puente entre el pueblo y el General Perón.

Acción del peronismo femenino

Las más anónimas tal vez, pero las más sacrificadas y las más fervorosas, que trabajan en los pueblos de las provincias, de las gobernaciones y en los barrios suburbanos, están presentes en mi corazón de peronista fervorosa. Por eso hago un llamado a las peronistas. El censo peronista femenino tiene por finalidad, simplemente, la de enrolar orgánicamente a nuestras mujeres para saber cuántas somos y dónde estamos.

Esa es la primera etapa, la más ardua y la más lenta. La segunda, la de la acción política, vendrá cuando surja en cada barrio, en cada circunscripción, en cada pueblo, en cada gobernación y en cada provincia, una peronista auténtica, una peronista fervorosa que ha de tomar la bandera del peronismo con el cariño, con la abnegación y con la fe que tengo yo en todos los descamisados de la patria.

Yo quiero que estas palabras mías sean de agradecimiento no solo a las compañeras que organizaron este magnífico acto sino también a las que dejando su labor, abandonando sus preocupaciones diarias, han venido con una inquietud espiritual y partidaria a escuchar la voz de esta humilde mujer descamisada, a quien las circunstancias han puesto al lado del insigne líder de los trabajadores argentinos en esta hora magnífica de la patria.

Me alegro honda e íntimamente por lo que este acto significa como expresión de lo que es y será el Movimiento Femenino, movimiento del pueblo, sostenido por las manos honradas a millares y millares de mujeres argentinas, hechas al sacrificio del trabajo duro de todos los días, en el taller, en el hogar, en el campo o en la fábrica.

Expresión de un pueblo honrado

Así he soñado y he querido yo que fuera este Movimiento Femenino Peronista, movimiento de mujeres humildes, en cuya mirada limpia se ve la pureza de sus intenciones, sanas y generosas; movimiento de mujeres de trabajo dignificadas por la tarea cotidiana, santificadas por el sacrificio de lo que significa darse al hogar y a la patria con amor entrañable y permanente; movimiento en cuya carne y en cuyo espíritu se engendra el espíritu y la carne del pueblo, que es el espíritu y la carne de la patria misma.

Desde los días en que era una mujer más en las filas del pueblo, y lo mismo ahora en que mi pueblo me ha otorgado el privilegio de conducir la bandera de esperanza, siempre he deseado y he soñado que el movimiento político sea esto que hoy tenemos la dicha inenarrable de contemplar y que va ganando voluntades y corazones por todos los caminos que conducen hacia todos los confines de la patria.

Nuestro movimiento es, por definición, movimiento del pueblo, de Patria, porque en último término la Patria es el pueblo mismo. Peronismo es Patria y por eso nunca tendrán cabida en las filas de este movimiento o en sus cuadros dirigentes los privilegios de ninguna clase, porque ello significaría la muerte del Movimiento Peronista.

Han pasado los tiempos en que los pueblos eran dirigidos por círculos oligárquicos. Ha llegado la hora de los pueblos y no la de la anarquía. Ha llegado la hora en que todos los hombres y mujeres se sienten responsables del destino común, del destino del pueblo y por ende de la Patria. En esta era no puede concebirse de ninguna manera que un movimiento político nazca desvinculado o se desvincule del pueblo, cayendo en manos de círculos privilegiados, máxime si ese movimiento es gestado y organizado con mujeres, porque han sido las mujeres de todos los tiempos y de todos los pueblos las que han sufrido y las que han derramado lágrimas por los actos de gobiernos que daban la espalda a la realidad de la Patria, preocupándose únicamente de las prebendas y franquicias del poder.

El timbre honroso de "descamisado"

Nuestro movimiento por eso abre sus puertas al amor, a la generosidad y a las aspiraciones idealistas de todas las mujeres de la Nación que trabajan y luchan en todos los rincones del país. Trabajan y luchan a la par de los hombres y lo mismo que ellos; en una hora solemne de la historia, fueron despreciadas con un insulto por los círculos privilegiados, insulto que hoy es un timbre de gloria: "descamisado".

En nuestro movimiento femenino, primero serán las descamisadas, porque ellas son el pueblo; y aunque sea necesario repetirlo mil veces, el pueblo es la Patria y su grandeza nuestro máximo ideal.

Los descamisados, hombres y mujeres, realizaron la epopeya magnífica del 17 de Octubre de 1945. Cerraron las fábricas, abandonaron talleres y oficinas, cruzaron los puentes del Riachuelo, y cuando no hubo puentes, cruzaron de cualquier manera. Acudieron cantando y llorando a la vieja Plaza de Mayo que desde 1810 no volvía a ver a su pueblo, al auténtico pueblo argentino, que reclamaba otra vez, como entonces, el derecho de marcarse su propio destino en la historia de la humanidad.

Nosotras, las mujeres, no debemos olvidar que los descamisados salvaron así al país de caer en las manos sucias de la oligarquía, a quien le habían pagado ya la traición con los treinta dineros de moneda extranjera.

Cómo no voy a desear yo y a luchar incansablemente por que este movimiento femenino que viene a apoyarlo a Perón no caiga en manos de quienes lo traicionaron, a las órdenes de Braden

Cómo no voy a tratar yo, por todos los medios posibles, como mujer del pueblo, como peronista y como esposa del General Perón, que el movimiento femenino, que se llama a sí mismo Peronista, esté asegurado contra toda traición y para asegurarlo yo no conozco otro camino que el de ponerlo en las manos limpias y leales del pueblo.

El pueblo siempre es leal. Ya el coronel Perón solía decir en la Secretaría de Trabajo y Previsión: Yo confío en el pueblo; yo tengo fe en mi pueblo. Y el pueblo se jugó por él en el preciso momento en que aparentemente todo estaba perdido. Nuestro

Movimiento Femenino se organiza también con una gran fe puesta en los valores esenciales del pueblo. Creemos en el pueblo porque somos del pueblo. No podría ser de otra manera: sería como si no creyéramos en nosotros mismos. El gobierno de Perón es, por otra parte, gobierno del pueblo. Cualquiera puede llegar al Presidente de los argentinos sin ninguna limitación. A él llegan los más famosos, los más humildes, los más encumbrados y los más modestos; pero él escucha a los embajadores y a todo el mundo con el mismo interés con que escucha a los obreros de las fábricas, aunque a sus obreros —estoy segura y puedo afirmarlo— los atiende con el corazón porque los ama entrañablemente.

Quiero que, para bien de todos los argentinos y aun de todos los hombres del mundo, nuestra obra sea un ejemplo para la sufrida humanidad, para que reencuentre el camino tan anhelado de la paz, de la justicia y de la bondad en que quiere vivir.

Por una Patria grande y justa

Esta concepción social ya ha sido expuesta por mí en la inauguración de la Ciudad Infantil, cuando dije que queremos una patria grande, no por la extensión territorial, sino por la suma inmensa de felicidad de todos sus hijos; una patria feliz, no por la existencia de pocos muy ricos, sino por la salvación de muchos pobres menos pobres: una patria entregada a la alta tarea de engrandecer los valores humanos, la solidaridad la cooperación y el justicialismo sin excepciones. Para esto el general Perón no ha hecho conferencias, porque éstas no solucionan los problemas: ha hecho realizaciones y ha entregado al mundo su justicialismo, que es orgullo de todos los argentinos.

Para hacer una patria grande es necesario hacer justicia al pueblo; para tener una patria feliz, es necesario hacer justicia al pueblo; para hablar de paz, es necesario empezar por hacer justicia con el pueblo.

Por eso nuestro querido Presidente dice siempre que los únicos que pueden salvar a los humildes son ellos mismos.

Por eso nosotros tenemos una doctrina eminentemente popular; por eso el general Perón gobierna con el pueblo y para el pueblo; por eso rompe a diario los círculos cerrados de una oligarquía vendepatria.

Ya el pueblo argentino se ha cansado de que una minoría llamada dirigente y que constituye la más cruda oligarquía quiera gobernarlo. ¡Ellos, que vendieron la patria al extranjero! ¡Ellos, que sumergieron al pueblo en la peor de las ignominias y le quitaron lo último que debe perder un ciudadano: la esperanza! ¡Ellos, que anularon al pueblo su personalidad! El general Perón restituyó a cada argentino el orgullo de sentirse tal y —lo más grande de Perón— promovió la dignificación del hombre por el hombre.

Yo me uno a mi pueblo fervorosamente, porque cuanto más lo trato más lo comprendo, más lo quiero y más lo valoro.

Fue el pueblo descamisado que en horas inciertas para la argentinidad, cuando las fuerzas de la antipatria, de la más cruda oligarquía, quiso arrebatarle a Perón, el que salió a la calle.

Ellos, que todo le habían quitado al pueblo y nada habían hecho en su beneficio; ellos, que habían vilipendiado y sumergido al pueblo en la peor de las ignominias, llegando a la explotación del hombre por el hombre, quisieron arrebatarle a su líder y entonces, los descamisados salieron a la calle a decirle presente a la Patria al restaurar al coronel.

Un auténtico gobierno popular

El gobierno peronista no es ni puede ser gobierno de círculos. Por eso Perón está al alcance de su pueblo. Su pueblo puede verle todos los días en la casa de gobierno, o en cualquiera de los actos populares a los que asiste. Su pueblo puede escuchar su palabra y conoce su pensamiento claramente, porque Perón habla sin retaceos de ninguna clase, con la claridad honrada de los hombres que no tienen por qué ocultar ninguna cosa.

Es que Perón ha creado una nueva manera de ser gobernante.

La única manera de ser gobierno del pueblo es acercarse al pueblo. Eso ha hecho Perón. Todo movimiento político que apoye a Perón deberá sustentarse en los mismo principios y debe ser de íntima estructura popular.

Yo me he extendido en estas consideraciones tal vez abundantes, porque siento la necesidad de insistir sobre este fundamental aspecto del movimiento que ha querido elegirme como abanderada.

Y como abanderada del Movimiento Peronista Femenino, yo no puedo llevar, yo me niego a llevar otra bandera que no sea la bandera del pueblo. El día que me sintiera incapaz de interpretar a mi pueblo, como lo interpreto fervorosa y fanáticamente, renunciaría antes de defraudar a este pueblo, cuyo espíritu y cuya carne llevo en mí, y de cuya estirpe no podrán hacerme renunciar ni los halagos de la grandeza ni las grandezas del poder, porque no puedo traicionar al pueblo, que sería traicionarme a mí misma.

Nuestro movimiento, que se identifica con el sentir y con el pensar de nuestro pueblo, no puede tener sino su mismo ideal, su misma doctrina y su misma pureza. Su ideal: la grandeza de la Patria. Su doctrina: el Justicialismo. Su pureza: su acrisolada honradez. Por eso, el Movimiento Peronista es el pueblo que no tiene otro líder que el General Perón.

El alto ideal que nos conduce y nos orienta hacia las cumbres de nuestro objetivo es la grandeza de la Patria, tal como la sueña y tal como la realiza nuestro gran líder, el general Perón.

La Patria, que el Movimiento Peronista Femenino desea, es la que se ha ido gestando en estos tres años de gobierno, en estos tres años de permanente lucha por construir una nueva Argentina socialmente justa, económicamente libre y políticamente soberana.

Agradezco a las compañeras peronistas, el cariño que sienten por mí, que soy la más modesta de las colaboradoras del movimiento femenino. Yo prefiero seguir siendo lo que tantas veces me han dicho los descamisados: La Dama de la Esperanza.

Y así como cuando los generales le preguntaron a Alejandro el Grande, después de una gran conquista: "¿qué te guardas para ti? Para mí me guardo la esperanza", yo le pido al pueblo descamisado y peronista que a mí me reserve la esperanza de ser la hermana, la amiga de todos los descamisados de la Patria, dispuesta a alentar, a restañar una herida, a acudir en ayuda de cualquier hermana o hermano necesitado. Dejen para Evita la esperanza y luchemos todos en un ideal para el general Perón y para la Patria.

La grandeza de la Patria constituye el supremo ideal de las mujeres peronistas. A nosotras nos corresponderá, en la vida cívica que ya hemos iniciado bajo el signo de la nueva Argentina de Perón, la tarea silenciosa y fecunda de consolidar esta grandeza. A nosotras nos corresponde fundamentar esta grandeza material sobre valores espirituales para que la nueva Argentina de Perón tenga permanencia en la historia de la humanidad.

Propagadoras del espíritu

Lo único que vence a los siglos es el espíritu de los pueblos. A nosotras, las mujeres, nos toca infundir el espíritu del peronismo en cada argentino y transmitirlo de generación en generación. A nosotras nos corresponde mantener el sentido idealista del peronismo porque solamente el desinterés y la generosidad llevados hasta el heroísmo pueden construir y consolidar la grandeza de la Patria. Solamente un peronismo idealista, desinteresado y generoso puede mantener por muchas generaciones la bandera argentina flameando al tope de todos lo mástiles de la Patria.

Quizá por primera vez el pueblo argentino opina y sabe lo que quiere y adónde va. A nosotras nos corresponde incitar a la lucha, al trabajo por la grandeza nacional, a todos los hombres de nuestros hogares, contra todo lo que puede ser semilla de destrucción o de desgracia: contra las ideologías extrañas al pueblo y a la nacionalidad; contra los halagos y las tentaciones con que la oligarquía capitalista del país o los imperialismos extranjeros intentan engañar o conquistar para utilizar como puente a los trabajadores y trabajadoras argentinos.

A nosotras nos toca custodiar la bandera peronista desde nuestro puesto de vigías, en el hogar, en el taller, en la calle en la oficina o en las fábricas, porque de esta manera guardaremos el porvenir del país y la permanencia de su grandeza soberana sobre las bases del peronismo, que son las bases y las ansias de las masas populares.

La grandeza de la Patria, nuestro máximo ideal, es digno de todo nuestro amor y nuestro sacrificio. El movimiento peronista femenino tiene una doctrina que en nuestro país y en el mundo entero va siendo conocida como el justicialismo de Perón, en el que los hombres del mundo ven una firme esperanza de paz y de trabajo que colma sus ansias de justicia, tan olvidadas por muchos gobernantes. Ellos saben que el pueblo argentino, conducido e inspirado por Perón, ha realizado ya la doctrina justicialista y quieren adoptarla para ser felices, con toda la felicidad que nosotros poseemos.

Nosotras, las mujeres peronistas, debemos conocer la doctrina para enseñarla a nuestros hijos, a nuestros novios, a nuestros padres, a nuestros hermanos, para difundirla por todos los ámbitos de la Patria, a fin de que, siendo conocida, sea aceptada con amor, que es la condición esencial para que sea vivida por todos y consolidada en todas partes.

En otra oportunidad he de referirme extensamente a la doctrina peronista y a la mujer, pero ahora sólo quiero decir que la doctrina es cuanto Perón ha expresado a su pueblo, desde la creación de la Secretaria de Trabajo y Previsión y todo cuanto el pueblo ha deseado y ha querido que Perón realizase desde ese día en que le prestó su apoyo, en la infinita fe que solamente es patrimonio de los pueblos grandes.

En otro orden de cosas, he afirmado que el Movimiento Peronista Femenino no tiene más que una sola fuerza. Quiero repetirlo para que sepan mi conducta, mi ideal y mi corazón, que son los del pueblo.

Y aunque al principio de esta exposición he ahondado este concepto, quiero reiterarlo aquí con una afirmación rotunda y definitiva. No solamente queremos conservar y mantener el apoyo de las fuerzas populares en favor del peronismo. Queremos más que eso. Queremos que sea esa nuestra única fuerza, porque sabemos que esa es la fuerza invencible, la del alma popular.

Las pruebas irrefutables de nuestras fuerzas

El 17 de octubre y el 24 de febrero son dos pruebas irrefutables. Por un lado, la fuerza del dinero oligárquico unido con la fuerza del imperialismo, con la fuerza del capitalismo internacional y con la tuerza de los internacionalismos extremistas, y por otro lado, la tiza y el carbón de los descamisados.

Por un lado, todas las fuerzas materiales conjuradas por Braden y por los vendepatrias argentinos para la traición. Por el otro lado, el corazón del pueblo, toda la fuerza de su espíritu resistido al conjuro de un hombre: Perón.

Triunfo del pueblo, triunfo de la única fuerza que no se puede dominar cuando está impregnada de espiritualidad.

Nosotros, que somos custodios del espíritu del pueblo, tenemos la responsabilidad de mantener incólume la pujanza extraordinaria de nuestra única fuerza: la del pueblo. Y para ello tenemos la obligación de impedir que fuerzas extrañas al pueblo minen su estructura y sobre todo, velar porque nunca, bajo el pretexto de alianzas tentadoras, se infiltre en el pueblo la fuerza que el 17 da octubre y el 24 de febrero lo traicionaron.

Fanática de Perón

Los opositores dicen que esto es fanatismo, que yo soy fanática de Perón y del pueblo, que yo soy peligrosa porque soy demasiado sectaria y demasiado fanática con el General Perón y con los descamisados de la patria.

Yo les contesto con Perón: el fanatismo es la sabiduría del espíritu. Qué importa ser fanático en la compañia de los mártires y de los héroes.

Al fin de cuentas, la vida alcanza su verdadero valor no cuando se la vive de una manera egoista, nada más que para uno mismo, sino cuando uno se entrega a la vida toda integra, fanáticamente, en aras de un ideal que vale más que la vida misma. Yo contesto que si, que soy fanática de Perón y de los descamisados de la patria. Por fin el movimiento peronista femenino no tiene, lo mismo que el pueblo argentino, más que un líder: Perón.

Yo no he de decir aquí de Perón sino lo que he dicho siempre hasta el cansancio, en todas partes y en todos mis discursos.

Perón está tan identificado con la patria que yo veo en él a la patria misma. Después de tantos años de vivir al lado de él, conociendo su espíritu como nadie puede conocerlo, en la vida pública y en la intimidad del hogar, yo puedo seguir diciendo, cada vez con más cariño de esposa, de peronista y de argentina, que si Perón merece tener un pueblo como el de los descamisados argentinos, el pueblo argentino merece tener un presidente como Perón.

A veces pienso que Perón ha dejado de ser ya un hombre como los demás; que Perón es un ideal encarnado. Y este pensamiento es el que debemos meditar y difundir las mujeres del movimiento peronista femenino. Perón es el ideal argentino hecho figura de hombre. Es el viejo ideal de todas las esperanzas argentinas hecho carne. Por eso el Movimiento político puede tenerlo como líder único sin correr el peligro de desaparecer el día infausto que falte Perón porque siempre quedará Perón al frente de su pueblo como un ideal, como una bandera, como guía, como estrella para señalar en las noches el camino de la victoria definitiva.

Nuestra misión fundamental

Todas estas cosas deberá realizar y tener en cuenta el movimiento Peronista Femenino para poder triunfar y para poder hacer honor a los derechos conquistados por la mujer el terreno cívico.

No quiero extenderme más ni debo hacerlo, porque los minutos durante los cuales yo las retengo son valiosos para ustedes. Si los hombres de negocios cuidan su tiempo por aquello de que el tiempo es oro, nosotras no debemos olvidar que el tiempo de las descamisadas de la patria es descanso, cuando no pan para su hogar, consuelo para sus hijos y alegría para su familia, merced a esta obra que está realizando el general Perón en nuestra Patria y al desvelo constante que todos los que trabajamos intensamente en pro del peronismo y de la Patria, y para lograr la unidad espiritual entre pueblo y gobierno.

Mi anhelo es el de que cualquier mujer argentina que tenga el privilegio y el honor de ser la primera dama desee, como deseo yo, ser Evita antes que la esposa del Presidente de la República, si ese Evita es dicho para calmar un dolor en algún hogar de mi Patria.

Por eso acepté ser abanderada de las mujeres peronistas si mi nombre puede ser vínculo de unión, si mi nombre puede servir para mitigar inquietudes y aquietar en cualquier momento los espíritus llevando la tranquilidad y el bienestar a todos los hogares de la Patria. Pero eso sí; que no se trate de poner a la compañera Evita en ningún círculo, porque yo sólo quiero estar en el corazón de todas las descamisadas de la Patria.

Con la colaboración de todas las mujeres descamisadas, que desde ya descuento, y con la laboriosidad de la comisión femenina de la C.G.T., descuento el éxito de este Partido, que no es de nadie sino de todas, de este Partido, que yo ambiciono sea el orgullo del general Perón por su disciplina, por su unidad, y por sobre todo por saber esperar, ya que el que sabe esperar es el que triunfa.

No quiero abusar de la amabilidad de las compañeras peronistas, porque no ha de faltar oportunidad de seguir conversando.

Solamente quiero depositar en ustedes las aspiraciones de esta humilde mujer, que no quiere ser más que el corazón del Movimiento Peronista, de este Movimiento que dejo en manos de las mujeres trabajadoras de mi país, porque sé que al hacerlo aseguro el porvenir del peronismo y por lo tanto el porvenir de la Patria.

En el acto organizado por la Comisión Auxiliar Femenina de la Confederación General del Trabajo y llevado a cabo el día 16 de diciembre de 1949, en el Teatro Colón.

15

Señala el camino del civismo a la mujer argentina

Agradezco emocionada las palabras que acaban de pronunciar la delegada de la Capital, la secretaria de la Junta Metropolitana Femenina, la señora subcensista en representación de todas las compañeras, el señor ministro de Industria y Comercio; que me ha emocionado profundamente; el doctor Cámpora y el compañero Espejo.

Han estado aquí representadas las mujeres peronistas de la Capital, el Poder Ejecutivo, la Cámara de Diputados y las fuerzas todas del trabajo por medio del Secretario General de la Confederación General del Trabajo. ¿Qué más puede ambicionar una humilde mujer que ha abrazado la causa de los trabajadores, de los humildes de la Patria, que se reúna un grupo de mujeres y de hombres de bien para levantar sus copas y brindar en una fiesta que se refiere a mi persona? Ustedes me colman de felicidad en mis sentimientos de mujer, al saber que aquí se ha tendido una mesa de amor, de camaradería, de solidaridad.

Agradezco emocionada todas las palabras que se han pronunciado, como asimismo a las compañeras del Partido Peronista Femenino, por el Distrito Capital, por este acto simbólico, porque nos sirve también para estrechar vínculos, para aunar opiniones y para conocernos mejor en esta empresa que hemos iniciado de colaborar y apoyar al General Perón. Y ya que él tiene como columna vertebral a la clase trabajadora, nosotras queremos ser una de las vértebras de esa columna maravillosa sobre la cual se apoya, respalda y con la cual trabaja tan tranquilo el General Perón.

Al aceptar de la Asamblea Nacional de Mujeres la inmensa responsabilidad de presidir este movimiento, lo hice porque pretendía, y pretendo, tratar de unir a todas las mujeres peronistas y canalizar esa fuerza extraordinaria del peronismo por el camino de las fuentes creadoras, dignificadoras y grandiosas, por el sentido patriótico de la doctrina peronista. La responsabilidad era grande; no lo ignoraba; pero la acepté. Y quiero que todas las mujeres del país sepan, una vez más, que Eva Perón ama entrañablemente a todas las peronistas, a todas por igual, y aún más a aquéllas que desde los más lejanos rincones de la Patria trabajan con su corazón puesto al servicio del Líder de la Nacionalidad, el General Perón.

Aprovecho esta oportunidad para darles un consejo, no sólo a las mujeres peronistas de la República, subcensistas y censistas de todo el territorio de la Patria. Ustedes tienen una gran responsabilidad, como bien lo dijo el compañero Espejo; la responsabilidad de comprender a todas las compañeras, la de tratar de acercar a la dirección del Partido a todos los elementos capaces, peronistas de verdad, que vengan con el espíritu de sacrificarse y poner a contribución sus fuerzas en pro de esta causa de la nacionalidad. Deben ser tolerantes, porque hay que tolerar para que nos toleren; deben ser persuasivas y llevar adelante la doctrina del General Perón; deben ser misioneras de esa doctrina, y no sólo predicarla, sino practicarla con amor con espíritu de abnegación y de renunciamiento. Ustedes piensen que el General Perón nos dijo hace poco tiempo que nos había dado una palanca con la cual podíamos mover el mundo y que lo importante era saber mover la palanca.

El medio lo tienen. Tienen esa doctrina, tienen a un Líder insustituible, como es el General Perón, y tienen una patria maravillosa, como es la nuestra. Pero tienen que trabajar y sacrificarse, porque nada se consigue sino por el camino del sacrificio, de la comprensión y del amor.

Les pido a todas ustedes que cuando vean, en cualquier rincón del país, por más alejado que sea, a una mujer que tiene un corazón bien puesto, como el del 17 de Octubre de 1945, traten de acercarla a nuestras filas, y ustedes deben informarme de ello, puesto que yo no tengo el privilegio de estar en todos los lugares de la Patria para auscultar a cada una de las peronistas que trabajan en pro de nuestra causa. Piensen que nuestro movimiento es grande y que hay cabida para todas, para que trabajemos una para todas y todas para una. Pero que no sea un "slogan" eso de "una para todas y todas para una". Que eso sea una realidad como son las realidades que nos está dando a manos llenas el General Perón, que tiene el privilegio de amar a todos los peronistas por igual, sin preferencias por ninguno. Así quiero yo también a las peronistas. Cuanto más pequeñas más las quiero. La que a ustedes les parezca más isignificante es la que está más cerca de mi corazón.

Esta oportunidad creo que es la primera en que tomo contacto con las subcensistas, secretarias y prosecretarias de un distrito como es el de la Capital Federal y la aprovecho para decirles a todas que cualquiera, aunque ocupe un cargo de secretaria o prosecretaria, si se sacrifica colaborando por nuestra causa, puede llegar a ser la futura dirigente del Partido Peronista Femenino. Sacrifiquémonos; no pensemos en horarios ni en nada.

Estamos luchando por el ser o no ser de la Patria, y cuando las fuerzas físicas se debiliten, levantemos nuestros ojos hacia la figura de nuestro Líder, el General Perón, que está quemando su vida en aras de la felicidad de todos los argentinos. Seamos una vértebra poderosa de esa columna de trabajadores que, silenciosa pero tenazmente, está dando a diario muestras de su fidelidad y de su amor hacia el General Perón.

Yo ambiciono que la rama femenina del Partido Peronista le brinde nada más que satisfacciones, pero para ello debemos trabajar incesantemente, luchar sin egoísmo y sabernos tolerar mutuamente. Cuando una peronista tenga alguna divergencia con otra, piense que hay una sola bandera: la del General Perón. Cuando se peleen dos peronistas, no me traigan a mí el problema, porque me causarían un gran dolor. Yo quiero ser igual con todas, para no ser injusta. En una familia pueden pelearse dos hermanas, pero siempre siguen siendo hermanas.

Yo deseo que ésta sea una gran familia: la familia que ambiciona el General Perón.

Hoy, nosotras gozamos el privilegio de tener un hombre de los quilates de nuestro Presidente, y es por eso que debemos formar esta rama, que hoy se inicia, con toda la perfección y con todo el amor que él quiere. Formemos un partido político que encierre todas las virtudes que debe tener. Que no sea lo que han sido los partidos en nuestro país: algo desagradable y molesto, sino que sea un instrumento principalísimo y valioso para la grandeza de la Patria. Eso lo lograremos con sacrificio y colaboración.

Deseo que cada una de ustedes, en la circunscripción que represente, le lleve a todas las mujeres peronistas un abrazo afectuoso y este pensamiento mío, aun a aquellas que no están dentro del partido.

Lo que yo quiero decirles es que se sacrifiquen. La que mejor colabore, la que mejor trabaje por la causa, será quien en el futuro quede al frente del Partido. Yo quisiera que surgieran otras mujeres de esas condiciones; lo deseo y así lo espero.

Necesitamos valores femeninos jóvenes, ya que tenemos una doctrina maravillosa y un Líder como el General Perón. Debemos actuar en estrecha colaboración con los hombres, animados por el mismo ideal y constituyendo dos fuerzas paralelas que se complementen, tras el camino que nos ha señalado el General Perón para lograr una patria socialmente justa, económicamente libre y políticamente soberana.

Empecemos por ser disciplinadas. Seamos unidas; yo quiero que la mujer argentina logre algo, que llegue, que triunfe. La señora de Perón no quiere absolutamente nada para sí, sino que las mujeres tengan un arma poderosa en su unidad y que sean organizadas. Así triunfaremos; si no, no.

Por ello estamos constituyendo estas vanguardias del peronismo. Ello requiere perseverancia y hacer como el General Perón, quien encontró frente a sí dos caminos: uno asfaltado y otro obstaculizado por una tupida maraña. Perón se abrió paso a hachazos por entre esa selva de inconvenientes y obstáculos, hasta entrever al fin, como está entreviendo ahora un mañana promisorio para todos los argentinos. El otro camino, tan fácil y cómodo, era el de la entrega; la entrega no sólo del pueblo, sino de la Patria toda.

Dentro de muy poco tiempo hemos de rendir un homenaje al General Perón; haremos bajar a todas las compañeras del interior, para que, juntas con las de la Capital Federal podamos decirle: "Presente, mi general". Siguiendo el ejemplo de todos los trabajadores, que son misioneros de Perón, nosotras también debemos ser misioneras de Perón y desde la cuna hasta la muerte luchar por la doctrina peronista.

Ustedes deben saber que yo estoy siempre dispuesta a aclarar cualquier malentendido, para reanimarlas y darles confianza y fe; yo quiero ser para las mujeres peronistas como una madre, como una hermana, que trata de comprenderlas, de ayudarlas y de hacer que se entiendan y ayuden entre ustedes mismas.

Cuando todas logremos esta unidad y este entendimiento mutuo, el General Perón podrá dormir tranquilo su sueño de patriota, sabiendo que su sacrificio no ha sido estéril y que, a través de los tiempos, la doctrina peronista se robustecerá y engrandecerá por la obra de la sangre nueva y las ilusiones patriotas de las futuras generaciones.

Yo levanto mi copa para brindar no por mi cumpleaños, que es simplemente el cumpleaños de una descamisada más, sino para brindar por ustedes, por la felicidad de todas las mujeres peronistas argentinas, aun por la felicidad de aquellas que viven en las regiones más lejanas del país. A todas las tengo muy cerca de mi corazón y las estrecho cariñosamente, recordándoles que nadie debe creerse, porque desempeñe un cargo o una función, dueña del Partido Peronista, porque las verdaderas dueñas son las descamisadas de la Patria, las descamisadas del 17 de Octubre de 1945. Nosotras tenemos la enorme responsabilidad de comprender y llevar a la práctica y cristalizar los ensueños y los afanes de nuestro Líder, el General Perón. Por él brindo, por el forjador de nuestra nacionalidad, el General Perón, y porque todos los años nos encuentre juntas.

Discurso pronunciado el día 4 de mayo del Año del Lib. Gral. San Martín, 1950, con motivo del almuerzo ofrecido en su honor por el Partido Peronista Femenino, distrito Capital Federal.

Patria - Pueblo Recuperación

La Palabra el Pensamiento y la Acción

de

Eva Perón

Es común oír decir que los pueblos tienen, en cada momento, el hombre que se merecen; es decir, aquel que se destaca sobre el nivel general como conductor y orientador, interpretando el instante dado en que la sociedad lo encuentra.

Igualmente, podríamos decir que, en cada momento de ese pueblo, existe una mujer que representa a toda esa otra mitad de la humanidad que tan profundamente llevamos dentro de nosotros mismos, ya que, humanamente, de ella venimos y a ella vamos.

Nuestra misma historia patria nos la pinta con caracteres definidos de elogio y ejemplo. Cuando hubo que compartir las penurias de una independencia política, la mujer las compartió y hasta supo de galones con jerarquías similares que los años perpetuaron con ribetes de gloria.

Ahora mismo, cuando la Nación toda vive las jornadas de la independencia económica y la justicia social, en las vicisitudes de esa lucha por la recuperación integral de lo nuestro, una mujer representa por sí, ante el aplauso de muchedumbres entusiasmadas, a esa media nación que, desde sus hogares, labora por la continuidad histórica de nuestra querida Argentina.

Surgió de la masa misma del pueblo; ella lo dice con el orgullo propio de los que no saben de disimulos falsos y sí de sinceridades un poco simples, pero exactas y leales; supo de la pasión de las cosas de su tierra —la nuestra— en el sentir colectivo, angustioso, digno y emocionado a la vez; dio su vida a ello y a un amor que interpretaba doblemente su vocación íntima de argentina y de mujer. Y sufrió ese doble dolor en días de incertidumbre por todos conocidos y para los cuales el repudio popular dio su veredicto soberano.

Se dice que el buen amor es de Dios; como tal recibió el premio de esa recuperación que alegró a todo el país. Pero ese premio no había de cambiarla en el orgullo personal de su triunfo íntimo. Había sabido de luchas y fatigas; conocía la vigilia alerta de esa inquietud que mata en la lentitud de una espera sin final; y comprendía, en lo profundo de su ser, toda esa suma de problemas que padecen los hogares humildes por ella tan queridos.

El amor a la Patria, a la causa, al Líder, engendró la virtud de continuar esa lucha —hecha ya diaria— por la felicidad de su pueblo. Pudo tener renombre social; pudo gustar de feéricas reuniones en deslumbrantes salones de moda; pudo... pero prefirió compartir la angustia de un descamisado y cambió el brindis con copas de fino cristal por la sonrisa en labios de un desamparado social o un niño desvalido. A las frases de obsecuencia palaciega, mundanas en su sentido y su forma, les cerró su corazón, abierto, sin embargo, con toda sinceridad a la trémula voz de un trabajador y a un humilde pedido de justicia y ayuda. Ha ganado el país a alguien que cambió el sordo egoísta y pleno de holganzas de un copetín por el sabor agridulce de un beso de reconocimiento en labios de una obrera, humedecidos aún por una amalgama de lágrimas de alegría reverdecida y sudor de angustia que huye.

Pero esa persona —EVA PERÓN, EVITA— ha ido forjando, a lo largo de su labor, un sentido de acción; un apostolado femenino que no por ser laico deja de ser profundamente cristiano. Su voz, entrecortada por un sentimiento emotivo, deja escapar verdades, conceptos; orienta y guía; defiende y acusa; ama y aborrece; pero, sobre todo, deja tras ella una picada abierta en la selva de las injusticias sociales, que es sendero por el cual marcha la sociedad, esperanzada en este peronismo de sus amores y sus afanes.

Queden aquí, en este modesto libro, reseñados su pensamiento y su acción. Un poco apresurados, como el decir de ella, con sus palabras exactas, tal como llegan a oídos de este pueblo que la aclama delirantemente. Queden aquí, con su propia expresión, sin subterfugios de retórica, como fueron dichas —corazón a corazón— a ese pueblo que en estado de asamblea la escucha como figura señera y querida. Queden aquí, en la humildad de este trabajo, una recopilación de conceptos, ideas, intenciones; una línea de acción ininterrumpida e intensa; una vida, en fin, que compartiendo la de un conductor plebiscitado, ha encontrado una página en la historia abierta a su corazón, y para la cual estas otras páginas sencillas, de papel y tinta, dejan impresos su sentir, su obrar, su decir...

I

CONCEPTOS SOCIALES

Ni traiciones ni renunciamientos
7-II-46

Han de comprender que yo, como mujer del pueblo, al que en ningún momento he de olvidar, lucharé a la par del General, que si abrazó la bandera de los descamisados fue persiguiendo un ideal que no sabe de traiciones ni de renunciamientos.

No he de desmayar
27-XI-46

No he de desmayar en ningún momento. No he de cejar en ningún instante y todos mis esfuerzos han de ser pocos para complacer a la masa trabajadora y a los humildes, sirviéndoles de puente para llevar sus inquietudes a nuestro querido coronel Perón.

El Abanderado de la Justicia
27-XI-46

Del coronel Perón no soy yo la más indicada para hablar porque soy su mujer. Pero, aun siéndolo, como peronista puedo decir sinceramente que, para mí es el abanderado de la justicia social. Yo, que estoy siempre a su lado, sé de sus desvelos de hombre que lucha y sufre por lograr la felicidad de su pueblo.

Alegría propia
24-XII-46

Detesté la postura y preferí el sentimiento. Escondí toda vanidad y me puse a su lado que fue estar al lado del país, en su entraña más digna y respetable. Vuestra Navidad es la del General y la mía. Vuestro gozo es el nuestro. Vuestra alegría es mi propia alegría.

Humanizar la vida
24-XII-46

Experimenté un algo vivo, práctico, ansioso de vida y de calor. Un algo que fuese, diariamente, la razón de cada uno de mis actos. Un mandato imperativo de ayudar al que sufre. De asistir al caído. De acuciar al vencido. De alentar al bien intencionado y al digno. Un mandato de humanizar lo que la vida pone de inhumano en sus encrucijadas.

Navidad feliz
24-XII-46

Llego a todas con un mensaje de Navidad. De una Navidad nueva y jubilosa vivida ahora en el seno de hogares felices, de donde se ha desterrado la mueca de la desilusión y la amargura del desposeído.

Respaldado por los trabajadores
4-II-47

Y en estos momentos, si alguna traición ronda en las filas del peronismo, sepan que al general Perón lo rodean y lo respaldan los descamisados, que son incapaces de una traición.

Teorías foráneas
7-II-47

¡Qué vienen a predicar teorías foráneas en nuestro medio, cuando saben todos perfectamente que al frente de la Secretaría de Trabajo y Previsión se encuentra un hombre que antes del 4 de junio estaba en el taller, que conoce el sacrificio del trabajo y sabe interpretar mejor que nadie las necesidades de la clase trabajadora!

El dolor de cada día
12-II-47

He aprendido en el dolor de cada día, que es la escuela de los sencillos. Conozco la crudeza de esperar. Sé de la angustia de ver pospuesta una aspiración; y la certidumbre de poder abarcar ahora todo aquello que veía remoto e inaccesible me hace ser modesta ante las cosas. Como mujer, siento en el alma la cálida ternura del pueblo de donde vine y a quien me debo. Lo inerte se ha resuelto, en esta forma, en lo vital, en lo humano, en la resolución de miles de pequeños problemas que angustian a miles de hermanos. El drama diario es mi propio drama, puesto que lo comparto con todos. La alegría cotidiana o el problema son, asimismo, míos, de la compañera Evita, de una mujer de sensibilidad sin resonancia, ubicada allí donde los vaivenes de la suerte del pueblo la reclaman.

Derecho del más débil
12-II-47

La Revolución es, ante todo, el triunfo de las nuevas formas de justicia social y del derecho victorioso del más débil, del más olvidado en la escala de los valores humanos.

"Evita"
27-II-47

Vosotras mismas, espontáneamente, con esa cálida ternura que distingue a las camaradas de una misma lucha, me habéis dado un nombre de lucha: Evita. Prefiero ser solamente Evita a ser la esposa del Presidente, si ese "Evita" es pronunciado para remediar algo, en cualquier hogar de mi patria.

Sin vanidad ni ambición
27-II-47

No tengo otra vanidad ni otra ambición que ésa: servir, ser útil, volcarme en la inquietud de cualquiera de los millones de mujeres que ahora poseen un claro sentido de su deber y una noción real de sus derechos.

No olvido mis deberes de mujer argentina
27-II-47

No se podía ser la mujer del Presidente de los argentinos dejando de ser la mujer del Primer Trabajador argentino. No se podía llegar al encumbrado e inútil sitial de esposa del general Perón olvidando el puesto —de tesón y de lucha— de esposa del antiguo coronel Perón, el defensor de los descamisados. Me lo hubieran permitido el protocolo, las costumbres del país, la línea del menor esfuerzo, la inercia, la vanidad, la satisfacción, el prurito de ignorar estando arriba aquello que está abajo, fuera de la pupila. Nadie me hubiera recriminado ser solamente la esposa del general Perón, confundiendo mis deberes de sociabilidad con mis deberes sociales. Pero me lo hubiese impedido el corazón.

Teorías exóticas
5-III-47

Tengan ustedes en cuenta que esos que quieren infiltrarse entre los nuestros, para bregar por teorías exóticas, olvidan que en algunos países los obreros están trabajando hasta 13 horas por día.

Trabajemos por la paz
14-III-47

Trabajemos por la paz, que libre a los pueblos de las amenazas y de las agresiones y nos permita cerrar las heridas abiertas por contiendas indefinibles; por el afianzamiento de esa paz, para impedir que la guerra castigue a la humanidad con nuevos sufrimientos.

Trabajemos por una paz que reafirme la fe en los derechos fundamentales de los seres humanos, que desarme los espíritus de odios y prevenciones, sin discriminaciones de raza, sexo, idioma o religión.

Trabajemos por la conquista de un futuro mejor, basado en el amor y no en el odio, en que se anhele construir y no destruir, y que, por sobre todas las cosas, restituya a los hombres y a los pueblos el derecho inalienable de libertades y soberanías.

Trabajemos por imponer la justicia, basada en el respeto, en el principio de igualdad de derechos y de la libre determinación de los pueblos.

Secretaría de Trabajo y Previsión
2-IV-47

Ustedes saben perfectamente que esta casa, que es del trabajo y para el trabajo, sigue siendo la piedra angular, la piedra fundamental de la obra de gobierno, cuyas etapas se están cumpliendo paulatina pero seguramente.

América es esperanza
14-IV-47

En la vida universal, América simboliza el continente de la esperanza. Para los hombres y para los pueblos de empresa, esa esperanza representa la libertad suprema y la felicidad entre los hombres. Por eso América es el continente de la justicia y de la paz.

Humildad
9-V-47

Nuestro movimiento es el movimiento de los humildes que anónimamente están forjando la grandeza de la Patria. Nuestro movimiento es el de los descamisados, de tan puro ideal como el que profesan ustedes, que trabajan silenciosamente en favor de él, sin pedir nada y dándolo todo. Nuestro movimiento tiene un ideal que lo hace grande y simpático: su humildad.

Régimen sordo e inhumano
31-V-47

Cuando Perón subió al gobierno existía un régimen sordo e inhumano; y esa máquina todavía no la hemos podido desmontar del todo. Pero tengan ustedes el convencimiento de que paulatinamente lo haremos y de que la justicia social que abrazara el general Perón se cumplirá inexorablemente, cueste lo que cueste y caiga quien caiga.

Comunismo: lacra social
31-V-47

Si algún día los malvados, los detractores, los vendepatria llegaran al poder, ello sería la ruina y la desgracia de la Patria. Debemos cuidarnos de los enemigos que están agazapados; debemos luchar para no caer en la lacra más grande de la sociedad, que es el comunismo, y debemos luchar para que el mismo no exista entre nosotros.

Quiénes hacen las guerras
27-VIII-47

Yo llevé a Europa el mensaje espiritual de los trabajadores argentinos que labran la grandeza de la Patria y no luchan en contiendas fratricidas, sino por altos ideales. Ellos no quieren guerras. Las guerras las desean los capitalistas egoistas y fríos, que no quieren que se realice la justicia social porque ella les resta un poco de sus colosales dividendos.

Homenajes
12-IX-47

Homenajes como éste, que vienen del pueblo, representan mucho para mí. El significado que ellos encierran me hace olvidar todas las ingratitudes que recojo de la oposición, a la que no le agrada que los descamisados trabajemos y estemos firmemente unidos al lado de nuestro líder, defendiendo nuestras posiciones, nuestros hogares y el futuro de la Patria. Piensen ustedes que Evita, desde su despacho de la Secretaría, está siempre dispuesta a ayudar al más desheredado y a luchar por la causa de los humildes.

Mitigar el dolor
26-X-47

Por ello mi labor es mitigar el dolor, estar al lado de los niños, de los que sufren, de los desposeídos, porque sé que en la Casa de Gobierno hay un hombre que trabaja y sueña con restañar las heridas de cien años. Y aunque no se puede hacer en un año lo que debió hacerse en cien, pueden ustedes tener la seguridad de que Perón ha hecho humanamente más en un año que los otros en cien.

Minorías selectas
26-X-47

Ha terminado la era de los privilegios, de las minorías selectas, porque ha despertado la conciencia del pueblo y porque surgió un hombre que, cuando fue noche para la nacionalidad, tomó la bandera de la justicia social y de los descamisados, haciendo saber a todos los argentinos y al mundo que nuestro pueblo era mayor de edad y sabía lo que quería y debía tener.

A pesar de los enemigos
28-XI-47

No importan los enemigos que nos rodean; no importan los detractores; no importan, incluso, los colaboradores que no actúan con la eficacia que desearíamos. Todos estamos poniendo nuestro hombro para que este pueblo tan castigado, al que durante cien años se le prometió todo y no se le dio nada, vaya teniendo lo que en justicia se merece.

Hacia adelante
1-I-48

Necesitamos hacer un gran país, amplio, recio, libre en sus recursos naturales, fuerte en sus decisiones, generoso y justo en su trato a los hombres. Necesitamos seguir creando, produciendo, seguir suscitando ímpetus, seguir templando voluntades. Necesitamos ir hacia adelante, triturando la incomprensión, destruyendo la rutina, desterrando la teoría del menor esfuerzo.

Promesa
28-I-48

Por mi parte, les prometo luchar hasta el último momento de mi vida por ese pueblo generoso que el 17 de Octubre supo devolver al coronel Perón a la Patria.

Contacto permanente
12-III-48

Nosotros no levantamos tribunas solamente en las épocas preelectorales, sino que estamos permanentemente en contacto con el pueblo para auscultar sus sentimientos y saber si interpretamos sus aspiraciones.

Repudio
3-VI-48

Yo imagino la vergüenza que pesará sobre esos señores que hoy sienten el repudio de la clase popular y la ignominia de no haber sabido ser argentinos, de no haber actuado ni sentido como argentinos. Y creo que el mejor castigo lo tienen en el repudio de las clases populares, que constituyen la esencia de nuestra nacionalidad.

Como mujer de esa clase descamisada, que ha sabido de incertidumbres e ingratitudes, me uno a ese repudio pues he visto a nuestro país abandonado, mientras familias privilegiadas vendían la Patria al extranjero y vivían solamente para ellas.

Núcleos sociales
10-VI-48

Si otros núcleos sociales se asomaran a la realidad de nuestras clases desheredadas, no puedo menos que creer que imitarían nuestra conducta. En dos años de labor, muchas injusticias han podido corregirse, muchas ventajas han podido lograrse; pero la miseria era tan grande, las desigualdades sociales tan profundas y el dolor tan extenso, que ha sido necesario no dar tregua a la lucha, ni descanso a la actividad, para acudir a donde se percibía el más leve clamor. Y no sólo en la Capital Federal, sino en las más apartadas regiones del país, se ha llegado en la forma más rápida y eficaz que ha sido posible. Y la madre y el niño del conventillo porteño, al igual que los que viven en nuestras salvas y en nuestras pampas, saben que, si no ha sido posible llegar materialmente a ellos, existe un deseo irrenunciable de acudir en consuelo de su aflicción y en remedio de su necesidad.

Porvenir de justicia y de paz
6-X-48

Pueblo y Nación fueron una sola cosa en los años epopéyicos que hicieron posible la conquista y la colonización Pueblo y Nación son una sola potestad en nuestra actualidad recuperadora, justiciera y fecunda. Su fuerza mayor reside en esa unidad, llave que abre todas las puertas y palanca que levanta al Nuevo Mundo a la altura del porvenir. Un porvenir de justicia y de paz, por el reconocimiento del pueblo como fuente exclusiva de legalidad y de poder.

Nuevo sentido social de la propiedad
5-XII-48

Es preciso dar a la propiedad un nuevo sentido, un sentido social, quitándole al vocablo y al concepto que la denomina su peligroso sentido egoísta. Y es preciso, en fin, devolver a los argentinos lo que no siempre ha sido y debe ser argentino.

Tiranía de las leyes anacrónicas
5-XII-48

Luego de dos guerras trascendentales y de conmociones sociales y psicológicas profundas, nadie cree que un pueblo deba vivir esclavizado por el texto frío de una Constitución anticuada, mientras que se destaca, como verdad incontrovertible, que la Constitución debe estar al servicio del pueblo. Porque no hay peor tiranía que la de la ley cuando es inadecuada a las necesidades del conglomerado social.

Derechos sociales en la nueva Constitución
15-IV-49

En los puntos vitales de este mundo enfebrecido hay una célula humilde y proletaria que recuerda a los hombres tristes, preocupados, hambrientos y desesperanzados de todos los pueblos, que existe aquí una comunidad amante de la paz, enamorada de la libertad y preocupada por dar al hombre el sentido de la dignidad de su vida en el trabajo. Hoy esa dignidad de vida tiene en nuestra patria jerarquía institucional a través de los derechos sociales consagrados en la nueva Constitución. Estamos en una fragua cuyos fuegos no se apagan nunca. La hemos encendido para reemplazar a la lámpara votiva de la antigüedad. La llama que surge dé ella ilumina al mundo y lo convoca a la labor constructiva.

La fiesta de los trabajadores
1-V-49

Este 1º de Mayo debe ser ejemplo en el mundo convulsionado. La fiesta de los trabajadores argentinos se basa en la felicidad de los humildes que, nobles y bien nacidos, vienen a rendir homenaje al líder de todos los trabajadores del mundo. En nuestra patria ya no existe la olla popular, ya no existe la desesperanza. El general Perón no sólo ha aumentado los salarios, sino que ha hecho algo más: ha dignificado la vida porque ha dignificado al hombre por el hombre. En nuestra patria ya no se entonan himnos extranjeros, sino que se canta el nuestro; y no se enarbolan trapos foráneos, sino que se lleva la inmaculada bandera azul y blanca. En nuestra patria, el 1º de Mayo es el canto a la vida, a la esperanza y a la sonrisa.

Dignificación del hombre
3-V-49

La Revolución ha sido, gracias a Perón, la varita mágica para todos los humildes de la Patria, porque les ha traído la redención social y —lo que es más— la dignificación del hombre por el hombre. Una de las tantas satisfacciones de la Revolución son estos comedores, que son humildes en lo externo, pero grandes en el fondo, porque autoridades y pueblo le dan valor, ya que lo hacen con el corazón y no hay mas hermosura que la del amor.

Tenemos una obra que consolidar
29-VII-49

Nos esperan grandes días que serán de esfuerzos y sacrificios, pero también de esperanzas, de triunfos y de fe. Tenemos, ante nosotras, una obra enorme de consolidación que realizar, la que involucra no sólo nuestro presente superado de mujeres, de trabajadoras y de ciudadanas, sino el porvenir de nuestros hijos, de nuestros hermanos y de las generaciones futuras que vivirán felices y fraternales en la gran Patria Argentina que está forjando Perón.

El peronismo en marcha
29-VII-49

El peronismo está en marcha y nada ni nadie lo podrá detener: Garantizan su triunfo las leyes inmutables del progreso y la perfección del género humano, los imperativos de la dignificación popular y el destino superior de los pueblos.

El peronismo trazó sus caminos en el pueblo
24-VIII-49

El movimiento peronista es un movimiento de conciencia dirigido por una mano rectora y firme, apoyado por la expresión de una mayoría de voluntades que ha trazado sus propios caminos dentro del espíritu de su propio pueblo; ese pueblo que marcha con seguridad y confianza hacia la solución de todos los problemas de la colectividad, consolidando su unidad física y espiritual y coordinando su acción dentro de ese cuadro permanente que la historia fijará como un ejemplo para todos los pueblos en América.

Vicios y deformaciones del liberalismo
24-VIII-49

Cuando, al apelar a la confianza de las ideas liberales, nos encontramos con los vicios y deformaciones que derivan de los regímenes del más crudo despotismo o con métodos de libertinaje detractor, no hay fuerza humana con sensibilidad cristiana que no repudie esas tendencias que degradan los atributos esenciales de la personalidad humana.

Ciudadanos sin mística revolucionaria
17-IX-49

Yo no deseo para el peronismo a los ciudadanos sin mística revolucionaria. Que no se incorporen. Que se queden rezagados si no están convencidos. El que ingrese, que vuelva su cabeza y su corazón sin retaceos para afrontar nuestras luchas, que siempre habrán de terminar en un glorioso 17 de Octubre.

Día de la Lealtad
17-X-49

Los cientos de miles de corazones que hoy palpitan en esta plaza histórica constituyen el símbolo de la lealtad. Por eso se ha denominado al 17 de Octubre "Día de la Lealtad', porque encarna la lealtad de un pueblo para con su líder, día de la lealtad entre hermanos de una misma causa que marchan seguros de su fuerza y de su destino.

Dos pruebas irrefutables
16-XII-49

El 17 de Octubre y el 24 de Febrero son dos pruebas irrefutables. Por un lado, la fuerza del dinero oligárquico unido con la fuerza del imperialismo, con la fuerza del capitalismo internacional y con la fuerza de los internacionalismos extremistas. Por otro lado, la tiza y el carbón de los descamisados.

Destino dichoso y venturoso porvenir
24-XII-49

Estemos alegres, porque esto es así. Lo es, porque en el pecho de mi pueblo, en mi pecho, alienta la convicción profunda de nuestra grandeza en los bienes y de nuestra grandeza en el alma. Lo es, porque tratamos de comprender todos los dolores, todos los sufrimientos que la vida inevitablemente trae consigo. Lo es, en fin, porque nos sentimos destinados a un dichoso, pródigo y profundo porvenir.

Renació como el fénix el pueblo de Perón
24-II-50

Detrás de aquellas urnas transparentes quedó el pesado fardo con que se había aplastado, durante medio siglo, la conciencia ciudadana del pueblo trabajador. De las cenizas a que habían quedado reducidas libertades populares —trituradas por fraude, abrasadas por el peculado, estranguladas por la renuncia deliberada a todo lo nacional del régimen descompuesto de oligarquía y los políticos de la antipatria— renació como el fénix el pueblo de Perón, hijo legítimo y olvidado de aquel pueblo Capitán de los Andes, de gloriosa eternidad.

Yo guardo para mí la esperanza
24-II-50

Cuando Alejandro, el vencedor de Persia hubo repartido todos sus bienes y honores, Perdicas le preguntó asombrado: "¿Qué guardas para ti, Alejandro?" Alejandro respondió: "Yo guardo para mí la esperanza". Esta es la respuesta que yo he elegido para todas las preguntas que se me formulan acerca del porvenir. Yo no quiero otra cosa. No tengo otra ambición. "Yo guardo para mí la esperanza". Yo quiero seguir siendo la esperanza..., porque siéndola, podré retribuir todos los días a los descamisados el amor de mi corazón que ellos merecen desde el día que se jugaron la vida por Perón.

Con Perón en las buenas y en las malas
24-II-50

La realidad está en nuestras manos. En esta tierra bendita del mundo no hay hombres tristes, no hay hombres sin esperanzas. Todos son hombres dignos del nombre que llevan y todos saben que la dignidad que poseen se la han ganado jugándose la vida por Perón, que se la juega por todos y la está gastando por todos, trabajando sin descanso para que todos seamos felices. Con Perón estuvimos en las buenas y en las malas, en los días inciertos de sus primeras luchas en la querida e inolvidable Secretaría de Trabajo y Previsión. Con él estuvimos en los días de su aparente derrota, cuando la oligarquía inconsciente se dio la mano con todas las fuerzas de la antipatria para apagar definitivamente la voz del coronel Perón, que era la voz de la verdad y la voz de la Patria misma. Con Perón estuvimos el 17 de Octubre en la Plaza de Mayo, y en aquella noche inolvidable yo adquirí, con los descamisados, una deuda impagable, porque los descamisados... ustedes... y los de todos los rincones de la Patria, hicieron el milagro de salvar a Perón y al país mismo.

Pensamos y sentimos con Perón
24-II-50

A cuatro años de aquel histórico 24 de Febrero, seguimos pensando y sintiendo con Perón, y así lo haremos mientras quede un latido en un corazón descamisado, porque en Perón pusimos todas nuestras esperanzas y, por cada esperanza, Perón nos ha entregado un millón de realidades. Al lado del general Perón, yo no he hecho otra cosa que hacerle llegar los deseos su pueblo. He querido ser la compañera de todos los trabajadores, de todos los humildes, un puente de amor tendido entre los descamisados y su líder, segura de que las manos de Perón tienen la maravillosa virtud de convertir todo lo que es un sueño en magnífica realidad.

Perón no promete justicia: la realiza
1-III-50

Ellos proclamaron una soberanía, pero la soberanía no se proclama: se mantiene y se defiende. De hecho, ellos la enajenaron a los intereses contrarios a la Patria, mientras que el general Perón no promete justicia sino que la realiza y la realiza a diario. Más que salarios justos y el aumento de las remuneraciones, Perón nos ha dado la dignificación del hombre por hombre, lo que hoy nos hace sentir orgullosos de ser argentinos y de vivir en este país.

Los partidos "tradicionales"
2-III-50

Dentro de pocos días, la ciudadanía entrerriana ha de expresar su voluntad en las urnas a esos señores que constituyen los llamados "partidos tradicionales". Falsean la verdad: lo único tradicional que hay en la Patria es el pueblo, y ellos no pueden ser tradicionales porque el pueblo los ha repudiado, porque constituyeron partidos de traición, porque traicionaron lo único tradicional que hay, que es el pueblo mismo. Partido tradicional —por nuevo que sea— es el peronismo, porque es la auténtica representación de los descamisados, como han de comprobarlo, una vez más, el 5 de marzo, en las urnas, al votar al general Albariño, dando así su "presente" al general Perón.

Dios ha cegado a los adversarios
3-III-50

Cuando la ofuscación ha llegado a tal extremo en nuestros adversarios, hasta insultar a una mujer, quiere decir que Dios los ha cegado, pues han perdido el respeto a la mujer, olvidando que ellos tienen una madre y que al ofender a una mujer están ofendiendo a todas las mujeres. Podrán ellos calumniar, podrán desprestigiar, podrán borrarnos del mapa, pero lo que no borrarán jamás es la obra maravillosa y ciclópea que ha realizado y realiza el general Perón.

Perón quema su vida para alumbrar el siglo peroniano
3-III-50

No olvidemos, compañeros ferroviarios, que el general Perón está quemando su vida para alumbrar el siglo peroniano. Piensen que el general Perón daría mil veces su vida, si fuera preciso, para consolidar su obra porque sabe que el barco de la Nación, dirigido por él, va hacia un rumbo claro y fijo, que habrá de llevar la prosperidad y la grandeza a todo el pueblo argentino. Y en este "la vida por Perón", compañeros trabajadores, me uno a ustedes. Y en cualquier momento, cuando sea preciso citar al pueblo trabajador, como se hizo el 17 de octubre de 1945, quiero que me tengan presente, para ir al frente de las columnas de trabajadores y ser la primera en caer por Perón.

El pueblo trabajador de pie y unido
20-IV-50

Compañeros: Como bien dijo el compañero Espejo, a los malos políticos que enfrentan al general Perón no les tenemos miedo ni nos interesan. Son apenas un grupo de rezagados del despertar nacional; tan rezagados que han de sentir vergüenza de haber nacido en una patria tan hermosa y promisoria como la República Argentina, porque son indignos de vivir en ella. El pueblo trabajador está de pie y unido espiritualmente por la doctrina del general Perón, que es doctrina de paz, de justicia, de soberanía y de prosperidad para nuestra querida patria.

Los hombres enaltecen los cargos
24-IV-50

Cuando me encuentro con un señor diputado, es como si me encontrara con un peronista más que, antes que el cargo y la jerarquía, prefiere ser un peronista auténtico que lucha por el ideal común. Como dijo nuestro querido jefe, el general Perón, no son los cargos los que enaltecen al hombre, sino son los hombres los que enaltecen los cargos. Por eso es que estamos aquí todos unidos en un mismo ideal: uno para todos y todos para uno, luchando a diario porque la patria del general Perón se cristalice definitivamente a través del tiempo.

Dos distinciones: el amor de los humildes y el odio de los oligarcas
1-V-50

En este mensaje a los descamisados del 1º de Mayo, vaya el cariño afectuoso de la más humilde pero la más fervorosa de todas las colaboradoras del general Perón a los humildes de la Patria que están aquí presentes y a todos los que me escuchan; de una mujer que sabe que tiene las dos distinciones más grandes a que puede aspirar mujer alguna: el amor de los humildes y el odio de los oligarcas.

1º de Mayo, fiesta de los trabajadores
1-V-50

Por eso, hoy, fiesta de los trabajadores, es fiesta del peronismo. El peronismo no se aprende ni se proclama: se siente y se comprende, ha dicho Perón. Es condición de fe: nace del análisis de los hechos por la razón de sus causas y consecuencias; es dinámica hecha historia; es trabajo, es amor, es sacrificio. Es, en suma, fe hecha partido en torno a una causa de esperanzas que faltaba en la Patria, y que hoy el pueblo, en mil voces, proclama fervorosamente.

Titánica obra
4-VI-50

Hoy tenemos los argentinos la enorme responsabilidad de recibir el legado de nuestro ilustre Presidente; legado de justicia, de humanidad, de soberanía, de independencia económica, que debemos entregar a las nuevas generaciones, que no nos perdonarían jamás que, habiendo tenido una era de bonanza como la de hoy, no se la hayamos legado a ellos, para disfrute de sus hijos y sus nietos. Yo sé que los esfuerzos del general Perón están bien respaldados, porque la clase trabajadora y los humildes lo comprenden, lo apoyan, lo estimulan, lo aman y lo veneran por su titánica obra de engrandecimiento de nuestra patria, en base a la liberación del pueblo argentino.

Dignificación del pueblo
7-VI-50

Yo, que he recorrido los caminos polvorientos de este noble y sufrido Norte argentino, he visto a los niños, a los ancianos y a los trabajadores levantar sus manos hacia este tren de esperanzas que traía el corazón de Perón, para decir al Norte argentino que allí, en la Casa de Gobierno, hay un hombre que lucha, que trabaja, que sueña y que está quemando su vida en aras de la felicidad de este pueblo. Porque sabemos que luchamos por el ser o no ser de la Patria, todos los trabajadores hemos tomado nuestro puesto de combate al lado del general Perón; porque sabemos que luchamos por la dignificación de nuestros hijos, por el honor de una bandera, por la felicidad de nuestro país, es que luchamos al lado del general Perón, pues estábamos cansados de ver al pueblo sumergido y sufriendo en luchas estériles y fratricidas, durante los gobiernos sin patria y sin bandera.

Los argentinos felices
17-VI-50

Me reservaré, hoy, mañana y siempre, la esperanza de ver a todos los argentinos felices; la esperanza de ver a esta patria más grande aún y la esperanza de ver cristalizados los sueños de visionario del general Perón; la esperanza de ver consolidada su doctrina, como él la quiere; la esperanza de ver a todos los argentinos unidos, marchando por el único camino que tiene la Patria: el de la argentinidad. Todo ello, sin intereses mezquinos, sin intereses materiales. Por su parte, el único interés que abriga el general Perón, como todos los peronistas, es la grandeza de esta patria que soñó San Martín.

Inquietudes de patriota
21-VI-50

Yo sé que los argentinos tienen en el general Perón una fe inquebrantable; que los argentinos de bien sienten por él un cariño inmenso. Y es así porque en nuestra patria, por suerte, los luchadores fueron los más y los cobardes los menos. Por eso el pueblo siempre enfrentó a las minorías acomodadas, extranjerizantes y sin fe, y les dio el ejemplo maravilloso de la gloriosa noche del 17 de octubre de 1945. Esa es la razón por la cual el general Perón entregó a su pueblo sus ensueños, sus inquietudes de patriota. Por eso es que ustedes pueden estar tranquilos no sólo en lo material, sino también en lo espiritual, teniendo la seguridad de que el general Perón está trabajando, bregando y luchando por todos nosotros.

Fuerza popular
19-VII-50

El peronismo no se aprende ni se estudia: se siente y se comprende. En nuestra patria, el peronismo es una fuerza extraordinaria. Es la fuerza hecha partido en torno a una causa de esperanza que faltaba en el país. Es la fuerza de los descamisados, que están de pie para retomar los hilos históricos de nuestros mayores y, al hacerlo, como lo ha hecho el general

Perón, consolidan definitivamente las realizaciones de la doctrina justicialista, que ha impreso en el frontispicio de nuestra Constitución que los ideales de la Argentina son los de ser una nación socialmente justa, económicamente libre y políticamente soberana. Los descamisados somos peronistas por procedencia popular y porque sabemos que el peronismo es la dignificación de nuestros hijos y de nuestros hombres. El peronismo es luchar por el honor de una bandera, por la felicidad de nuestra patria, y es una lucha fecunda, opuesta a las luchas a que nos condujeron los gobiernos anteriores, estériles y fratricidas; los argentinos estábamos cansados de ver a la Patria, año tras año, gobierno tras gobierno, vendida a los apetitos foráneos de capitalismos sin patria ni bandera.

Un mundo mejor
29-VII-50

La humanidad está viviendo días tremendos. Un frío materialismo quiere burlarse de la ternura. Mezquinas ambiciones han hecho olvidar ese encanto inefable de las pequeñas cosas humildes que nos rodean, y el hombre que tenía amor se ha convertido en el hombre indiferente, y el hombre que creaba se ha transformado en el hombre que destruye. Unicamente así se explica, pero no se perdona, que los niños, que son la ternura y la humana sencillez, hayan sido olvidados, hasta hace pocos años, aun en nuestro país. Pero un día, una voz nueva, un mensaje redentor, proclamó lo que hasta entonces nadie había escuchado jamás: "En la Argentina los únicos privilegiados son los niños". Era la voz y el corazón de nuestro gran Presidente, de nuestro querido general Perón, salvando del olvido a la pureza más limpia de la vida y a la única esperanza cierta de un mundo mejor.

Camino de sacrificio
24-VII-50

Tal vez por estar tan cerca del general Perón, por compartir sus luchas, sus inquietudes y sus ensueños, comprendí que el ser peronista en esta hora en que se lucha por el ser o no ser de la Patria significaba elegir el camino del sacrificio, que es el único verdadero y por el cual no hay esfuerzo que no sea capaz de realizar. Ninguna persona de bien podría obrar de otra manera con un pueblo tan maravilloso como el nuestro, que lo dio todo en la noche gloriosa del 17 de Octubre, como lo dio ayer para conquistar la independencia política y hoy para consolidar la independencia económica. Nosotros estamos luchando por esto, porque las futuras generaciones no nos perdonarían jamás si los argentinos de hoy, que hemos tenido la ventura de vivir la era del general Perón, no les legáramos la era tranquila y de bonanza que estamos viviendo, gracias al sacrificio extraordinario de un hombre que está quemando su vida para alumbrar el camino de la felicidad de todos los trabajadores argentinos.

Soberanía de la Patria
1-I-51

Fue necesario que la Providencia nos diese un hombre de los quilates de Perón y fue necesario también que el pueblo retomase las riendas de sus propios destinos; fue necesario que otra vez, como en Mayo de 1810, golpease a las puertas de la traición confabulada reclamando su derecho a saber de qué se trataba. Fue necesario que con su nuevo líder recorriese los campos de la lucha, dejando en el camino jirones de su carne y de su sangre, y fue necesario también que su líder llegase a Tucumán para refirmar la soberanía de su patria y proclamar una nueva independencia, la económica, tan esencial como la independencia política, para afirmar la libertad absoluta de un pueblo digno. Hablo en nombre de las mujeres y de los trabajadores. Invoco la plenipotencia de esa representación para decir lo que ellos sienten ¡Y ellos siente que Perón es el heredero directo del pueblo y de San Martín! Ellos sienten hoy que la misión de San Martín no se entiende si no se contempla desde esta Nueva Argentina, justa, libre y soberana.

Dignificación del hombre
19-I-51

No deseo hacer historia de la lucha que los trabajadores argentinos han sostenido en los años de ardua labor sindicalista, hasta la llegada del general Perón. Estoy convencida de que todos saben perfectamente que cuando apareció en la Argentina la extraordinaria figura del general Perón un rayo de luz entró en los hogares humildes, y el pueblo se benefició no sólo con mejoras materiales, sino principalmente con lo más grande que los argentinos debemos a nuestro líder: la dignificación del hombre por el hombre.

Verdadera democracia
9-III-51

Yo, que en esta tierra tengo la plenipotencia del corazón de las mujeres, de los humildes y de los trabajadores, o sea la representación del pueblo en su inigualable plenitud, yo refirmo mi fe en la victoria definitiva de los pueblos que, como los nuestros de América, saben luchar como han luchado ustedes, esforzados deportistas, por el honor y la gloria...

Nosotros los argentinos creemos en la fuerza de los pueblos como poder supremo; sostenemos que "la verdadera democracia es aquella en la que el gobierno hace lo que el pueblo quiere y defiende un solo interés: el del pueblo"; decimos con Perón que en esta tierra —lo mismo que en todas las tierras del mundo— lo mejor que tenemos es el pueblo... y creemos firmemente con Perón que al mundo no lo salvarán sino los pueblos, únicamente los pueblos...

Doctrina peronista
9-III-51

Nosotros desde aquí, desde este rincón de América, iluminados por la estrella de la doctrina peronista, que intenta ofrecer al mundo una nueva solución, la solución justicialista, afirmamos nuestra fe en los valores eternos del hombre, pues lo sabemos capaz de vencer sobre todas las fuerzas que intentan destruirlo y capaz de vencerse a sí mismo por un ideal del espíritu. Frente al pesimismo de los que reniegan del destino humano, nosotros, unidos a todos nuestros hermanos de América, proclamamos nuestro optimismo y nuestra confianza, y lanzamos al mundo nuestra voz como un credo vibrante, en la lucha por la paz y la felicidad.

Lo mejor que tenemos es el pueblo
11-IV-51

Perón es la Patria, es la causa de todos los argentinos. Perón simboliza la causa de los trabajadores, que estaban sometidos y eran explotados antes del advenimiento del coronel Perón, que fue quien los reivindicó para la gloria del país y para gloria de nuestro pueblo.

Y aquí están los trabajadores reunidos. Estamos reunidos todos los que luchamos a diario, humildemente, pero con fervor, para demostrarle que aquí, hoy, mañana y siempre, y en cualquier lugar, estaremos dispuestos a dar la vida por Perón.

Una mujer del pueblo
22-IX-51

Yo no soy más que una mujer del pueblo argentino, una descamisada de la Patria, pero una descamisada de corazón, porque siempre he querido confundirme con los trabajadores, con los ancianos, con los niños, con los que sufren, trabajando codo con codo, corazón a corazón, con ellos, para lograr que lo quieran más a Perón.

Amor y fraternidad
25-XII-51

No puede haber amor donde hay explotadores y explotados, donde hay oligarquías dominantes llenas de privilegios y pueblos desposeídos y miserables, porque nunca los explotadores pudieron ser ni sentirse hermanos de sus explotados y ninguna oligarquía pudo darse con ningún pueblo el abrazo sincero de la fraternidad.

II

Ayuda Social

Cruzada de Ayuda Social
8-IV-47

Y piensen ustedes que esta cruzada de ayuda social es una embajada de cariño y amor que llega a los más lejanos rincones de la República para decir, a todos los descamisados, que el coronel Perón sabe estar presente en cualquier lugar de la Patria; y que llegará finalmente esa felicidad de que los pobres sean menos pobres y los ricos menos ricos. Recuerden ustedes también que yo, la compañera Evita, me siento más satisfecha al lado de los descamisados que de esas cien familias privilegiadas que no pensaron que los catorce millones de habitantes que forjaron la nacionalidad tienen tanto derecho como ellas a vivir felices.

Remediar necesidades
28-IV-47

Mi campaña de ayuda social es un anticipo de la obra soñada e iniciada por el general Perón. Yo quisiera que ningún hogar argentino necesitara ayuda; que nuestra patria fuera tan feliz que nadie tuviera que llegar hasta mí para formular ningún reclamo. Pero, en cualquier caso, bien sea para festejar un triunfo como para remediar una necesidad, yo estoy siempre al lado de los humildes. Es por ello que, en lugar de ser la esposa del Presidente de los argentinos, he querido ser para ustedes solamente "Evita", como siempre he dicho, para llevar un alivio o una alegría a cualquier hogar humilde de mi patria.

Ciudad Evita
3-IV-48

Esta ciudad contará con cinco mil casas, con su iglesia, sus escuelas, sus hospitales, sus sitios de diversión y todas las comodidades. Eso es lo que les dará el viejo coronel Perón a sus descamisados argentinos. Mientras tanto, levantaremos con todo cariño los hogares de tránsito, que espero sean modelo de humanidad y de confort, para que todos los que salgan de ellos se sientan más satisfechos y más orgullosos que nunca de ser argentinos.

Sin embanderamiento político
5-IV-48

Veo el mapa social de la República desde la obra social y de solidaridad con preferencia al ángulo que ofrece la política, y no me desviaré de esa perspectiva, porque ella corresponde a mi mejor deseo, a mi sensibilidad de mujer y a mis posibilidades y ternuras de hija de mi pueblo orgullosa de su condición. Es inútil, pues, que la pasión política pretenda ligar mi nombre y actividad a fracción alguna o grupo político de cualquier lugar del país.

Ayuda positiva
7-V-48

Puedo asegurarles que dentro de dos años la Ayuda Social será una de las instituciones más perfectas del país. Además, por primera vez en la República se presta una ayuda social positiva.

Hogares de tránsito
7-V-48

El Hogar de Tránsito de la calle Carlos Calvo 102, que hemos inaugurado no hace mucho tiempo, ofrece a las personas desamparadas innumerables beneficios, alimentación y atenciones de índole general que contribuyen a levantar espiritual y moralmente a las personas que no han sido favorecidas por la fortuna. Además, cuentan con exhibiciones cinematográficas, que se ofrecen todos los días; tienen radio, y a los niños se les da educación esmerada.

El fin principal que persigue el Hogar de Tránsito es buscar ubicación a la familia desamparada. Así, por ejemplo, si encontramos una familia necesitada de ayuda, se la alberga en el Hogar, y a los ocho días, a más tardar, se le facilita trabajo y habitación para que pueda vivir honradamente.

Indole perniciosa de la limosna
28-VII-48

Para definir la ayuda social, podría decirse que es la exteriorización del deber colectivo de los que trabajan, de cualquier procedencia o clase social, con respecto a los que no pueden trabajar. El otorgamiento de una limosna, en cambio, tiene la doble y perniciosa consecuencia de rebajar a quien la recibe y a quien la da. A quien la recibe porque experimenta, percibe y siente que es "pan para hoy y hambre para mañana". A quien la da, porque su aporte pudo llegar para ser distribuido, silenciosa y racionalmente, con un verdadero concepto de solidaridad humana. Para el pordiosero están los hogares; para el necesitado está la ayuda social, que llega inclusive a los hogares. Empero, yo no niego la limosna como principio cristiano. Ello sería negar la cristiandad misma. Allí donde aparece una necesidad es imprescindible cubrirla bajo cualquier forma. Pero aspiro —y a esto deben aspirar todos los hombres buenos del mundo— a que la limosna no sea necesaria.

Estímulo de la ayuda social
28-VII-48

La ayuda social que llega, que se suministra racionalmente, previo examen de las condiciones de vida del que la recibe, protege y estimula. La limosna, dada para satisfacción de quien la otorga, deprime y aletarga. La ayuda social, honestamente practicada, tiene virtudes curativas. La limosna prolonga la enfermedad. La ayuda social está destinada a mitigar necesidades y restituir a la sociedad, como elementos aptos, a los descendientes de los desamparados.

El alma de mi pueblo
1-I-49

Abrazada a la Patria, todo lo daré, porque hay pobres en ella todavía, por que hay tristes, porque hay desesperanzados, porque hay enfermos. Mi alma lo sabe, mi cuerpo lo ha sentido. Pongo junto al alma de mi pueblo mi propia alma. Le ofrezco todas mis energías para que mi cuerpo sea como un puente tendido hacia la felicidad común. Pasad sobre él, firme el paso, alta la frente, hacia el destino supremo de la Patria nueva. Ni fatiga, ni vigilia, ni sacrificio importan mucho cuando se busca acabar con la fatiga y el sufrimiento anidados en las entrañas del pueblo.

Menos pobres y menos ricos
6-V-49

No sé si lograré hacer todo lo que ambiciono en bien de nuestros trabajadores, pero sí sé que he de luchar, día y noche, para ir sembrando los caminos de la Patria con institutos de la Fundación que tengo el honor de presidir, para albergar dignamente a los que allí acuden. Quiera Dios que en esta tierra de bendición pueda desaparecer pronto la Fundación de Ayuda Social, porque ello significaría que se habría cumplido el ideal peronista de que en nuestra Patria haya menos pobres y menos ricos; ya no sería necesario tender la mano a los hermanos caídos, porque ese día se habría logrado que la justicia social imperase por completo. Y se habría cumplido el itinerario peronista de una mujer que, tratando de interpretar los ideales del pueblo, fue creando institutos dignos de ese pueblo.

Obras que dignifican al pueblo
9-V-49

He querido surcar los caminos de la Patria para entrar en su corazón y dejar obras que dignificarán al pueblo y que interpretarán los anhelos patrióticos del general Perón. Por eso, al inaugurar este Hogar Escuela y estas viviendas obreras, la satisfacción más grande que puede tener esta humilde mujer es decirle al pueblo santiagueño: "He cumplido". He cumplido con mi palabra porque estas viviendas que se levantan y este Hogar Escuela se han realizado con el esfuerzo de la Fundación, pero más bien son obra de nuestro querido líder, el general Perón, que los ha apoyado.

Realizaciones de la Ayuda Social
9-V-49

Estos ciento cincuenta niños quiera Dios que puedan multiplicarse, que puedan ser miles, para realizar el sueño peronista y el de esta humilde mujer que, auscultando los latidos del corazón popular, quiere llevar las realizaciones de la Ayuda Social hasta el último confín de la Argentina, para así hacer justicia al lema peroniano: "Mejor que decir es hacer; mejor que prometer es realizar". Nosotros no hemos hablado: hemos venido a Santiago a cumplir, a entregarles obras, porque representamos al pueblo y no somos como esos charlatanes, como esos vendepatria sin bandera, que entregaron el país a los capitales foráneos. Nuestra dignidad de argentinos no podía permanecer indiferente, año tras año. Los argentinos teníamos sed de justicia social, y merced al general Perón hemos obtenido no sólo el bienestar material, sino también la dignificación del hombre por el hombre y las conquistas espirituales que nos ha dado a manos llenas nuestro Presidente.

Colaboración obrera
18-V-49

Este dinero que ustedes, los trabajadores, han venido a ofrecer a la Fundación de Ayuda Social que tengo el honor de presidir, ha de destinarse para una construcción que la Fundación levantará en la provincia de La Rioja, y en la cual una placa llevará grabado que los obreros del riel de la Argentina —así como muchos otros gremios, —a fuer de sincera— han aportado su óbolo, en el que han puesto todo su corazón, su cariño y su solidaridad hacia los que sufren y hacia los que aun en la era de Perón tuvieron que sufrir la inercia de sesenta años de abandono y de antipatria.

Esa placa de bronce ha de servir para que los hombres del futuro, los argentinos del futuro, vean que la clase trabajadora con que Perón construyó la Argentina tenía valores morales más grandes que la que se llamó clase dirigente y que vendió la Patria a los capitales foráneos, y podrán darse la idea de que a tal pueblo, tal gobernante.

Obra social
19-V-49

La Fundación que tengo el honor de presidir va levantando, en todos los ámbitos de la República, escuelas, institutos, hogares de tránsito, hogares infantiles y hospitales, para demostrar que una mujer del pueblo, al lado de un patriota, ha sabido auscultar los latidos del corazón popular. También ha querido que cada obra sea como un exponente de nuestro homenaje a la clase sufriente que, con su sacrificio, fue la forjadora de esta gran Argentina.

Obra de Ayuda Social
1-VI-49

En nombre de la Fundación que tengo el honor de presidir, agradezco estas magníficas donaciones que me han hecho llegar en este acto con destino a la obra de Ayuda Social que, como ustedes saben, en todo el país trata de levantar institutos que dignifiquen al ciudadano cuando necesita del apoyo espiritual y material de la sociedad. Esta institución ha sido creada con un sentido eminentemente justicialista y humanista. En esa obra he puesto todo mi espíritu y mi corazón; he querido brindar allí el cariño de una mujer y el afecto del Líder para todos los trabajadores que, en un momento dado, necesiten de la comprensión de los hombres.

Espíritu de justicia social
6-VI-49

Por ello, he pretendido siempre que los hogares de tránsito cuenten con todo el confort necesario, que mis hogares-escuelas estén a la par de institutos similares importantes y que en los policlínicos de la Fundación se atienda a los enfermos de la mejor manera, prodigándoles todos los cuidados que merecen y de acuerdo con el espíritu de justicia social que infundió a la Revolución el general Perón. Y así se hace patria y con tales obras se demuestra amor al pueblo, y en honor de ese pueblo hemos de sembrar los caminos de la Patria con institutos que honren al movimiento peronista.

Obras peronistas
14-VI-49

Nuestras clínicas para la readaptación infantil, nuestras maternidades, nuestros policlínicos, de la misma manera que las colonias de vacaciones, han sido inspirados por el Líder y le corresponde a él el valor que haya en su creación. El Hogar de Ancianos —que significa los últimos días de los que lo dieron todo a la sociedad sin recibir de ella casi nada— es el resultado de la preocupación del general Perón ante el problema concreto de la vejez desvalida. Toda la obra de la Fundación de Ayuda Social, en bien de los humildes y los que hasta ayer permanecieron olvidados, y que es nada menos ni nada más que la solución de una infinita diversidad de problemas que nos lego un pasado de negación y de injusticias sociales que vamos superando bajo la dirección y la inspiración de nuestro querido Líder, sólo es peronismo en su más pura expresión, aplicado a los problemas del niño, de la mujer y del anciano, que tienen derecho a la felicidad y a la vida y que ejercerán ese derecho en esta nueva Argentina que está forjando, para nuestro orgullo, el general Perón.

Institución modelo
18-VI-49

Cuando el general Perón concluya su mandato presidencial, quiere dejar una institución modelo, tan completa que todos los argentinos podamos enorgullecernos no sólo de haber forjado una patria justa y libre, sino también de haber creado una organización de asistencia social que pueda de ser mostrada como ejemplo —como ya sucede ahora— en todos los países civilizados, aun entre los más adelantados en esta materia.

El porvenir de la infancia
14-VII-49

Nada en la Fundación es, o podría ser ajeno a la obra y a la doctrina del general Perón. Nuestros hogares-escuelas, que abren sus puertas paternalmente a toda la niñez argentina y que se multiplican en número y eficacia a lo largo de toda la extensión del país, corresponden a la preocupación, por el porvenir de la infancia, que no olvida el general Perón.

Dignificación espiritual
2-IX-49

Nosotros estamos dignificando en lo espiritual porque queremos tratar de realizar los sueños del general Perón y pensamos que para nosotros no hay argentinos pobres ni argentinos ricos, sino ciudadanos argentinos. Cuando un argentino necesita no se puede disfrazarlo de miserable para atenderlo. Debe irse a su encuentro con los brazos abiertos y con la dignidad que él merece como ciudadano argentino y como hombre. Únicamente así tendrá la sociedad hombres y mujeres contentos y felices. De lo contrario, tendremos el resultado de los famosos asilos que daban a la sociedad resentidos sociales —y con razón—, porque esas instituciones han sido una vergüenza por lo sórdidas, por lo mezquinas, por lo frías, a punto tal que era preferible morir antes que ir a una de ellas.

Obra de ayuda social
30-XII-49

Durante el año que finaliza y al ritmo de la marcha progresivamente realizadora de la Fundación de Ayuda Social que tengo el honor de presidir, dos fechas se destacan por su trascendencia y su solemnidad. La primera corresponde al día en que orgullosos por vuestra presencia, Excelentísimo señor, declaramos inaugurada la Ciudad Infantil, que más que ejemplo de la obra de la Fundación es símbolo y expresión de la doctrina, los desvelos y la especial y permanente preocupación de Vuestra Excelencia por la vida y el porvenir de la niñez de la Patria. La segunda la estamos viviendo hoy al inaugurar el Hogar de la Empleada "General San Martín", confortados y sostenidos por vuestra presencia inspiradora de justicia y de bien, y por la solidaridad del pueblo, que ha hecho suyo el espíritu y la obra de nuestra Ayuda Social.

Hogar de la Empleada
30-XII-49

El Hogar de la Empleada no es un hecho aislado en el programa y la actividad de la Fundación de Ayuda Social. Más aún: no sería objetivo ni justo observarlo como un todo en sí mismo, sino como un eslabón en la cadena, como un nudo en la red de institutos que se van extendiendo desde Ushuaia a Jujuy y desde los Andes al Plata, para orgullo de todos los argentinos y expresión imborrable de la capacidad realizadora, fraternal y solidaria de la era peronista, edad de oro de una nacionalidad despertada a la grandeza de sus destinos y a la totalidad de sus derechos por el genio de Perón. Su inauguración, que nos llena de emocionada gratitud hacia el pueblo que lo hizo posible, compromete nuestro entusiasmo en el sentido de dotar a cada una de las grandes ciudades de la República de diversos nuevos institutos, que, sumados a los existentes, contemplen y resuelvan los problemas de una ayuda social tan integral y perfecta como la anhela nuestro líder.

Obra de fraternidad y solidaridad
30-XII-49

Ambos valores, la doctrina peronista y la solidaridad de los descamisados, son los únicos puntales sobre los que se apoya la Fundación de Ayuda Social que me honro en presidir y que, por lo mismo, refleja en su conjunto el alma generosa de todos los descamisados. El pueblo, que tanto ha recibido del general Perón, le devuelve a través de ella, en obras de fraternidad, de solidaridad y de cooperación con los necesitados, la ternura y los sacrificios que el general Perón ha ofrecido a sus queridos descamisados. La Fundación es aporte moral y material del pueblo. Y si queremos estimar de una manera efectiva su obra solidaria e indudablemente superior en el cuadro activo de las acciones colectivas, para identificar de una manera profunda a todo valor que pueda exhibir la Fundación, es necesario ir al pueblo, pulsar su alma abierta a la síntesis misma de la generosidad y beber su luminosa pureza. Y como ir al alma del pueblo es penetrar en los recintos donde se venera a Perón, sólo a Perón y al pueblo debe sus triunfos la Fundación de Ayuda Social.

Bienvenidos todos los hombres de buena voluntad
3-III-50

La Fundación de Ayuda Social que tengo el honor de presidir, siguiendo las directivas del general Perón y los impulsos de mi corazón, ha puesto en uno de los pisos del Hogar de la Empleada —uno de los últimos institutos construidos— la leyenda que dice: "Sean bien venidos a esta casa todos los hombres y mujeres de buena voluntad, cualquiera sea su religión, credo o nacionalidad". Para nosotros, los peronistas, sean árabes, sean judíos, sean ingleses, sean italianos o argentinos, todos son buenos, porque ellos han comprendido que el general Perón trabaja por la independencia económica, por la justicia social y por la paz y la confraternidad de todos los pueblos de buena voluntad.

La obra social en el campo argentino
5-III-50

Como descamisada que ama entrañablemente a todos los hombres y mujeres humildes de la Patria, a todos los que trabajan, sé lo que ha hecho el general Perón por todos nosotros, y colaboraré y estaré siempre luchando para que llegue al campo argentino la obra social, en especial la vivienda, que tanta falta hace, y tantas cosas que, gracias a Perón, estamos recibiendo a manos llenas todos los argentinos. Y no descansaré jamás, ni se cansarán mis manos de recoger los ensueños y esperanzas de los descamisados de mi patria, porque sé que en manos del general Perón, merced a una virtud extraordinaria, se convertirán en realidades.

Los humildes salvarán a los humildes
20-III-50

Nuestra institución ha sido inspirada en el general Perón, ha nacido de los ideales del general Peón y se alienta con las realizaciones y los sueños del general Perón. Por lo tanto, es de esencia eminentemente popular; es del pueblo; es de nosotros. Este aporte que hacemos nosotros a nuestro pueblo viene a ratificar lo que siempre dice nuestro líder: que únicamente los humildes salvarán a los humildes.

Ideales peronists
5-VI-50

La Fundación de Ayuda Social que tengo el honor de presidir —honor que le cabe por no ser una institución más, sino porque fue creada dentro de los ideales peronistas— es costeada por la contribución espontánea y generosa de la clase trabajadora de todo el país, y los obreros sienten orgullo al poner ladrillo sobre ladrillo en estos institutos, porque saben que están destinados a sus hijos, a sus hermanos y a sus padres.

Antorcha de esperanza
28-III-51

En cinco años de gobierno, nuestro Presidente ha realizado una obra ciclópea en lo material, en lo espiritual y en lo cultural, pero queda aún mucho por hacer. Y en esta lucha está siempre mi corazón de mujer de argentina y de peronista para mantener encendida la antorcha de esperanza de los descamisados de mi patria. A ellos les dije, hace cinco años, que prefería ser Evita a ser la esposa del Presidente si ese Evita era dicho para enjugar algún dolor en algún hogar de mi patria. Y creo que he cumplido, porque en estos cinco años me he querido multiplicar y he deseado estar en todas partes, pero siempre he estado con el dolor y con las esperanzas de mi pueblo. Quiera Dios que me queden muchos años de vida para dedicarlos al servicio de la causa más grande, que es la del pueblo argentino.

Lo más puro que tiene la Patria
14-V-51

Todos los hogares, todos los policlínicos, todas las instituciones que levanta la Fundación, son el producto del apoyo moral de los trabajadores, porque la comprenden y la estimulan. Ese estímulo impulsa la obra de levantar en toda la Patria esos institutos que son monumentos al descamisado y prueba de lo que hemos trabajado para el pueblo, los justicialistas, sin pensar en sacrificios ni obstáculos, porque en todo nos encontramos apoyados por lo más puro que tiene la Patria: el pueblo trabajador.

La Fundación es del pueblo
23-III-52

Quiero que en la Fundación no vean más que el amor de Evita. Yo quiero que la Fundación los sirva a ustedes en sus momentos de desaliento o de incertidumbre y represente para ustedes un punto de apoyo moral y material ante cualquier inconveniente que pudieran tener en su camino. Por eso les ofrezco mi institución, que es como ofrecerles mi corazón. Y al ofrecerles la institución que presido, no les ofrezco una cosa mía, tan cara a mis sentimientos porque la he creado con amor y cariño; les ofrezco una institución que no es mía, que es del pueblo, que es de ustedes. Por lo tanto, ustedes serán quienes la llevarán adelante.

III

SINDICALISMO - TRABAJO OBREROS - PRODUCCION

Gremialismo sin política
22-XII-46

Me adhiero a la idea del general Perón de que la política no debe entrar en los gremios. Modestamente, yo estoy trabajando como simple soldado del movimiento peronista, pero lo hago de corazón, en bien de los descamisados que tanto quiere el general Perón y por los que constantemente se desvela desde la Casa Rosada.

En favor de los obreros
22-XII-46

Y ya que el Presidente ha hablado de la política en los gremios, yo diré que mi política en la Secretaría de Trabajo no es la de aquellos que, enarbolando la bandera peronista, pretenden explotar a la masa trabajadora Sé que hay ciertos señores a quienes molesta mi actuación en favor de los obreros, pero yo persistiré en ella porque la esposa del Presidente no entiende de política de círculos; su única política es la del general Perón, que es la que tiende a beneficiar a todos los argentinos.

Unico himno
22-XII-46

Por eso, en todas las reuniones yo les recomiendo que no canten más himno que el Himno Nacional, que no tengan otra bandera que la nuestra y que no vitoreen a mariscales extranjeros, sino el nombre del general Perón.

Dignificación de la masa trabajadora
21-II-47

Nosotros, los que venimos del pueblo; los que sabemos de horas de zozobra, de horas de lucha; los que ambicionamos un mejor vivir, un bienestar para nuestros hogares, sabemos valorar en toda su magnitud la obra de dignificación de la masa trabajadora a que estamos asistiendo; de dignificación de esa masa trabajadora que siempre estaba pospuesta y era víctima de toda clase de explotaciones.

Unidad indestructible
20-X-47

Os pido, al mismo tiempo, que mantengáis vuestra unidad, porque unidos todos formaremos un movimiento obrero indestructible, que llevará al triunfo los ideales de nuestra causa, que son, en definitiva, los de todo el pueblo argentino.

El actual Presidente de los argentinos
20-X-47

Saben también ustedes que en el sillón de Rivadavia no está sentado un presidente más, sino un compañero, un hombre que anhela la dignidad de la masa trabajadora. Ese hombre, en un momento dado, arriesgó su vida y jugó su carrera de 40 años por la clase obrera, porque no tiene otra bandera que la de los descamisados.

Ejemplo
16-II-48

Me emociona que sean siempre los obreros de mi patria los que lleguen hasta mí para traerme su ayuda material. Es asombroso que hayan de ser siempre los humildes los que den el ejemplo a los poderosos, que jamás se han acercado a mí para ofrecer una contribución. Lo único que han hecho es criticar mi ayuda social y protestar porque una mujer argentina se desvele por llevar un poco de felicidad al corazón de los humildes. Tal vez ellos preferirían que yo hiciese vida social en lugar de acudir a donde sé que se me necesita.

Identificación con el pueblo
23-II-48

Como mujer del pueblo, no puedo sino estar al lado de esa masa trabajadora que durante cincuenta años fue explotada, negándosele la justicia social a la que tenía derecho. Acompañando a nuestro líder en sus horas de trabajo, de angustia, de incertidumbre y de ensueños, he conocido sus desvelos por lograr la felicidad de su pueblo; puedo decirles que deben confiar siempre en él.

1º de Mayo
1-V-48

El día de hoy es un Primero de Mayo verdaderamente criollo: es un Primero de Mayo lleno de júbilo y alegría; es, en fin, un Primero de Mayo en que todo el pueblo aquí reunido le dice a Perón: "Presente, mi General". No es el Primero de Mayo de antes; no es un día de rebelión; no es una fecha en que se ponga de manifiesto ni la impotencia, ni el descontento, ni el desgano, como ocurría cuando la masa trabajadora era tratada inicuamente por las clases dirigentes.

Industria y producción
26-V-48

Por su parte, los señores industriales pueden tener la seguridad de que sus trabajadores han de producir, ya que están empeñados en defender su porvenir, que es el porvenir de sus hijos y que es el porvenir de este movimiento revolucionario iniciado por el general Perón. Han de producir (los obreros) porque saben que no trabajan para cien familias privilegiadas y egoístas, con el corazón y el bolsillo cerrados a las justas demandas de las masas laboriosas. Han de ir depositando paulatinamente su confianza en los industriales, en la certeza de que con este esfuerzo común harán su mejor aporte para la gran Argentina que el general Perón está forjando para todos los argentinos.

Personalidad propia del descamisado
4-VIII-48

La significación social del descamisado surge de su condición de vanguardia de la nacionalidad. Entregado a la producción, lo mismo en el agro que en la fábrica o en el taller, ha roto para siempre las cadenas que lo mantenían en el anonimato social. Surge a la vida ciudadana como un valor, como una expresión combativa, con personalidad propia. El descamisado ha dejado de ser elemento de explotación humana para convertirse en factor de progreso, de unidad nacional, de bienestar colectivo.

Dirigentes obreros
20-VIII-48

Les aconsejo que elijan bien a sus dirigentes: que sean leales, que sean idealistas y que quieran a la masa trabajadora. Sé que ustedes jamás apoyarían a los comunistas, pues, aunque algunos de ellos se finjan peronistas, los conocen ustedes demasiado bien para no llamarse a engaño y poder evitar que se infiltren los que les llevarían a la destrucción.

El trabajador como instrumento de producción
25-VIII-48

Toda la pretendida complejidad de los problemas sociales ha servido, en el pasado, como cortina de humo para negar a los trabajadores sus derechos naturales a reclamar mejores condiciones de vida. En esa época, en que el capital deshumanizado era el principal enemigo y el Estado —que lo apoyaba— el instrumento legal de la explotación, pedir mayor producción a los trabajadores era pedirles que contribuyeran con más sudor, con más sacrificios, con mayores esfuerzos a la riqueza de pocos y a la miseria de muchos. Nuestra actualidad y la política de justicia de nuestro líder, el general Perón, han invertido los términos del problema. Ahora no son nuestros enemigos los que nos indican que produzcamos más; somos nosotros mismos los que comprobamos que produciendo más viviremos mejor y que trabajando con mayor conciencia social estaremos labrando el grandioso porvenir de nuestra patria.

Estatuto del peón
8-IX-48

El "Estatuto del peón" fue el primer paso y el factor inicial de organización que logró despertar a los descalificados del agro y enseñarles el camino de su dignificación por la vía de su redención económica. Los convenios colectivos y los laudos, que lograron condiciones justas para las tareas agrícolas, señalaron el segundo paso hacia la justicia social, que también reivindica a los descamisados del campo. La comercialización de las cosechas, oponiendo al concepto de "comprador único" —que sostenían— el *trust* del "vendedor único", como instrumento eficaz en la defensa de los precios de nuestra producción agropecuaria, arrancó a los pequeños productores y a los arrendatarios de las garras de sus explotadores y valoró su producción. Y, finalmente, la política de industrialización, que no se consolida contra el campo sino justamente con él, abre perspectivas grandiosas a nuestro agro productor.

Compañera de los trabajadores
6-V-49

He preferido ser Evita antes que ser la esposa del Presidente, si ese Evita es dicho para calmar un dolor en algún hogar de mi patria. Prefiero ser la compañera de todos los trabajadores humildes a ser la esposa protocolar del Presidente; he querido ser un faro de luz y de esperanza para ellos, y es por ellos que trabajo, brego y lucho. No regateo horas al trabajo, porque los humildes me han dado, con su apoyo espiritual, la enorme responsabilidad de trabajar incansablemente para ellos.

Colaboración gremial
1-VI-49

La Unión Ferroviaria ha tenido, hace días, un gesto que honra a la clase trabajadora, porque con él ha querido significar que los humildes son solidarios con los que sufren, al contribuir con una magnífica suma para la Fundación de Ayuda Social. Yo agradezco ese gesto espontáneo y generoso, no sólo en lo material, sino también —y sobre todo— por lo que significa espiritual y moralmente; eso quiere decir que el gremio ferroviario apoya y aplaude la obra de ayuda social, y que mi labor, si no tiene el éxito que todos desearíamos, por lo menos es lo suficientemente útil y eficaz como para que un gremio de la importancia del de ustedes colabore y contribuya en esa obra.

Hechos en lugar de palabras
14-VII-49

Prefiero, para expresarme, más que palabras siempre fáciles de pronunciar, hechos concretos que desafían con su solidez a los dialécticos caprichosos. No en vano tenemos como fuente de inspiración la doctrina y la obra del general Perón, que niega y rechaza el fácil halago de las promesas para exaltar el valor efectivo de las realizaciones.

La Secretaría de Trabajo y Previsión, columna vertebral de la clase obrera
20-IV-50

La Secretaría de Trabajo y Previsión es la columna vertebral de la clase trabajadora. En ella está la C.G.T. y en la C.G.T. están todos los trabajadores del país. Por eso será siempre sagrada para los obreros de la Patria y, mientras pueda, estaré en ella impulsada por mis sentimientos de argentina, de peronista y de mujer. Siguiendo esos impulsos, trato de constituir un frente de amor, de esperanza y de realidad para la clase trabajadora y para el pueblo argentino, que tan maravillosamente acompaña al general Perón.

Las fuerzas trabajadoras
15-VI-50

Quiero también rendir homenaje a las fuerzas trabajadoras representadas por los descamisados de mi país. Ellos comprenden al general Perón y lo aman, y trabajan a diario no sólo para dignificar a los que están más abajo, sino que con sus generosas donaciones a la Fundación —que es una obra del pueblo y para el pueblo— están confirmando lo que dice siempre nuestro líder, o sea que únicamente los humildes salvarán a los humildes. Pero van más allá los trabajadores de mi patria: están estudiando, lo están perfeccionando —inclusive hombres ya viejos, que se han hecho en las fábricas y en el sufrimiento, para perpetuar el Movimiento Peronista. Están dando un ejemplo a las clases dirigentes, a esos que se llamaron dirigentes, que no supieron comprenderlos nunca. Es por eso que quiero rendir este homenaje a los trabajadores, no ya como colaboradora inmediata que mantiene contacto directo con ellos en el Ministerio de Trabajo y Previsión, sino como peronista y argentina.

Lucha honrada y leal
14-V-51

Porque cuando hay obstáculos la lucha se hace más ardua pero se valora más también, y es precisamente de esos sindicatos nacidos de una lucha honrada, leal y constructiva, educados en la solidaridad gremial, que necesita el justicialismo del general Perón.

Una organización constructiva
25-VI-51

Manténganse unidos; que por encima de las rencillas está la organización; que por encima de la incomprensión está el sindicato. Manténganse unidos para que todos los trabajadores alcancen su plena organización; para que se cumplan en él todos los sueños de quienes trabajaron con tesón y con cariño; para que se cumplan todos los sueños del general Perón, que anhela una organización fuerte, una organización constructiva.

Plan agrario
20-III-52

Mi preocupación constante ha sido llevar al campo argentino el amor extraordinario que siente el general Perón por todos ustedes. Siempre he tenido una gran preocupación por llevar, junto a los salarios y a los buenos precios de las cosechas, el amor que siente el líder de los trabajadores por ustedes, y que también albergo yo dentro de mi corazón. Quiero que ustedes no vean en estas maquinarias agrícolas más que una embajada de amor. Agradezco también a los trabajadores que creen en ese puñado de hombres de buena voluntad que van a poner el hombro para llevar a cabo la obra de bien que queremos realizar. Ustedes llevarán adelante el plan agrario, porque ustedes son el alma: nosotros les damos la herramienta, les damos nuestro cariño y nuestra fe, y ustedes han de poner el trabajo, el sacrificio y la devoción para llevar adelante este plan y poderle decir al Presidente y al mundo lo que puede hacer un pueblo honrado y trabajador capaz de apoyar patrióticamente a su Presidente sembrando cada día más áreas para el país. Nuestro lema ha de ser: sembrar, sembrar y sembrar. Esa es la única manera de abaratar los costos, y nosotros, en un esfuerzo de corazón, vamos a intentarlo.

Cumplir con Perón
28-III-52

El plan agrario "Eva Perón", en el cual todos hemos trabajado con un inmenso cariño, tiene un gran continente. El contenido se lo darán ustedes, y yo sé que le van a dar el mejor que pueda tener, que es el de hacer el plan con éxito, que lo cristalicemos plenamente y que después de la jornada podamos reunirnos para decirle a nuestro Presidente que hemos cumplido, que hemos hecho un plan a fuerza de corazón, a fuerza de trabajo, a fuerza de sacrificios, y que hemos encontrado también la colaboración de hombres de buena voluntad, que sin posibilidades económicas para tener las maquinarias agrícolas necesarias han utilizado las de la Fundación para roturar la tierra y sembrarla, para que todos los argentinos nos sintamos cada día un poco más responsables de la felicidad común y de la grandeza de la Nación.

Los hombres de campo
28-III-52

A los hombres de campo debemos rendirles, los de la ciudad, nuestro más sincero homenaje, porque ellos están luchando tenazmente con el clima y a veces con inconvenientes materiales en su lucha para realizar la grandeza del país y consolidar nuestra independencia económica.

IV

POR LA NIÑEZ

4.000 comedores escolares
14-IV-46

...siento verdadera emoción en anunciar que mañana quedarán habilitados, en todo el país, más de cuatro mil comedores escolares instalados en las escuelitas del interior, a fin de que los niños que a ellas concurren para aprender las primeras letras reciban una abundante alimentación, científicamente preparada. Estos cuatro mil comedores escolares beneficiarán a quinientos mil niños, a quienes también mi obra de Ayuda Social hará llegar nuevamente equipos de ropa, calzado, medicamentos necesarios para atender su salud, golosinas y juguetes, de modo que esas criaturas, que tienen aún visión imprecisa de las cosas, no recojan por herencia la amargura que provocan las necesidades.

Niños felices
20-XII-46

El general Perón quiere que todos los niños del país sonrían felices y que se encuentren dichosos de vivir en una patria grande, poderosa y justa.

Problema de los niños
15-II-47

En mi labor diaria de buena voluntad y de humilde colaboradora en la Secretaría de Trabajo y Previsión, vivo las impresiones sensitivas más diversas, algunas de emotividad superior a mis posibilidades receptivas para el dolor humano. Pero debo confesar que, si todos los problemas de injusticia social y de dolor despiertan en mí la rebeldía y la voluntad de hacer justicia, el problema de la niñez es, por excelencia, el de mi mayor atención y máximo cariño. El dolor de los niños no lo justifico en ningún sentido, y pienso que, en ese orden de asistencia social, la Revolución tiene a su cargo uno de los problemas trascendentales que demandan justicia sin pérdida de tiempo.

Deshumanización del individuo
15-II-47

La obra de justicia social iniciada por nuestro Presidente desde la Secretaría de Trabajo y Previsión es, a poco que meditemos, una de las soluciones más beneficiosas de estos últimos tiempos en favor de la niñez necesitada y abandonada de nuestro país.

Porque varios son los factores que intervinieron en la formación de ese inhumano estado de la niñez: la mala situación económica, los salarios antivitales, la desocupación, el trabajo de las madres fuera del hogar, la deficiente alimentación, la mala vivienda y el medio ambiente cultural inexistente son hechos de verdadera deshumanización del individuo que la obra revolucionaria ha desterrado para siempre en los anales del dolor del pueblo argentino.

Capacitación del niño
15-II-47

Es así que las nuevas Escuelas de Aprendizaje y la enseñanza rural en el Plan de Gobierno tienden a hacer vivir al niño la vida de sociedad —de la que es un miembro activo desde que nace—, elaborando, no sólo su capacidad pasiva, receptiva o individual, sino su capacidad social, en bien de toda la colectividad.

Mejor buenos que sabios
15-II-47

Como mujer, creo sinceramente que es mejor hacer buenos a los niños que hacerlos sabios. Además, es tiempo perdido hablarles y enseñarles la significación del deber sin invocar la Ley de Dios. Lo ha preconizado un buen cristiano: "Sólo la Ley Divina pone en la vida humana cada cosa en su lugar; los deberes hacia el Creador, los deberes hacia los hombres, la legítima aspiración a la felicidad personal, los deberes para consigo mismo. Sólo ella le da un significado preciso a la palabra *deber*.

Aprendiendo a sonreír
14-IV-47

El general Perón trabaja no solamente para los hombres, sino también para los niños, porque quiere que las futuras generaciones vean el porvenir de la Patria sonrientes y contemplen esperanzados los colores azul y blanco que creara Belgrano. Para ello es necesario que los argentinos aprendan a sonreír desde la infancia.

La mayor preocupación
7-XII-47

Los niños forman la Argentina del mañana, con la que sueña el general Perón. El ha dicho que espera que los niños aprendan a sonreír desde temprano, y yo, como mujer de mi pueblo, aspiro, por mi parte, a que no sólo sepan sonreir desde su infancia, sino que sean también felices, para que así, cuando tengan la responsabilidad del futuro de la Argentina, sepan decir que cuando el general Perón gobernaba la Argentina su preocupación mayor fue la felicidad de los niños.

Protección del niño
4-IV-48

Debemos mantener la asistencia y previsión social y desarrollarla al máximo de posibilidades para que la escuela no sólo tenga sus comedores y la ayuda económica a los padres, sino la coordinación de los organismos destinados a la ayuda social y al contralor y vigilancia tanto del alumno sano como del alumno enfermo. La ayuda escolar debe concretarse mediante útiles, libros y ropas, así como también en la alimentación compensatoria en zonas descalificadas, etc., para que la escuela sea un elemento del Estado en la protección del niño, en todas sus actividades y en todas sus necesidades.

El bienestar del pueblo
14-IV-48

No concibo que en esta patria grande y generosa haya niños que no sean debidamente alimentados, que padezcan frío y enfermedades. Es por ello que, como madre espiritual de todos los niños, trabajo con fe, sin tregua ni reposo, colaborando como esposa de nuestro gran Presidente Perón, en la medida de mis fuerzas, para alcanzar el bienestar general de mi pueblo.

El problema nacional de la niñez
11-VIII-48

El problema de la niñez es un problema nacional. Los pueblos o los gobiernos que renuncian a resolverlo renuncian, al mismo tiempo, al porvenir. Nosotros, a través de la Ayuda Social, hemos iniciado un camino de solución que nos parece justo, seguro y eficaz. Hemos iniciado el proceso con la venida de algunos centenares de niños, a fin de prepararlos para una juventud capaz —como camino seguro hacia una madurez dignificada y constructiva— e inculcarles, desde los conceptos morales de Dios, patria, hogar, familia, solidaridad social y espíritu de justicia, hasta los principios generales de la educación y la especialización en el trabajo; desde la higiene más rudimentaria hasta los más elevados conceptos de fraternidad; desde el amor a la tierra que nos vio nacer y quiere dejar de ser madrastra de sus hijos, hasta el sentido de su propio deber hacia sus semejantes y hermanos.

El niño y el porvenir de la Patria
11-VIII-48

El país que olvida a la niñez y que no busca solucionar sus necesidades, lo que hace es renunciar al porvenir. Y nosotros no sólo no renunciamos al futuro, sino que no renunciaremos jamás a él y estamos luchando por mejorarlo y valorarlo para los que vendrán después. Porque luchar por el bienestar, la salud física y moral, la educación y la vida del niño es, en síntesis, luchar por la grandeza ulterior de la Patria y el bienestar futuro de la Nación.

La Ciudad Infantil abre sus puertas
14-VII-49

Dije, en cierta oportunidad, que el país que olvida a sus niños renuncia a su porvenir; y la Ciudad Infantil, que abre hoy sus puertas a las esperanzas de la niñez económicamente menos favorecida de la Patria, proclama hacia los cuatro puntos cardinales que nosotros no olvidamos a la niñez, no renunciamos a nuestro porvenir, que lo sabemos justo y política mente soberano, sin que sean capaces de impedirlo todos los obstáculos que interporgan en nuestro camino los poderes obscuros de la tierra y los enemigos de nuestro despertar nacional.

Símbolo de la nueva era
15-II-50

Nos sentimos dichosos de tener aquí a este grupo de niños argentinos, en los cuales vemos a los niños de toda la Patria. Este grupo no comprende simplemente a los participantes de un campeonato infantil, sino que constituye el símbolo de la nueva era del general Perón, cuyo lema es trabajar incansablemente por el bienestar y la grandeza de la Patria, por la felicidad de todos los argentinos y por el futuro de la Nación, que está en vuestras manos, niños de mi patria.

Campeonato Infantil
15-II-50

Quiero expresarles, por otra parte, que deben tener ustedes en su mente la idea de que el equipo que obtenga el triunfo representará, en conjunto, a toda la niñez argentina, pues en este Campeonato Infantil no hay vencidos ni vencedores; solamente existe el esfuerzo de ustedes, de todos los niños argentinos, que han jugado tratando, con su entusiasmo y voluntad, de dar brillo a este campeonato. Como buenos deportistas y como futuros astros del deporte futbolístico, les pido que sigan adelante sin desmayo, porque el deporte se ha de llevar solamente como tal y con la satisfacción de que se ha jugado lealmente y pensando que, si se triunfa, se saborea la victoria y, si se pierde, debe saborearse también el triunfo del compañero, puesto que en este campeonato yo entiendo que todos representan hoy a sus provincias y gobernaciones como triunfadores, ya que han venido a la Capital y han podido conocer la gran Argentina que está realizando el general Perón; han podido conocer a un hombre como él, que los ama entrañablemente y trabaja sin descanso por la felicidad de la Patria.

Los únicos privilegiados: los niños
12-IV-50

Perón dijo muchas veces: "Los únicos privilegiados en el país son los niños", y nosotros ambicionamos que esa expresión peroniana —que ya es realidad— se vaya acrecentando día a día para bien de las generaciones futuras, que serán quienes llevarán la bandera peronista. Bien saben ustedes que el general Perón está quemando su vida en esta ardua labor, y más lo comprenderán quienes se hallan alejados de la Capital Federal, porque donde más se comprende y valora la figura de Perón es a la distancia. Nosotros, los que estamos al lado del general Perón, tenemos el cielo tan cerca nuestro, que a veces no lo sabemos interpretar, pero tratamos de comprenderlo para trabajar más por el bien del pueblo argentino.

Una sola clase
4-VI-50

Allá, en 1946, vino la compañera Evita a traerles a ustedes, tucumanos, el afectuoso abrazo del general Perón y el cálido deseo de una mujer que quería hacer algo por este pueblo.

Hoy, en el año del Padre de la Patria, viene a entregarles el primer instituto, orgullo de la era de Perón, que anhela que en la Argentina haya una sola clase: la de los argentinos honrados y patriotas: Si ha de haber algún privilegiado, ha de ser el niño, sobre todo esos "changuitos" que han sufrido el escarnio de la explotación de que han sido víctima sus padres y sus madres por los gobiernos y empresas capitalistas y vendepatria, que no respondían más que al oro extranjero, que no tenían corazón ni otro sentimiento que el de su bolsillo, pensando solamente en aumentar sus dividendos a costa del sufrimiento del pueblo.

Institutos modelos
4-VI-50

Quiero que los niños que entran en este hogar que hoy abre sus puertas en Tucumán encuentren en él la felicidad y el cariño que desea para ellos el general Perón. Quiero que los niños que ingresen en este hogar, mañana, cuando sean hombres, se sientan orgullosos de la era peroniana, que supo tenderles la mano, siguiendo esa doctrina maravillosa; esa doctrina que está brindando tantas realidades en todo el territorio de la Patria.

Quiero agradecer también a todas las fuerzas del trabajo que, con los donativos que hacen llegar a la Fundación de Ayuda Social, permiten que puedan construirse estos institutos, modelos en el país y orgullo de los argentinos.

Sonreír desde la infancia
7-VI-50

Por eso, porque nuestro pueblo es grande, porque nuestro pueblo en las horas inciertas comprendió la verdad argentina y puso su corazón, sus esfuerzos y sus esperanzas al lado del corazón del líder de la nacionalidad, el general Perón, es que hoy vengo a ofreceros estos institutos que se sumarán al policlínico de bacilosos que levantaremos aquí, en Catamarca, como homenaje a este pueblo sacrificado y heroico, antes olvidado injustamente. Hoy, gracias al general Perón, que lucha denodadamente por la felicidad de 17 millones de argentinos, lograremos que la niñez argentina también se sienta orgullosa de haber nacido bajo el pabellón azul y blanco, porque el general Perón quiere que los niños de hoy, en el porvenir, puedan contar a sus hijos lo mucho que trabajó para que la niñez argentina aprendiera a sonreír desde la infancia.

Altar de la Patria
10-VI-50

Los niños, que son el espíritu de la Patria; los niños, que tomarán la bandera del Justicialismo que enarbolara el coronel Perón, amarán a este general Perón que, contra todos los egoísmos, contra todos los vendepatria, plantó, en días inciertos para los argentinos, la bandera del justicialismo y la soberanía nacional. Y en el altar de la Patria, que es el altar del trabajo, honrado por los argentinos, las fuerzas del trabajo han creado, con su sacrificio, la grandeza de nuestra patria. Y allí, mientras vuela el canto sonoro de los niños y al compás ruidoso de las máquinas, jurarán al general Perón, no sólo el cariño, la lealtad y la veneración que sienten ya todos los argentinos, sino también lealtad hacia su obra, hacia su doctrina justicialista y amor hacia un patriota que en momentos difíciles nos entregó una Argentina socialmente justa, económicamente libre y políticamente soberana.

Fiesta jubilosa
20-VII-50

Los nombres de las personas que han hecho algo útil para su pueblo o para el mundo suelen ser grabados en las estatuas y en el bronce de la inmortalidad. Para mí, no hay emoción más pura ni gloria más bella que ver mi nombre, "Evita", presidendo el Campeonato Infantil, que el año pasado reunió en una fiesta jubilosa a 150.000 niños de toda la República que este año vuelven a acercarse a sus sueños con el deseo de convertirlos en realidad otra vez. Estamos pagando así una vieja deuda que el pasado oligárquico había contraído con los niños de la Argentina.

Honrados y felices
16-X-50

Para los niños, esperanza de nuestro ilustre Presidente, para quienes él ha consagrado el lema de que los únicos privilegiados son ellos, levantamos las blancas y alegres paredes de la Ciudad Infantil, de los hogares-escuelas, de las colonias de vacaciones, teniendo en cuenta así nuestro lema: desgraciado del país que renuncia a los niños, porque renuncia a su porvenir. A los ancianos les tendimos nuestra mano, más aún en lo moral que en lo material, porque pensamos que no podía formarse un pueblo grande si no se empezaba por respetar a la ancianidad y porque queríamos cumplir con el principio justicialista del general Perón, de que en esta patria no haya más que una sola clase: la de los argentinos trabajadores, honrados y felices. Por eso abrimos nuestro corazón a la ancianidad, para demostrarle que la juventud argentina se honra a sí misma honrando a los ancianos.

"No se olviden de Perón"
5-I-52

Ustedes, los niños de hoy, tendrán el privilegio de ser los que sostengan en el siglo venidero la bandera del Justicialismo peronista. Hoy, que todos ustedes están contentos, yo quiero pedirles algo muy importante: ¡No se olviden nunca de Perón...! ¡No se olviden de que Perón fue quien selló en esta tierra la Justicia Social, la Independencia Económica y la Soberanía Política!

V

JUSTICIA SOCIAL

Hermanos
24-XII-46

Por eso es que este año siento una inmensa satisfacción, pues creo que hemos terminado 1946 con una labor realizada. Ahora que la esperanza ha florecido, brindemos por la esperanza del futuro que esta Navidad de Perón quiere inaugurar para todos los argentinos.

Hay mucho que hacer
30-XII-46

No estamos solos ni aislados, amigos. Estamos juntos y cercanos. Sonreiremos, al fin, como si ensayáramos por primera vez la olvidada sonrisa. Levantemos las copas, pero antes les decimos a todos, con la recia voz del pueblo: "Hermanos, hay mucho todavía que hacer, pero tengan confianza, que la justicia social ha de llegar a todos los sectores; el general Perón está en eso".

Por la justicia
14-III-47

Trabajemos por imponer la justicia, basada en el respeto, en el principio de igualdad de los derechos y en el de la libre determinación de los pueblos. Trabajemos por la justicia que América reclama para el mundo, por la justicia que todos esperan ver llegar con fuerza liberadora de las múltiples cargas que acosan aún a la humanidad.

Trabajemos por la justicia social para el trabajador del Continente. Por la consecución de sus sueños y anhelos, cristalizados en su derecho indiscutible de trabajar, de gozar de una retribución justa, de alcanzar su capacitación, de tener condiciones dignas de trabajo, de preservar su salud, de gozar de un bienestar social y la protección para su familia, de alcanzar su mejoramiento económico y de desarrollar libremente actividades lícitas en la defensa de los intereses profesionales.

Objetivo de la Revolución
29-IV-47

Si bien es cierto que la situación y el destino de los hombres de hoy, que su bienestar, que su integridad espiritual, moral y física, y que su felicidad son los objetivos primordiales de una revolución en cuyo escudo está inscripto el emblema cristiano de la Justicia Social, también es cierto que todo ese esfuerzo sería inútil, anodino y egoísta si no consolidáramos todo ese bienestar para legarlo, como un patrimonio, a las generaciones que nos sucederán.

En plena evolución
27-IX-47

Pensemos que el mundo está en plena evolución; pensemos que estamos en un paraíso y que con el patriotismo, con el cariño y con la abnegación que siente el general Perón por la masa trabajadora argentina y por todos sus descamisados obtendremos el bienestar y la felicidad que él desea para su pueblo. Pensemos también que no importa un pequeño sacrificio de hoy si estamos haciendo la felicidad de quienes vendrán después que nosotros. Si traicionáramos este movimiento no haríamos sino labrar la desgracia de nuestros hijos y de nuestra propia familia, y a eso no tenemos derecho los argentinos de hoy.

Retribución justa
7-XII-47

Al trabajador hay que pagarle lo que justamente se merece. Y el general Perón, que sigue siendo el mismo coronel Perón que desde la Secretaría de Trabajo y Previsión trabajara noche y día por la felicidad de todos los descamisados, está luchando no sólo para asegurar una retribución justa a todos los obreros argentinos, sino para consolidar definitiva mente sus conquistas y para que nadie se atreva a despojarlos de ellas.

Contraseña de lo argentino
24-XII-47

Nuestro orgullo de triunfadores de la injusticia entre clases es la mejor prueba de que estamos en el camino de Dios. Nuestra satisfacción generosa de este instante, florecido y aromado por la risa de los niños, es el mejor galardón de esta batalla anual por el sostenimiento de nuestras conquistas vitales, humanísticas, casi íntimas en cada ser que lucha, piensa y sueña con un más alto escalón de la condición humana. Nuestra victoria es la más maravillosa de las victorias; es la victoria de la esencia misma de Jesús: el hombre.

Supimos que el hombre no es un mecanismo de relojería, ni una maquinaria sometida a prueba de eficiencia y cuadro de desgaste. Supimos que el hombre es, ante todo, un pobre corazón lleno de amor y rebosante de pasión por la vida. Supimos que el hombre es, en primer término, ansiedad, miedo, esperanza y voluntad. Desterramos de los argentinos el miedo que envilece a los pueblos y la ansiedad diaria por el sustento, que condiciona y abruma la formación de la familia y de la Patria, con ello devolvió a los argentinos el fervor por su voluntad de trabajo, al devolvérseles la justicia. Y, al fin, hemos hecho que de las excelencias del argentino sea la esperanza cristiana y la fe en su pueblo la más maravillosa de las resurrecciones. Eso es, mis queridos descamisados, lo que hemos hecho y seguiremos haciendo por el triunfo del corazón del hombre. Eso: acercar el amor y el gozo del pan al mayor número. Que desde La Quiaca a la Isla de los Estados se viva cada jornada con mayor fervor por la vida. Que sea la risa, la amplia sonrisa de la paz y de la justicia, la contraseña de lo argentino dentro del mundo.

Justa reivindicación
24-XII-47

Para Perón y para mí, el honor más grande es el de compartir las alegrías y los sufrimientos del pueblo laborioso que, con su labor de muchas décadas, ha enriquecido el patrimonio nacional y que sólo ha visto reconocido y recompensado su esfuerzo cuando el General enarboló la bandera de la justicia social.

"Justicia Social" y "Ayuda Social"
28-VII-48

La felicidad de un pueblo, en cuanto se refiere a sus medios de vida, se logra con una adecuada legislación en materia de justicia social y una equitativa distribución de la ayuda social. Porque resulta innegable que ésta es complemento de aquélla. La justicia social juega en el orden de los seres aptos para el trabajo, puesto que los que dejan de serlo, ya sea por accidentes, por enfermedad o por causas que la ley contempla, no quedan jamás desamparados. La ayuda social, en cambio, va dirigida a otro sector humano, que el Estado y la sociedad no pueden ni deben ignorar. Es un deber de solidaridad humana que supera todo prejuicio.

Abolición de privilegios
4-VIII-48

La aparición del descamisado inicia, desarrolla y apuntala una política que liquida la terrible contradicción de nuestro pasado cercano. En el pasado, la Patria, a los efectos internos de los derechos del trabajador y a los efectos internacionales de la defensa de nuestra soberanía como Estado y como Nación, era solo una palabra que se confundía con los intereses minoritarios de la oligarquía, que no supo darle ni contenido de pueblo, ni sentido tradicional, ni grandeza colectiva. La aparición del descamisado rompe la política de las minorías traficantes y se produce el milagro, largamente esperado, de la abolición de los privilegios.

Interpretación de los sentimientos populares
4-VIII-48

"Descamisado" Este nombre, que quiso ser infamante, envolvió como una bandera la obra del general Perón y de sus fieles compañeros. Descamisado pasó a ser así sinónimo de victoria nacional. Con su líder los descamisados enterraron en el pasado los viejos conceptos de un capitalismo egoísta y explotador, que fundaba su bienestar en la miseria del pueblo. Con su líder, los descamisados borraron de nuestra historia política la vergüenza del fraude, imponiendo el respeto a la voluntad cívica de la Nación. Con su líder recuperaron el patrimonio colectivo y devolvieron a la Patria su auténtica soberanía. "Descamisado" es la interpretación de los sentimientos del pueblo mismo.

La paz por la justicia social
23-XI-48

La paz resultará una utopía mientras la injusticia, la miseria y la indignidad puedan cebarse en las comunidades humanas. Cuando los señores delegados de las Naciones Unidas resolvieron considerar e incluir en sus objetivos los Derechos del Trabajador, proclamados y llevados a la práctica entre nosotros por nuestro Presidente Perón, hacían obra de paz porque colaboraban en la liquidación de la injusticia, que es factor determinante de malestar y de guerra.

Por los caminos de la Patria
25-XI-48

Por todos los caminos de la Patria se va sembrando la justicia social, que era un sueño irrealizable para la masa trabajadora sufriente hasta que, gracias a la voluntad y la acción de un hombre que siente y actúa como argentino, pudo convertirse en realidad eso que parecía una quimera. Ese hombre enarboló la bandera de la justicia social cuando el país se encontraba en tinieblas y le dijo al pueblo que si durante cincuenta años había estado sumergido, dejaría de estarlo porque se llegaría a la dignificación del hombre por el hombre.

Dignificación de todos los argentinos
2-XII-48

Nuestro peronismo se forja sobre hechos, no sobre promesas. Nosotros, que hemos vivido la revolución del 17 de Octubre, la auténtica revolución de los trabajadores; que vemos multiplicarse a diario las escuelas y las viviendas y que vemos la dignificación de nuestros hijos, de nuestros padres y de nuestros hogares, y que también vemos cómo se lleva la ayuda espiritual y material a todos los desvalidos de la Patria, de quienes nadie se acordó hasta que llegó el general Perón, comprendemos que ésta es la lucha de todos, la lucha del pueblo por la dignificación de todos los argentinos.

El peronismo se siente y se comprende
3-XII-48

Sabemos perfectamente que el peronismo no se proclama ni se aprende; el peronismo se siente y se comprende. La nuestra es una lucha abierta y todos los argentinos tenemos en ella un puesto. Desgraciado de aquel que no está en ningún bando.

Nosotros luchamos por la dignificación de nuestros hogares, de la clase trabajadora y, sobre todo, por la independencia económica, la justicia social, la soberanía y el honor de nuestra bandera.

Humilde colaboradora
3-XII-48

Porque he sentido y sufrido en carne propia las desventuras de mi pueblo es que me he puesto al servicio de esta causa como su más humilde colaboradora con fe inquebrantable en el éxito de esta lucha por la felicidad de todos los descamisados argentinos.

Un nivel superior de vida para los argentinos
5-XII-48

El pensamiento del Presidente de los argentinos destaca la necesidad de actualizar el texto constitucional y recuerda que los fundamentos en que debe reposar una Constitución viva para nuestro pueblo deben ser la independencia económica y la justicia social. A la preocupación del general Perón por dignificar la condición humana, se agrega la decisión de procurar un nivel de vida superior para los argentinos, devolviéndoles la sensación de ser los verdaderos dueños de su tierra.

La lucha por la justicia
5-XII-48

La historia del hombre es la historia de una búsqueda incesante de la justicia. Por la justicia se han librado guerras y firmado tratados de paz; han surgido déspotas y han caído imperios; se han formado estatutos jurídicos y se los ha violado después; se ha escarnecido a los genios y encumbrado a los necios. Todos ellos son episodios de una larga lucha por la justicia, ese estado de equilibrio que le permite al hombre disfrutar de su vida, gozar de los frutos de su trabajo, organizar una familia, edificar para el porvenir y convivir en paz con sus semejantes.

Gobiernos sensibles
18-XII-48

Los pueblos apoyan siempre los fundamentos jurídicos que

llevan hacia la perfección de las instituciones y de la vida de relación, ampliando sus cauces solidarios. Los gobiernos sensibles a las ansias populares y el espíritu de perfección que surge de sus anhelos más hondos son los que escriben la historia en la página positiva de las cosas perdurables.

Para los argentinos de mañana
10-I-49

Entre nosotros muchos son los que se encuentran en la situación de supercríticos, pero pocos los que se sacrifican. Quisiéramos que todas las cosas se hicieran bien, olvidando que en toda obra humana hay siempre defectos y fallas. Cada uno debe empezar a dar de sí todo lo que puede dar y aun más. Sólo así construiremos la Argentina que deseamos, no para nosotros, sino para los que vendrán después, para nuestros hijos, para los argentinos de mañana.

El pueblo y Perón
4-II-49

Repito a menudo en las reuniones gremiales que la Patria cuenta con dos valores que se mantienen puros: el pueblo y Perón. En el pueblo y en Perón están cifradas las esperanzas de una Argentina justa, soberana y libre. Por eso luchamos hoy con más amor y con más fe, porque vemos el porvenir venturoso. Luchamos así porque sabemos que quien rige los destinos de la Patria nos lleva hacia una meta por él ambicionada: que en este país no haya privilegios y que no se gobierne solamente para cien familias sino para todo el pueblo argentino.

La Patria renacida
24-III-49

La Convención Constituyente fue intérprete del pueblo y de una revolución sin precedentes en la vida de la República, y acaba de abrir un surco ancho y fecundo. Todos sembraremos en él nuestra semilla para que los frutos asombren al mundo. Y el mundo sabrá que el árbol enhiesto y altivo echó sus raíces en el corazón del pueblo más generoso de la tierra. En el horizonte de los argentinos nos aguarda la luz de una aurora. Ustedes conocen mi rostro y gesto. Yo conozco el rostro de ustedes. Nos encontraremos en la cima inmarcesible de la Patria renacida, y desde allí contemplaremos el vasto panorama de lo que hicimos a fuerza de brazos y latidos del corazón.

Valores morales y materiales
6-V-49

No me preocupa caer en el camino, porque sé que mi bandera la tomaría cualquier otra mujer humilde y seguiría firmemente hacia adelante.

Nosotros luchamos por la independencia económica de nuestros hogares, por la independencia económica de nuestra patria, por la dignificación de nuestros hijos y hermanos, por el bienestar de los ancianos y de los niños, por los valores materiales y morales de nuestra patria.

Vivienda obrera
9-V-49

Esta labor en favor de la vivienda obrera que está realizando la Fundación de Ayuda Social es la misma con que soñó el entonces coronel Perón cuando dijo que los obreros de la Patria debían tener una vivienda digna para albergarse. Esta vivienda es, pues, la realización de los sueños del coronel Perón. Por eso, compañeros, hoy tenemos el honor extraordinario y el privilegio, no sólo el pueblo de Santiago, sino también la Fundación que tengo el honor de presidir, de que nos acompañe el líder de los trabajadores, que brega y se sacrifica a diario para que todos los argentinos seamos más felices, seamos más dignos y tengamos un mínimo de comodidades.

Realidad y esperanza de la Fundación
19-V-49

La Fundación de Ayuda Social inaugura hoy este barrio,

como hace poco ha inaugurado barrios obreros en Catamarca, Tucumán, La Rioja, Jujuy, Corrientes, Mendoza, San Juan, Córdoba y Buenos Aires, obras todas realizadas en homenaje y al servicio de los trabajadores de la Patria. Hace seis meses inauguramos en Comodoro Rivadavia —esa zona tan importante de la República, donde están los obreros del petróleo— un hogar-escuela dedicado pura y exclusivamente a hijos de esos trabajadores. Y ahora también se agrega la gobernación de Formosa.

Quiere decir que la Fundación de Ayuda Social no trabaja sólo para la Capital Federal, sino que donde hay humildes y pobres, allá está la Ayuda Social, pequeña en su humildad, pero grande en su espíritu y contenido de realidad y esperanza.

Justicialismo práctico
6-VI-49

Ustedes saben bien que los que hablaban de justicia, que los que hablaban de democracia, que los que hablaban de humanidad, hablan mucho ahora, pero con ustedes no se aplicaba. Hablaban de explotación, de humanidad, de ayudar al trabajador, de ayudar a la mujer. Pero ¡pobres las mujeres que trabajaban en sus escuelas! Les pagaban treinta o cuarenta pesos por mes.

El general Perón no habla: realiza. El general Perón no promete: da. El general Perón no es teórico: es un práctico. El general Perón, por sobre todas las cosas, es un justicialista llevado al máximo, porque sabe que la felicidad de un pueblo no se puede basar sobre la injusticia.

La justicia social no es limosna
10-VI-49

Quiera Dios que vivamos muchas horas como ésta, y que en este ya glorioso recinto de la Secretaría de Trabajo y Previsión, que es luz para todos los hogares humildes de nuestra patria, se sigan realizando actos como éste, de confraternidad y amistad, donde las clases laboriosas vienen dando a todos un digno ejemplo al traer sus sonrisas y sus aplausos, y al expresar su agradecimiento cuando obtienen una conquista que, en realidad, no deben agradecer, porque es justa y merecida, ya que el general Perón hace justicia social y no limosna.

El peronismo y la clase trabajadora
10-VI-49

El peronismo agranda sus filas porque el pueblo sabe que su causa puede ser redentora de la clase trabajadora y de la misma patria. Si el pueblo fuera feliz en su totalidad y la grandeza de la Patria estuviera definitivamente consolidada, ser peronista sería un derecho. Pero en nuestros días ser peronista es un deber.

El Ministerio de Trabajo
1-VII-49

El Ministerio de Trabajo ha tenido siempre sus puertas abiertas a las inquietudes obreras de todos los gremios. Aquí hemos tenido la franqueza de decir, cuando algo no se podía obtener, que ésa era la situación, puesto que, como la justicia social está en marcha, lo que no se puede conseguir hoy se ha de conseguir mañana ya que en el gobierno del general Perón el sol sale para todos los hogares argentinos.

Barrios obreros
2-IX-49

Hemos tratado que en el barrio Los Perales entren familias pobres y humildes, para que habiten en estas casas tan alegres que la Revolución ha creado para los descamisados de la Patria. Y hemos tratado también de que los niños puedan jugar en amplios jardines, que tengan sol y todo el confort y la alegría que el general Perón quiere dejar en todas las obras de su gobierno, porque además de elevar salarios, el general Perón está dignificando al pueblo argentino, y este barrio, como todas las demás obras que ha inaugurado en sus pocos años de gobierno, es una prueba evidente de ello.

Las mutualidades
1-X-49

Yo pienso que la previsión social se divide en tres etapas: la personal, la semicolectiva y la colectiva. La personal es la etapa del ahorro individual de cada argentino; la semicolectiva la constituyen las mutualidades y la colectiva es la que realiza el Gobierno con las pensiones y jubilaciones, por intermedio del Instituto de Previsión Social.

¡Qué importancia tan grande tienen las multitudes que han estado bregando en nuestra patria durante tanto tiempo para ayudar colectivamente a sus compañeros! Yo, que sé lo que es estar todos los días tratando de restañar heridas, de ayudar a un hermano caído, de levantar el standard de vida en lo cultural y social de nuestra patria, comprendo, apoyo y valoro la acción tesonera y patriótica que ustedes han realizado en nuestro país y la tomo como ejemplo para seguir mi lucha.

El bienestar de las clases humildes
18-III-50

Nosotros estamos trabajando tenazmente, luchando denodadamente por la grandeza de la Patria y por el bienestar de las clases humildes, y no estamos actuando a espaldas del pueblo ni en beneficio de los intereses foráneos o de una oligarquía fría y despiadada, que no piensa más que en su bolsillo o para sus intereses personales, en lugar de hacerlo para los intereses de la Patria, que son los de la ciudadanía argentina. Nosotros luchamos porque haya menos pobres, y para ello es necesario que haya menos ricos; nosotros luchamos para que haya más argentinos felices; y ellos, en cambio, luchan para olvidar a los argentinos que sufren, viviendo una vida holgada a espalda, de los intereses de la Patria.

Humanización de las cárceles
28-IV-50

El general Perón piensa que es obligación moral del Gobierno reintegrar a la sociedad como hombres constructivos y no como resentidos sociales a los que han cometido faltas contra la sociedad. Es el general Perón quien ha tratado de inculcar esta doctrina de amor, de esperanza y de justicia, y ha impreso su sello a todas las cárceles de la Nación, aunque todavía haya mucho que realizar.

La paz vendrá por el camino de la justicia social
1-V-50

La paz que todos ambicionamos —dijo el general Perón— no vendrá sino por el camino de la justicia social y del amor entre los hombres. Ella no podrá llegar a ser realidad si la justicia social no trata de igualar la condición de todos, elevando la dignidad humana, lo único que puede nivelarnos a todos. Cuando los hombres comprendan esto, que es tan simple, no habrá pueblos hambrientos en medio dé la abundancia, no habrá desamparados definitivos, no habrá resentimientos interminables. La justicia social, que proclamó nuestro líder, el general Perón, será una estrella en la noche de la desesperanza humana.

Así se hace patria
3-VII-50

Un día dije a todos los humildes de la Patria que la justicia social se cumpliría inexorablemente, cueste lo que cueste y caiga quien caiga, y hoy lo estamos demostrando. El pueblo, que ya estaba cansado de tanta indiferencia, de tanta postergación, agradece hoy al general Perón su dignificación. Hoy los argentinos, en esta tierra de promisión, no nos sentimos parias por el olvido, la incapacidad o la explotación innoble en que nos habían sumido los gobiernos vendepatria. No sé si lograré hacer todo el bien que ansío para los humildes, pero sí sé que he de luchar noche y día para que sean realidades los anhelos del general Perón y para que su doctrina justicialista se implante en nuestra patria, por muchos siglos.

Solidaria con los humildes
25-IX-50

Nunca escatimé esfuerzos y tuve siempre la mano tendida, tratando de ser solidaria con los humildes, poniendo mi corazón de mujer argentina y peronista al servicio de los trabajadores, y pidiendo al pueblo marchara, firme el paso y la frente bien alta, hacia sus grandes destinos. Mientras siga latiendo el corazón de Evita habrá siempre una mano amiga y cordial tendida a los trabajadores, a los humildes, a quienes quiero entrañablemente. Cuando se haya cumplido todo lo que el general Perón desea hacer por su pueblo, cuando se haya realizado la doctrina justicialista, Evita guardará para sí la inmensa felicidad de ver en la realidad lo que un día constituyó su más cara esperanza. Mientras tanto, donde haya un dolor, donde se cometa una injusticia, allí estará el corazón de Evita, que late siempre junto a los trabajadores de su patria.

Vocación justicialista
12-III-50

Nuestro pueblo es un pueblo de trabajadores que se abrazó a la figura ilustre del coronel Perón cuando en horas inciertas para la argentinidad levantó la bandera de la justicia social, dignificando al pueblo argentino en base a esa doctrina, que es la de la seguridad social, puesto que mientras no haya salarios justos no habrá una justicia verdadera y efectiva para la humanidad. Trataré de unir mis afanes y mi vocación justicialista a la de todos los hombres y mujeres que trabajan en el mundo por esta causa que es tan cara a mi corazón de justicialista, porque para nosotros el dolor no tiene fronteras.

Seamos su baluarte
23-IV-51

Necesitamos que todos los argentinos tengamos conciencia

social y que en la medida de nuestras fuerzas y posibilidades seamos un baluarte en la asistencia social directa que requieren los compañeros, nuestros ciudadanos, nuestros niños, nuestros ancianos en desgracia. Así habremos cumplido con nuestro pueblo, con la Patria y con Perón.

El poder capitalista
10-V-51

Ya pueden ustedes ver claramente cómo el capitalismo conquistó al pais y entender por qué cualquiera que quisiese gobernar libremente a la Nación debía romper el poder capitalista. Eso es lo que hizo Perón en sus tres formas: capitalismo interno, supercapitalismo y oligarquía que los servía en el gobierno del país. Son tres sistemas muy poderosos, con los que tuvo que luchar el general Perón y que todos conocemos. Poco a poco los capitalistas extranjeros vieron que era mayor negocio hacer algunas cosas aquí que hacerlas en Europa o en Estados Unidos, y los ricos de aquí aprendieron también ellos a ganar más dinero explotando a los obreros. Así se fue creando poco a poco el problema social, político y económico del capitalismo argentino. Teníamos un supracapitalismo que sacaba la riqueza argentina hacia el extranjero, un capitalismo interno que explotaba a los trabajadores directamente y una oligarquía que respetaba y ayudaba la acción de los capitalistas en nombre de la libertad. Pero una era la libertad de los ricos patrones y otra la libertad de los obreros: la de los patrones, la de enriquecerse, y la de los obreros, la de morirse de hambre. ¡Creo que hay una pequeña diferencia!

Perón, libertador y humanista
10-V-51

Para anular el capitalismo, concibió Perón la independencia económica, y la realizó, porque lo grande de Perón es que no es un teórico, sino un maestro realizador. Para anular la acción comunista concibió la justicia social, y también la realizó. Eso es lo grande de Perón. Ha salvado al país de dos fuerzas poderosísimas que oprimían a las naciones y explotaban al hombre. Eso es lo que más le agradecerán las generaciones venideras, y nosotros, tal vez por tener el privilegio de estar viviendo en la época de, Perón, si es cierto que lo comprendemos, si es cierto que lo seguimos que lo queremos y lo apoyamos, no lo apreciamos en todo su valor, porque lo tenemos demasiado cerca y Perón es demasiado grande Perón, con el tiempo y la distancia, se agrandará más aún, si es posible, y las generaciones venideras no terminarán de bendecirlo por haber hecho una obra tan gigantesca, no sólo en bien de la clase trabajadora, sino también de todos los argentinos: y a nosotros nos queda la responsabilidad histórica de consolidar la justicia social o de avalarla, como así también la independencia económica y la soberanía nacional.

Una de las banderas
10-V-51

Nosotros debemos emplear siempre la palabra peronista. El general Perón toma una de las banderas del Peronismo, el Justicialismo, porque es un hombre de principios y de gran modestia. Pero para nosotros la única bandera es el Peronismo. La Revolución es peronista; la Constitución es peronista; el Gobierno es peronista y el Movimiento es peronista.

Unicos ideales
31-IX-51

Yo, que ya he vivido varios años —los mejores de mi vida— junto al general Perón, mi maestro y amigo, he aprendido de él a pensar, a sentir y a querer teniendo como únicos ideales la felicidad del pueblo y la grandeza de la Nación. La felicidad del pueblo, que para mi acción se concreta en el bienestar de los trabajadores y la dignificación de los humildes.

El amor de los humildes
31-IX-51

Nada más que eso: Evita quería ser cuando me decidí a luchar codo con codo con los trabajadores y puse mi corazón al servicio de los pobres, llevando como única bandera el nombre del general Perón a todas partes. Si con ese esfuerzo mío conquisté el corazón de los obreros y de los humildes de mi patria, ésa ya es un recompensa extraordinaria que me obliga a seguir con mis trabajos y con mis luchas.

Bajo la bandera del Justicialismo
9-XI-51

Cuando cada uno de ustedes deposite su voto, quiero que piense y que sepa que yo estaré espiritualmente al lado para darles las gracias en nombre de Perón; en nombre de los niños; en nombre de los ancianos que gracias a Perón se reconciliaron con la vida; en nombre de los humildes que ahora se sienten amparados bajo la bandera del Justicialismo; en nombre de todos los trabajadores que por Perón tienen ahora por primera vez en la historia del mundo un sitio de dignidad entre los hombres, y, finalmente, en nombre de todas las mujeres que gracias a Perón sabemos y sentimos, al votar, que ahora la Patria es también nuestra.

Un día llegará...
25-XII-51

El día del amor y de la paz llegará cuando la justicia barra de la faz de la tierra a la raza de los explotadores y de los privilegiados y se cumplan inexorablemente las realidades del antiguo mensaje de Belén renovado en los ideales del Justicialismo peronista; que haya una sola clase de hombres: los que trabajan; que sean todos para uno y uno para todos; que no exista ningún otro privilegio que el de los niños; que nadie se sienta más de lo que es ni menos de lo que debe ser; que los gobiernos de las naciones hagan lo que los pueblos quieran; que cada día los pobres sean menos pobres y que todos seamos artífices del destino común.

El camino de los pueblos
20-II-52

Estamos librando una batalla, la batalla de los pueblos. Yo creo que la hora de los pueblos ha llegado y que el Justicialismo

—que no busca ninguna bandería política, sino la felicidad de todos los que trabajan y de todos los humildes— es un exponente que se ofrece a los pueblos del mundo, para que en él puedan beber un poco más de justicia y, además, tomar el camino que estamos tomando los argentinos, gracias a la doctrina justicialista del general Perón, según la cual todos somos artífices del destino común pero ninguno instrumento de la ambición de nadie.

VI

CULTURA - ESCUELA EDUCACIÓN

Sentido patriótico y argentinista
3-II-47

...y si en alguna oportunidad alguno de esos señores que firmaron ciertos manifiestos ha estado en las directivas de la enseñanza superior, habrá sido porque el general Perón o no lo ha sabido o habrá querido atemperar pasiones. No hay que olvidar que él es el Presidente de los dieciséis millones de habitantes, y una de sus aspiraciones es gobernar, hacer patria. El no ha venido al gobierno para hacer política personal, sino para desarrollar una acción en bien de la comunidad. Si todavía a esos señores les queda en sus corazones algo de argentinos, es posible que recapaciten y comprendan que la bandera de Perón es la bandera de la Patria. Confiemos en que por sobre todo privará el sentido patriótico y argentinista.

Estudiar y amar a la ciencia
3-II-47

A la juventud universitaria que, dentro de nuestros partidarios, tiene el privilegio de poder estudiar, le pido que continúe estudiando y amando a la ciencia y que tenga confianza en que, dentro de lo posible, el general Perón tratará de atender sus justas aspiraciones.

Problema de la juventud
3-II-47

El general Perón ha encarado con toda amplitud el problema de la Universidad, que es el problema de la juventud estudiosa argentina, idealista mil por mil. Estamos seguros de que esa juventud constituye el núcleo que ha de regir en un futuro no lejano, probablemente, los destinos de la Patria, a ocupar importantísimos puestos dentro del orden nacional.

Universidad obrera
3-II-47

Saben ustedes que el general Perón sueña con la Universidad Obrera, porque quiere que sus descamisados también vayan a estudiar para que la vida les sea de ese modo menos ruda y menos sacrificada que la que deben afrontar por razones de ignorancia.

Educación cristiana
14-II-47

Pensemos que el fracaso social de nuestra escuela se debe a que no educa, no forma y no moraliza. Se limita a instruir. De ahí la necesidad de su transformación y la ayuda indispensable de la enseñanza religiosa para formar hombres y mujeres cuya responsabilidad de conducta contribuya a la paz social, juntamente con una mayor justicia social. Esto sólo puede lograrse con la buena voluntad de la educación cristiana, fraternal y solidaria en lo privado y lo público, y jamás con el individualismo ateo y materialista.

Nuevas escuelas
29-IV-47

Consideramos a esos maestros como misioneros y soldados

en líneas avanzadas, y poco tiempo ha de transcurrir —yo os lo aseguro— antes de que sea definitivamente mejorada su situación y reconocidos sus meritísimos servicios.

Nuevas escuelas para la inteligencia, para la salud, para la alegría de la niñez argentina, serán la obra positiva del Plan de Gobierno. En ellas, nuestra voz de amorosos guías de las nuevas generaciones resonará con un eco distinto, y ese eco, sumado al de las voces infantiles, será la vibración argentina de la patria feliz que soñamos.

Al servicio de las generaciones
29-IV-47

De las generaciones que nos sucederán son inmediatos representantes los niños, que acuden a las aulas a mirarse en el espejo de nuestro ejemplo y a beneficiarse de nuestra sabiduría. En el servicio de esas generaciones debemos, pues, empeñar todos nuestros esfuerzos.

Reconocimiento al maestro
29-IV-47

Sabemos que los maestros argentinos han sufrido y sufren las consecuencias del desorden que en todos los órdenes de la vida había introducido un régimen sordo, injusto e inhumano. Y sabemos que son muchos los maestros que, en funciones humildes, alejados de sus familiares, en la soledad del campo, de bosques y bañados, van dejando jirones, pedazos de su salud. Y sabemos del drama de esos hombres y mujeres que, jóvenes aún, pero inutiliza dos por el rigor de la lucha, no quieren retirarse a la paz de su descanso merecido por la exigüidad de las pensiones que las leyes les asignan y que no les permitirían el reposo ni la cura indispensables.

Sabemos cómo la frialdad de una organización burocrática, sin alma, ha mantenido alejados, en destinos antípodas casi, a matrimonios de docentes cuya labor se ve perjudicada por el recuerdo constante de la ausencia del ser querido y de la dispersión del hogar, a veces recién casados.

Sabemos de los sacrificios de los lejanos y valientes maestros rurales, que limitan sus comodidades para ofrecerles pan y techo a sus pobres alumnos.

Todo esto está presente en nuestro ánimo y en el del general Perón. Y todo eso será materia de nuevas normas, de nueva legislación y de nuevos usos en la dirección de la educación popular.

El maestro, misionero y soldado
30-V-47

Son los maestros mezcla esforzada de misioneros y soldados, dispuestos en misión de avanzada y en orden de combate por todos los campos, por las ciudades y por las fronteras de la Patria, para buscar la esencia misma de lo mejor de su alma, y modelarla en el crisol de las tradicionales virtudes de nuestra raza de hombres justos, dignos y libres.

Clubes escolares
13-III-48

Permitir que el obrero cansado, el empleado ansioso de belleza o amistad, la madre que tenga el humano deseo de charlar unos minutos en un ambiente grato, el niño que no puede dar rienda suelta a sus juveniles energías en la exigua casa de vecindad, el joven apasionado por la lectura que no alcanza a adquirir el libro costoso o que no tiene para leerlo un lugar acogedor y tibio; permitir, digo, que todos ellos puedan realizar sus anhelos modestos, pero por eso mismo más imperiosos, entre los muros de la escuela, aun vibrantes con la algarabía infantil de las horas de clase. Dar así al edificio escolar frío, obscuro y dormido cuando los dos turnos han terminado, una nueva, clara y noble vida. Dar al pueblo, a mi pueblo, del que me siento hija y hermana, con quien palpito, sufro y sonrío, una nueva muestra del amor que el Presidente y yo le tenemos. Por eso dije que acaso pocas iniciativas puedan parecerme tan mías, porque veo en cada cabecita rubia o morena una expresión de mi propio ser; porque pienso que cada moño en los cabellos de las niñas y cada escarapela en los blancos delantales de los varones pudieran ser moños, escarapelas, amor, que hubiese yo derramado sobre ellos. Cuando estos clubes se hayan multiplicado en casi todas las escuelas de la República, habrá en las frías tardes invernales o en los días asfixiantes del verano, niños y niñas, hombres y muchachos leyendo en las bibliotecas, escuchando la radio o asistiendo a una buena representación cinematogrática. Y me parecerá que lo mejor de mí misma, la esencia más pura de mi pensamiento, flota sobre ellos, se detiene un momento emocionada sobre cada cabeza y sonríe en los ojos alegres, o se conmueve con la belleza de un trozo literario, o se eleva en la gracia de una canción hermosa.

La escuela y el hogar
13-III-48

Con la inauguración de este club escuela se inicia una obra tan vasta que resulta difícil comprenderla en su totalidad; una obra que en sus alcances y resultados sólo podrá apreciarse debidamente dentro de algunos años: juntar la escuela y el hogar; hacer que cada niño, padre o hermano entre en el edificio escolar —modesto o lujoso, grande o pequeño— como si entrase en la prolongación amable de su propia casa.

El acervo latino
22-III-48

La inauguración de las actividades del Instituto Italo Argentino de Intercambio Cultural reviste una significación trascendental, como que señala el comienzo de un intercambio espiritual destinado a vitalizar, a rejuvenecer —mediante fecundos y permanentes contactos— el glorioso acervo de la latinidad, de esa espléndida herencia que alumbra con sus rayos el camino de la civilización de Occidente, a la cual pertenecemos. Yo he visto a menudo, en nuestras pampas, a los hijos de Italia trabajando junto a los criollos. Unos y otros eran sufridos, tesoneros y esforzados, y convivían en la religiosa comunión de los surcos como miembros de una misma familia que participan de idénticas alegrías y penas.

Hogar escuela
4-IV-48

Se va concretando así el Plan de Gobierno del general Perón, que quiere dar de verdad a su pueblo una vida mejor, pero no con palabras: con realidades. Por eso dictó el decreto que asocia la escuela y el hogar y da a todos los trabajadores la oportunidad de tener en cada escuela argentina un club, una biblioteca popular, un lugar de reunión cómodo y limpio, en el que puedan perfeccionar su vida con diversiones sanas ,y verdadero recreo espiritual. Fuera de las horas de clase, los muchachos del barrio, lo mismo que sus padres, encontrarán en la escuela un refugio, Un descanso y un estímulo para seguir trabajando por nuestra gran Argentina: cada día más unidos en el esfuerzo común de mejorar la vida y hacerla más agradable y más feliz para todos los trabajadores.

El libro y el obrero
12-V-48

Aspiramos a que el libro llegue a todos aquellos trabajadores de la Patria que busquen un refugio espiritual o que anhelen elevar el nivel de su cultura y pondremos al alcance de ellos todos los medios que les fueron sistemáticamente negados por gobiernos anteriores, que cerraron sus puertas a las masas laboriosas, tan ansiosas de cultura como de justicia.

Turismo escolar
1-VI-48

El problema del acercamiento y cono cimiento práctico y de la unión efectiva de los argentinos es complejo, pero no insoluble. Hay que trabajar para resolverlo. Se ha iniciado ya el turismo de escolares y maestros, y se irá intensificando a medida que lo consideren oportuno y posible las autoridades de la Secretaría de Educación.

Raza inmortal
6-X-48

La hispánica, esa raza inmortal de descubridores y conquistadores, encontró en este mundo nuevo el teatro ideal para el ejercicio de sus virtudes. Dictó leyes de humanidad y fraternidad doscientos años antes de que los enciclopedistas osaran mencionar los derechos del hombre; proclamó la igualdad ante el Creador de todas las criaturas, y abonó con la sangre y con el alma de su pueblo los surcos del porvenir. De esas sementeras nacieron las naciones que glorifican hoy el tronco común del que proceden y del que están orgullosas. Porque América es la eternidad de España en el mundo de la civilización.

Dignificación del docente
6-VI-49

Vengo con enorme satisfacción a este acto porque sé que se ha reparado una injusticia y se ha dignificado al docente particular, que tiene la misma responsabilidad que cualquier otro maestro, puesto que él educa a los niños, quienes —como dice el general Perón— son los únicos que tienen privilegios. El maestro debe ir a cumplir su alta función social con una sonrisa en los labios y no con las manos crispadas y la amargura de su impotencia y su desesperanza reflejada en el rostro.

Amigos del deporte
19-XII-49

El general Perón, como ustedes lo habrán podido apreciar en las distintas manifestaciones del deporte, es un gran amigo de los deportistas, porque él también es deportista de corazón y de espíritu. El general Perón piensa que con un pueblo constituido por hombres sanos y fuertes se puede construir la Argentina grande con que soñamos todos.

Ayuda a los deportistas
19-XII-49

Piensen que hoy se puede hacer deporte porque hay un Presidente que los comprende, que los alienta y que, por sobre todas las cosas, tiene la firme decisión de ayudarlos para que el deporte sea para nuestro país un motivo de orgullo. Nosotros aspiramos también a que en todas las manifestaciones del deporte los argentinos seamos los primeros.

Aunque ambicionamos la perfección, es probable que no podamos alcanzarla, pero nos acercaremos lo más posible a ella, que, en resumen, es lo que anhela el general Perón para el pueblo argentino.

Universidades para el pueblo
12-IV-51

Gracias al general Perón, nosotros hemos logrado tener las universidades abiertas a todo el pueblo argentino. Eso nos demuestra la preocupación del gobierno argentino por elevar la cultura del pueblo y porque nuestro pueblo pueda llegar a las universidades, que ya no están reservadas a unos pocos privilegiados. Ahora los humildes pueden ser abogados o médicos, según sean sus inclinaciones. Ellos, con su sentido de pueblo, serán más humanos y las futuras generaciones podrán agradecernos que los hayamos comprendido y apoyado.

VII

RELIGION - FE - NORMAS CRISTIANAS

Símbolo eterno
15-II-47

¡Maestros, madres! Con vuestro ejemplo, con vuestro consejo, con vuestro amor, que es el otro amor divino de esta tierra, bregad para que el Cristo que hoy sonríe a nuestros niños —tan vuestros como míos en mi condición de mujer— sobre las aulas de nuestras escuelas sea símbolo eterno, ya que es sólo suya la eternidad de la unidad espiritual de todos los seres que habitan y labran la grandeza de este pueblo, nuestro pueblo, forjado bajo la advocación de la voluntad y el sacrificio cristianos.

Religión y niñez
15-II-47

Por eso la religión responde a las más hondas inquietudes del alma infantil y a los más angustiosos problemas humanos. Lo certifica un eminente opositor al catolicismo, Jean Jaurés, dirigiéndose a su hijo, cuando le manifestaba que "la religión está íntimamente unida a todas las manifestaciones de la inteligencia humana; es la base de nuestra civilización y es ponerse fuera del mundo intelectual y condenarse a una inferioridad manifiesta el no querer una ciencia que han estudiado y que poseen, en nuestros días, tantas inteligencias preclaras". Y terminaba aconsejando a su hijo, que no quería estudiar religión por influencias del medio ambiente, que "para ser un joven bien educado es preciso conocer y practicar las leyes de la Iglesia".

Religión, cultura y moral
15-II-47

Bien está indicado en el Plan de Gobierno que "el Estado tenderá a que el pueblo no olvide que, con la religión heredada, recibió también una formación de cultura y moral, fuente y vehículo de insospechables conocimientos de convivencia social y de fortaleza espiritual".

Normas de convivencia
15-II-47

Ninguna de las constituciones dictadas por nuestros antepasados ha excluido la Religión Católica Romana, porque en su fe, en su amor, están involucradas las normas de convivencia que permiten a la humanidad toda vivir en paz, en concordia, sin barbarie y con civilización.

Tradición cristiana
15-II-47

La formación jurídica e institucional de toda nuestra evolución histórica, desde sus orígenes, fue siempre inspirada en los principios eternos del cristianismo, con los cuales hemos orientado toda nuestra vida, en el orden privado y en el orden social.

En la escuela de los valores culturales que conforman la grandeza tradicional de nuestra patria, el signo de la Cruz Católica es el valor eterno por excelencia, bajo cuyo amparo hemos sorteado las horas más difíciles de nuestra existencia.

La influencia de los mismos principios liberales que querían justificar una no vedad en cuanto al respeto de la dignidad humana tiene su esencia original en los preceptos predicados por Nuestro Señor Jesucristo, cuando afirma la condición humana del ser, por encima de otras facultades.

Equivocación
26-II-47

Y hemos sentido que nos hemos equivocado en cuanto hemos construido sobre el ateísmo extranjerizante, filtrado en nuestra legislación o instalado por sorpresa sobre nuestras instituciones básicas, entre ellas la de la educación.

Fe cristiana
26-II-47

Creo que no puede hablarse en nuestra tierra de un hogar argentino que no sea un hogar cristiano. Bajo la Cruz hemos concebido. Bajo la Cruz hemos recitado el abecé y hemos contado el ábaco. Bajo la Cruz hemos cruzado las manos en la postrera invocación. Todo aquello que en nuestras costumbres pueda destacarse, es cristiano y es católico. De Norte a Sur, de Este a Oeste, empresas guerreras, empresas políticas, empresas espirituales, han sido preparadas y asentadas sobre la Cruz, como cuadra a una raza templada en el ejercicio de las mejores virtudes. Vivo o escondido, el sentimiento de lo religioso ha prevalecido, en suprema instancia, sobre todo otro motivo reflejo de ética no argentina.

Valores eternos del hombre
9-III-51

Nosotros, desde aquí, desde este rincón de América, iluminados por la estrella de la doctrina peronista que intenta ofrecer al mundo una nueva solución, la solución justicialista, afirmamos nuestra fe en los valores eternos del hombre, porque lo sabemos capaz de vencer sobre todas las fuerzas que intentan destruirlo, porque lo sabemos capaz de vencerse a sí mismo por un ideal del espíritu y frente al pesimismo de los que reniegan del destino humano. Nosotros, unidos a todos nuestros hermanos de América, proclamamos nuestro optimismo y lanzamos al mundo nuestra voz como un credo vibrante, en la lucha por la paz y la felicidad.

Agradecimiento a Dios
25-XII-51

Lo primero que se me ocurre es agradecer a Dios porque, en medio de un mundo casi definitivamente olvidado del amor, nosotros creemos en su poder y en su fecundidad. Y nos permitimos anunciar la buena nueva de su advenimiento por el camino del Justicialismo. Por eso nos regocijamos y nos alegramos en la fiesta de esta noche. Hace diecinueve siglos y medio, Dios eligió a los humildes pastores de Belén para anunciar el advenimiento de la paz a los hombres de buena voluntad.

Sobre aquel mensaje, los hombres de mala voluntad han acumulado diecinueve siglos y medio de guerras, de crímenes, de explotación y de miseria precisamente a costa del dolor y de la sangre de los pueblos humildes de la tierra.

Y cuando todo parecía perdido, acaso definitivamente, nosotros, un pueblo humilde, a quien la soberbia de los poderosos llamó descamisado; nosotros, un pueblo que repite en su generosidad, en su sencillez y en su bondad la figura de los pastores evangélicos, hemos sido elegidos entre todos los pueblos y entre los hombres para recoger de las manos de Perón, bañado en el fuego de su corazón e iluminado por sus ideales de visionario, el antiguo mensaje de los ángeles.

Eco de antiguos mensajes
25-XII-51

Salvando las distancias y remedando el cántico antiguo, nosotros podríamos decir que "Dios ha hecho grandes cosas entre nosotros, deshaciendo las ambiciones del corazón de los soberbios, derribando de su trono a los poderosos, ensalzando a los humildes y colmando de bienes a los pobres".

VIII

PATRIA - PUEBLO RECUPERACION

Una Argentina pacífica, poderosa y soberana
7-II-46

Queremos una Argentina pacífica, poderosa y soberana, y una masa trabajadora unida y feliz como ninguna en el mundo, y la queremos así porque ése es el sueño del coronel Perón. Para conseguirlo no debemos escuchar a esos señores que traen teorías extrañas y hablan de huelgas para romper este magnífico movimiento y hacer que la clase laboriosa se traicione a sí misma y traicione el plan del coronel Perón.

Defensa de la Patria
27-VIII-47

¡Si ustedes supieran cómo se agranda a la distancia la figura del general Perón!... Hasta yo misma me he dado cuenta de que por tenerlo cerca no le he dado el valor que tiene. Su figura se agranda. Es un idealista, estoy plenamente convencida de ello. Necesita la colaboración, no sólo de la masa trabajadora —de quien la tiene y sé que la tendrá— y de los funcionarios —que con seguridad la va a tener— sino de todos los argentinos. No podemos hacer cuestiones personales, pues está de por medio la Patria. Es un momento tan brillante para el país que si nosotros lo desperdiciáramos, las generaciones futuras nos condenarían eternamente.

Ustedes saben cuánto quiero a Perón, pero desde hace mucho tiempo no me considero la mujer de Perón. Me considero una mujer argentina y una idealista, que en este momento, ante la responsabilidad de la Patria, se olvida de todo y lucha por defender a la Patria misma.

Consolidando el país
1-I-48

El país que soñamos es el mismo país que seguimos construyendo a pasos agigantados. El país que quisimos es el mismo país que estamos consolidando, venciendo día a día la obstrucción de los descreídos, de los ociosos y de los ridículos desplazados del poder, que no supieron conservar ni enaltecer.

Trabajamos para todos
1-I-48

No trabajamos para los primogénitos, ni para los ahijados, ni hemos creado padrinazgos. Trabajamos para todos y para cada uno en la medida cristiana y evangélica.

Creamos una conciencia argentina
5-III-48

La obra grandiosa que realiza el gobierno del líder de los trabajadores de la Patria, y que abarca toda la amplitud de nuestra geografía física, política, económica y social, no se manifiesta tan sólo en conquistas sociales y liberación económica, sino en la creación y el fortalecimiento de una conciencia argentina en las amplias masas de los descamisados gestores de la riqueza de la Nación y magníficos abanderados de la nueva patria.

Recuperación
12-III-48

Hay quienes olvidan que en dos años escasos de gobierno el general Perón ha recuperado para la Nación los ferrocarriles, los teléfonos, el gas y tantas otras cosas que estaban empeñadas al extranjero.

Responsabilidad peronista
12-III-48

Nosotros no levantamos tribunas solamente en las épocas preelectorales, sino que estamos permanentemente en con tacto con el pueblo para auscultar sus sentimientos y saber si interpretamos sus aspiraciones. El gran triunfo logrado el 7 de Marzo hace recaer sobre los peronistas la responsabilidad de trabajar sin desmayo para lograr que se cumpla la obra de la Revolución.

Por la grandeza de la Nación

Hemos de luchar para que en el Norte argentino, región a la que tanto debemos por su actuación en las luchas por la independencia política, florezca la sonrisa, sobre todo en los rostros de los descamisados, que son la columna sobre la que se apoya el general Perón y a quienes dedica sus horas de fatiga y sus sueños de visionario. Y es que el Presidente de los argentinos sabe que son ellos, los descamisados, los que están labrando la grandeza de la Nación y posibilitando que ella sea económicamente libre y políticamente soberana.

Unidad entre pueblo y gobierno
16-X-48

La unidad entre pueblo y gobierno —porque éste se sabe plenamente apoyado por aquél y aquél totalmente representado por sus elegidos— no sólo es un hecho nuevo en la historia política de la Nación, sino que encarna la palanca específica para todas las superaciones. Esa unidad, cuya primera manifestación se dio el 7 de Octubre, como unidad revolucionaria que es, tiene características esencialmente dinámicas. A cada año que pasa, a cada conmemoración, multiplica su contenido y amplía los cuadros de la labor conjunta entre pueblo y gobierno, lo cual es la suprema garantía del logro de nuestro porvenir.

17 de Octubre
16-X-48

El 17 de Octubre es una fecha definitivamente incorporada a las que señalan nuestras gestas de más acentuado sabor popular y más efectivo contenido nacional. Ello es incuestionable, como lo es el que nada ni nadie logrará borrar esa fecha de la vida de nuestro pueblo. Tiene para nuestra independencia económica y nuestra evolución social el mismo significado que el 25 de Mayo tuvo para nuestra independencia política. Aquel día de 1810 el pueblo, unido a sus próceres representativos, abrió el camino nuevo hacia la proclamación que seis años después se realizaría en Tucumán. Y de la misma manera, aquel día ferviente de 1945, unido el pueblo al hombre de su elección —del que no aceptaba separarse—, abrió las perspectivas para una nueva política económica, una nueva política social y una etapa superior —nueva también, por ser más fraternal y más justa— en la vida común de todos los argentinos.

Pueblo de luchadores
20-X-48

En nuestra historia, los luchadores siempre han sido los más y los rezagados los menos. El pueblo, en todas sus etapas, marchó a la cabeza de las minorías acomodaticias, descorazonadas y sin fe, y alcanzó sus objetivos comunes siempre que encontró un conductor capaz de señalarle los caminos y de unificar sus energías populares, evitando su dispersión. Y abandonó a los lados del sendero, como se abandona lo inútil, a los cobardes y a los pillos. Sólo así fue posible nuestra independencia.

Doctrina y mística
3-XII-48

Nosotros estamos empeñados en una lucha por la dignificación de nuestros hijos, de nuestros hermanos, de nuestros padres y de todos los trabajadores. Nosotros, los peronistas, no hemos salido de un partido político; hemos salido de una causa, de una mística y de una doctrina que creó el general Perón, inspirado en los descamisados argentinos. Por lo tanto, el gobierno peronista está sembrando, en todo el territorio del país, la obra que durante tantos años le fuera negada al pueblo.

Seguridad en el porvenir
19-IV-49

Quiera Dios que todos los descamisados podamos gozar siempre de un mínimo de felicidad, como dice nuestro querido Presidente; y quiera Dios también que, para ventura de nuestra patria, para seguridad de nuestro porvenir y para la consolidación de nuestro movimiento, siga latiendo el bravo corazón del 17 de Octubre de 1945 en el pecho de nuestros trabajadores.

La causa de la Patria
29-IV-49

Yo he vivido los momentos difíciles de la Revolución, he vivido las horas de la ardua gestación de nuestro movimiento y he compartido el triunfo final el 17 de Octubre de 1945. Lo he hecho desde mi modesto puesto de mujer argentina, al lado de todos los descamisados de la Patria. Por eso comprendo el cariño entrañable que siente el general Perón por sus descamisados, tengo fe inquebrantable en su obra y experimento irrefrenables deseos de morir en la lucha, si fuera necesario, para salvar la causa de Perón, que es la causa de la Patria.

El ideal de Perón
16-V-49

Porque vemos al general Perón interpretar los ideales del pueblo, porque ha sabido levantar la bandera de la justicia social, porque lucha por la reivindicación del hombre, porque actúa como argentino, quiere como argentino y siente como argentino, por todo ello, somos peronistas. El peronismo no se aparenta ni se proclama: se siente. Por ello estamos con Perón. Y como peronistas no tenemos más bandera que la azul y blanca de nuestra patria y no vitoreamos más que a Perón, porque él, desde la Casa Rosada, sueña y lucha por la dignificación obrera y por la grandeza de la Patria.

Como peronistas, no tenemos más ideología que la Patria misma. Sentimos y actuamos como argentinos y queremos legar nuestras conquistas consolidadas a las futuras generaciones, porque, de lo contrario, ellas no tendrían nada que agradecernos si habiendo tenido al general Perón no hubiéramos aprovechado esta época, afianzándola, para transmitirla a las futuras generaciones a fin de que la disfruten lo mismo que nosotros.

Al general Perón no lo pueden comprender los mediocres: lo comprende el pueblo que durante cincuenta años estuvo sumergido, sin poder construir con su trabajo y su tesón la Argentina grande con que todos soñamos.

Felicidad para todos los argentinos
19-V-49

Cuando esta mañana me adentraba más en el corazón del Chaco, recorriendo las carreteras polvorientas, y veía a los niños harapientos, me convencía, una vez más, de que esta patria ha estado sumergida desde mucho tiempo atrás. Me persuadía también de que si bien a la obra del general Perón la podemos calificar de ciclópea, todavía queda mucho por hacer y mucho trecho que recorrer. Pero tengo fe porque conozco a este pueblo maravilloso del Chaco, porque sé que los obreros chaqueños, lo mismo que todos los argentinos de bien, han de prestar su apoyo decidido al general Perón, para conseguir no sólo la riqueza material, sino también la espiritual de nuestra patria. Entonces, todos los argentinos serán felices como no pudieron serlo anteriormente cuando reinaba la injusticia y cuando el país se hallaba regido por malos gobernantes.

Independencia económica
25-V-49

Así como el Gran Capitán conquistó la independencia política, el Presidente Perón quiere conseguir la independencia económica para todos los argentinos. Y en esta lucha del ser o no ser de la Patria, todos tenemos un puesto. Todos, unidos y bajo la dirección de nuestro líder, habremos de conquistar la patria grande con que sueña el general Perón.

Por qué soy peronista
6-VI-49

Soy peronista porque deseo el bienestar popular y porque, como argentina, me he rebelado y debatido en la impotencia, al ver, año tras año, gobierno tras gobierno, la Patria vendida por mercaderes de la soberanía a los capitales foráneos sin patria ni bandera.

Soy peronista porque sé que el general Perón lucha sin descanso para construir la Argentina grande, como lo esta haciendo en base a la felicidad de su pueblo.

Por eso, y en homenaje a este pueblo y a las vanguardias descamisadas —a quienes ama entrañablemente el general Perón—, he levantado esa institución de ayuda social, despojándola de todo carácter de beneficencia, para que sea un estandarte de justicia social. En ella no se atiende al pobre por misericordia o por piedad, sino por ser un ciudadano argentino que se halla en desgracia, pero que merece ser considerado al igual que los demás ciudadanos.

Anhelos peronistas
10-VI-49

Se nos hablaba de felicidad. Pero... ¿es que acaso se puede construir la felicidad sobre la injusticia? Por eso, el general Perón, que quiere de veras la felicidad de todos los argentinos, hace años que lucha denodadamente por implantar la justicia en todos los rincones de la Patria; y quiera Dios que, con el apoyo de todos los hombres de bien, de los humildes, de las fuerzas trabajadoras, podamos realizar los sueños del general Perón haciendo una patria más feliz y más grande.

Ustedes, que son pueblo auténtico, que conservan los valores espirituales, que son los únicos sobre los cuales puede construirse la gran Argentina, son los personajes de la era social que está creando el general Perón para felicidad de todos los argentinos. Ustedes son los que supieron comprender y sentir los anhelos de ese hombre que, cansado de tanta injusticia y de tanta inercia, quiso, en un día glorioso para la Patria, tomar la bandera de la redención social y levantarla en alto.

Devoción peronista
10-VI-49

Así como San Martín cruzó los Andes para conquistar la independencia política con los gauchos argentinos, de la misma manera el general Perón, con su ejército civil de descamisados, lucha para conquistar y consolidar definitivamente la independencia económica de la Patria. San Martín luchó con devoción, con sacrificio y con sangre. El general Perón, para lograr la independencia económica de la Patria, necesita la devoción, la fe inquebrantable y el sudor de sus descamisados, que han de luchar con sacrificio por sus ideales.

Idea revolucionaria
14-VI-49

Esta idea, que es revolucionaria, inspira una obra que necesariamente también resulta revolucionaria. Nosotros nos sentimos orgullosos de que la Fundación Eva Perón esté comprendida entre los organismos encuadrados dentro de la doctrina peronista y la acción que exige la Revolución. Porque sostenerla revolucionaria es hacerla fecunda, realizadora, popular y argentina. Sí, fundamentalmente argentina e identificada con el general Perón, ya que propiciando el bienestar presente de los que crean la riqueza común por medio del trabajo y no tienen más capital que su capacidad de producir, consolida la grandeza futura de toda la nacionalidad siguiendo los caminos señalados por el Líder, que son los de la liberación económica, la soberanía política y el justicialismo social, claro sendero que unifica al pueblo en su lucha por los más altos ideales y los más dignos objetivos de la condición humana.

Una patria enaltecida
14-VI-49

El general Perón soñó con una patria redimida en la totalidad de sus manifestaciones esenciales. Una patria enaltecida por la soberanía política sin retaceos, que sólo es posible cuando está basada en una efectiva libertad económica y en una real dignificación social de sus mayorías laboriosas. Una patria grande no por su extensión territorial sino por la suma inmensa de la felicidad de todos sus hijos. Una patria feliz no por la existencia de pocos ricos muy ricos, sino por la valorización de muchos pobres menos pobres. Una patria noblemente entregada a la alta tarea de engrandecer la suma de los valores humanos por la solidaridad, la cooperación y el justicialismo sin excepciones.

Todos somos argentinos
22-VI-49

Simpático es, sin duda, el gesto de nuestro Presidente, que ha querido que el primer representante ante Israel sea, además de argentino, un auténtico israelita, porque de esta manera interpretará mejor los sentimientos del general Perón, que son de comprensión y de amor para ese pueblo tan aguerrido, tan simpático y tan querido por todos los argentinos de bien como es el pueblo judío.

Como mujer, me siento profundamente peronista, y por ello no podría menos que interpretar al general Perón y quiero hablar con el corazón en la mano. Me vanaglorio de tener el privilegio de haber sido una de esas argentinas del pueblo que se han sublevado contra los que, creyéndose clase dirigente, se permitían señalar despectivamente a judíos, mahometanos u otros, olvidando que todos somos argentinos.

Unidad espiritual
24-VI-49

En este ambiente artístico, pleno de emociones y luchas por un porvenir mejor, no debemos nunca perder de vista los destinos superiores de la Patria, porque nuestro movimiento no se engrandecerá con lo foráneo ni con modalidades que ya conocemos, sino con lo nacional, con lo nuestro, y entonces sí podremos nosotros, los argentinos, unidos espiritualmente, caminar seguros hacia un futuro venturoso.

Construcción de un pueblo grande
1-VIII-49

El general Perón trabaja no para cien familias privilegiadas, sino para los 17 millones de habitantes y para construir una patria grande, feliz y poderosa. Ustedes saben, compañeros madereros, que antes se hablaba mucho del proletariado argentino, pero todo era una farsa. Jamás hubo un hombre que se animara a anunciar que la justicia social debía implantarse en nuestra patria, como la implantó el general Perón. Se necesitó un argentino, se necesitó un patriota que dijera que en esta patria debían ser todos felices, porque para hablar de felicidad, de paz, y para hablar de la construcción de un pueblo grande, se debe hacerlo en base a la justicia, y Perón es el justicialista más grande que conoció la historia argentina. Ha hecho milagros, compañeros, porque ustedes saben los salarios que tenían hace tres años y los que tienen hoy. Y eso que no se puede cambiar el mundo en tres años, ni hacer en ese tiempo lo que no se hizo en cien.

Paz y civilización
24-VIII-49

Los pueblos que se perfeccionan en el concepto del trabajo, la dignificación del trabajador, dentro del plan integral del postulado básico de la civilización, que es LA PAZ, tienen en formación un principio de elevación de la unidad de la familia como elemento fundamental de la unidad de los pueblos, depositarios de la humana comprensión y de la sensibilidad de una mística que sólo tiene cabida en los pensamientos sublimes.

Individualismo en función social
24-VIII-49

Las palabras perdieron el fragor del estoicismo ante la admisión del egoísmo. Pero hoy, en la Argentina, se abre una nueva y trascendental claridad justiciera, estableciendo normas que sirven para orientar la acción de los individuos y de los poderes públicos, a fin de elevar la cultura social, dignificar el trabajo y humanizar el capital, como la forma ideal de establecer el equilibrio y el orden social.

El hombre cumple así el individualismo en función social por medio del derecho de trabajar, el derecho a una retribución justa, el derecho a la capacitación, el derecho a condiciones dignas de trabajo, a la preservación de la salud, al bienestar, a la seguridad social, a la protección de su familia, al mejoramiento económico y a la defensa de los intereses profesionales, que constituyen atribuciones esenciales de todos los hombres y mujeres, sagrados derechos que figuran en la Constitución justicialista de Perón y proclamados por el líder de los trabajadores argentinos.

Constitución justicialista
24-VIII-49

Todos estos principios, todas estas realizaciones, todos estos avances que se incorporaron al acervo moral y espiritual del pueblo argentino, nada hubiesen significado para el afianzamiento y la consolidación del bienestar social si la evolución y el sentido de la legislación dictada por los hombres de nuestro movimiento no hubiesen encontrado en la reforma de la Constitución Nacional su manifestación propicia. La Constitución adquirió así la consistencia de un corto mensaje a la posteridad, reflejo de una nueva era de justicialismo peroniano que vivimos, y como una rectificación de las deformaciones que los años, al pasar, imponen y que fijan límites al necesario avance de la civilización.

Día de la Lealtad
4-XI-49

El 17 de Octubre, compañeros, es el reflejo fiel de la lealtad de un pueblo que corrió en pos de una esperanza, al rescatar al Líder, porque sabía que él era la encarnación de la realidad argentina. Entre ese pueblo estaba yo, luchando por una causa justa y noble, que sería, con el correr del tiempo, la hace sobre la cual se formaría la grandeza de la Patria y el ser o no ser de la Argentina. Y esa grandeza ha sido labrada por todos los descamisados, a quienes todo se había negado y no se dio hasta su despertar nada más que escarnio y explotación. Ellos fueron quienes, en un día incierto para la argentinidad, rescataron al Líder de las garras de la oligarquía y lo devolvieron a la Patria, como prueba elocuente de que el pueblo era el único que mantenía latente sus valores morales y espirituales y de que era capaz de cualquier sacrificio en holocausto de esa patria.

Sabiduría del espíritu
4-XI-49

El fanatismo es la sabiduría del espíritu. ¿Qué importa ser fanático en la compañía de los mártires y de los héroes? Al fin de cuentas, la vida alcanza su verdadero valor no cuando se la vive de una manera egoísta —nada más que para uno mismo—, sino cuando uno la entrega toda íntegra, fanáticamente, en aras de un ideal que vale más que la vida misma. Yo contesto que sí, que soy fanática de Perón.

Constitución justicialista
15-XI-50

Y así como los espartanos, por memoria de Licurgo, supieron por siglos mantener las leyes de la gran Esparta, así, en la nueva Argentina, los niños han de saber mantener por siglos esta revolución que es honra para los argentinos y para el pueblo trabajador; esta revolución justicialista que conoció la República Argentina y que ha permitido a los argentinos tener el privilegio de tomar parte en la elaboración de esta magnífica

Constitución, de esta Constitución peronista. Considerarla como algo sagrado, como el fruto de los desvelos de un gran patriota —el general Perón—, que lucha por legarle al pueblo argentino, con ella, el bienestar y la felicidad por las que él venía luchando desde su puesto en la Secretaría de Trabajo, para afianzar el justicialismo que irradió en horas inciertas, para la argentinidad al pueblo argentino, y que ese mismo pueblo cristalizó en el glorioso 17 de Octubre de 1945.

Unión del pueblo y de la Patria
24-II-50

El 24 de Febrero es la expresión del encuentro de la Argentina con los argentinos y la unión definitiva del pueblo y de la Patria en los ámbitos puros de la justicia social. Esa unión, fecunda y emocionada, abre un capítulo nuevo de nuestra historia de pueblo joven llamado a la plenitud de su destino por el ejercicio de la totalidad de sus derechos económicos, políticos y sociales. Un capitulo nuevo que deja atrás todo lo negativo que pesaba sobre la conciencia colectiva por obra de una política que ni fue nacional, ni fue popular, ni fue argentina hasta que, a través de una nueva y genial concepción de recordamiento y recuperación, tomó características propias al beber en las fuentes generosas y frescas del justicialismo salvador de Perón

La transformación del país
24-II-50

Estos árboles, estas tierras, estos campos simbolizan y expresan la transformación vital que, a través de la doctrina y la obra de Perón, se ha operado en todo el país. Lo que ayer fue privilegio de potentados es hoy patrimonio del pueblo. Lo que ayer fue símbolo del poder omnipotente de una minoría retrógrada, soberbia ante los humildes y servil ante los poderosos, es hoy lugar de esparcimiento de toda la clase trabajadora. Lo que hasta ayer fue patrimonio de una oligarquía fría, sin pasión nacional, vendepatria, ajena a todos los problemas y los dolores de los humildes, se denomina, desde este momento, "Parque Los Derechos de la Ancianidad".

Dios restó valores a la oligarquía para dárselos al pueblo
24-II-50

En aquellos comicios, nuestra conciencia de ciudadanos se sublevó al ver, año tras año y gobierno tras gobierno, la Patria vendida por los mercaderes de nuestra soberanía. Por eso se inició la marcha del peronismo, que nada ni nadie podrá detener, mientras haya un músculo y un hombre intrépido. No importa, compañeros de trabajo, que ellos esgriman la mentira y traten de desprestigiar a nuestros hombres; podrán borrarnos a nosotros, pero jamás podrán hacer desaparecer la obra ciclópea que ha realizado Perón. Dios, con su infinita sabiduría, enfrió el corazón y restó valores morales y espirituales a los oligarcas para dárselos al pueblo argentino. El pueblo, rico en esos valores, es el verdadero baluarte del peronismo y es el sostenedor de nuestra doctrina, porque sabe que allí está afianzado el porvenir de la Patria.

El pueblo rompió las cadenas de la oprobiosa esclavitud
24-II-50

Yo tenía en mi alma, desde hace muchos años, una cantidad innumerable de ilusiones y de ensueños. Sentía, en lo más íntimo de mi corazón, que las angustias, los dolores y las tristezas de nuestro pueblo no podían ser eternos; y que alguna vez iba a alumbrar un nuevo día en esta tierra nuestra y que en ese día el pueblo —que son los trabajadores, los descamisados— iba a romper para siempre las cadenas de la oprobiosa esclavitud y de la dolorosa miseria en que lo tenían sumergido las fuerzas de la vieja oligarquía vendida a bastardos intereses de la antipatria.

Llamado a los argentinos rezagados
18-III-50

Nosotros los peronistas; nosotros, las personas del pueblo, las personas de bien, hacemos un llamado a los argentinos rezagados del despertar nacional; hacemos un llamado para que los intereses mezquinos no perturben su conciencia ni cierren su corazón a los dolores del pueblo argentino; hacemos un llamado para que vean en el general Perón lo que vemos los trabajadores y lo que verán los argentinos del mañana: a un patriota. Si nosotros, los argentinos de hoy, no lo apoyamos en este momento y no consolidamos, su obra y su justicia, los argentinos del mañana no nos perdonarán jamás el hecho de que habiendo tenido un hombre de los quilates del general Perón, no les hayamos legado una Argentina grande, justa y soberana.

La Patria redimida por Perón
21-IV-50

Siempre lo digo: si la Patria fuera grande y feliz, ser peronista sería un derecho; en estos días ser peronista es un deber; por eso soy peronista. Luchamos no sólo por las conquistas materiales, sino por una Argentina socialmente justa, políticamente soberana y económicamente libre. Luchamos por la independencia económica que lograra el general Perón; por el honor de una bandera; por la dignificación de todos los hombres de nuestra bendita patria redimida por Perón: por la felicidad común y por el anhelo de ver consolidado el bienestar de todos los argentinos de verdad.

Desgraciado de aquel que no se equivoca
24-IV-50

Quiero que vean en mí a una mujer del pueblo, que con su palabra trata de decir todo lo que siente y que siempre trata de interpretar al general Perón, aunque en su acción diaria tal vez cometa algunos errores. Desgraciado de aquel que no se equivoca nunca: es el que no realiza nada. Es necesario perfeccionar la acción para que en el peronismo seamos todos una familia feliz y grande, para que nos amemos mutuamente, para que no haya pequeñeces, para que sigamos todos el patriótico ejemplo que nos da el general Perón con su vida espartana, con sus ideales patrióticos de argentino que no sueña más que en el engrandecimiento de la Nación para legar a los argentinos del mañana una patria socialmente justa, económicamente libre y políticamente soberana.

Partido Peronista
3-VI-50

Nosotros hemos hecho en cuatro años en nuestro país lo que los otros gobiernos no hicieron en cien, gracias a que el general Perón despertó la conciencia nacional en 1945. Por eso digo que el Partido Peronista no es una agrupación política: es la Patria misma, porque el Partido Peronista significa sacrificio, amor, unidad, esperanza y realidades. Es la fe puesta en una causa que faltaba en nuestra patria; es la bandera que hoy levantan todos los desamparados del país para sus reivindicaciones sociales y para hacer una Argentina libre y soberana. El Partido Peronista es el movimiento nacional que inició entonces coronel Perón en la vieja Secretaria de Trabajo y Previsión al frente de sus vanguardias descamisadas y que hoy, gracias a él, se está acrecentando cada día más.

Bandera de esperanza
4-VI-50

Me han dicho esta mañana que el peronismo se acrecienta cada día. Es que nuestra patria está formada por hombres humildes y honrados; es que el peronismo significa defender el honor de nuestra bandera y la dignificación de todos lo trabajadores: significa Patria. Es que el peronismo es sacrificio, es renunciamiento, es amor, es fe y esperanza en una causa que faltaba en nuestra patria. Por eso el peronismo se levanta en toda la Patria como una bandera de esperanza que el general Perón está convirtiendo en realidad. Y es la bandera más grande que podemos levantar los argentinos en este momento. Si la Patria fuera grande y el pueblo feliz, ser peronista sería un derecho: pero, en nuestros días, ser peronista es un deber. Y por eso los trabajadores somos peronistas, por amor entrañable al General Perón.

Una patria más feliz
5-VI-50

El Partido Peronista no es un partido político; es un movimiento nacional llevado a cabo por un pueblo que estaba cansado de tanta inercia, de tanta explotación, de tanta ignominia, y que tiene a su frente a un hombre como el general Perón, que está quemando su vida en aras de una patria más feliz y más grande. El general Perón honra a San Martín no con discursos, sino con realidades.

Líder de la nacionalidad
5-VI-50

He visto a los obreros levantar sus miradas con veneración hacia el líder de la nacionalidad; he visto a las obreras, envueltas en la dignidad del delantal, levantar sus ojos juveniles hacia el líder de los trabajadores, viendo en él al argentino más grande que podíamos ambicionar; he visto a los niños levantar sus ojos llenos de esperanza. Yo, que tengo el privilegio, tal vez inmerecido, de compartir sus luchas, sus ensueños y alimentar sus esperanzas, os puedo decir, pueblo jujeño, que vuestros ensueños están bien custodiados, porque el general Perón trabaja y lucha a diario por traeros la felicidad ambicionada.

Cómo piensa y quiere Perón
5-VI-50

A Evita dejadle una esperanza: la esperanza de ver la doctrina peronista cristalizada hasta el último rincón de nuestra patria; la esperanza de ver los barrios obreros levantados por todo el país: la esperanza de ver un magnífico pueblo argentino reivindicado totalmente; la esperanza de ver a los niños, a las mujeres, a los ancianos y a los trabajadores todos, felices y contentos, como piensa y quiere el general Perón.

Fe inquebrantable
7-VI-50

Yo, que he vivido la Revolución, que he vivido su ardua gestación y que he compartido el triunfo final del 7 de Octubre de 1945, en mi condición de humilde mujer del pueblo, al lado del líder de la nacionalidad y de los trabajadores de la Patria, comprendo perfectamente el cariño entrañable que siente el general Perón por sus vanguardias descamisadas. Y tengo una fe tan inquebrantable en su obra de patriota, que nada me importaría morir en la lucha, si fuera necesario, para salvar la causa de Perón, que es la causa de la Patria.

Grandeza de la Patria
7-VI-50

El país que quiere el general Perón es el que está consolidando, venciendo día a día el agravio y la obstrucción de los malvados, los ociosos y los rezagados del poder que no supieron enaltecer. Lucharemos para que en el Norte argentino, al que tanto le debemos por sus luchas por la independencia política, florezca la esperanza y florezca la sonrisa en los rostros de los descamisados, en quienes se apoya el general Perón. Porque a ellos es a quienes el general Perón les dedica su fatiga y sus ensueños de visionario; porque el presidente de los argentinos comprende que los trabajadores están forjando la grandeza de la Patria.

Despertar nacional
10-VI-50

No sólo le agradecemos al general Perón sus innumerables conquistas materiales, sino también le agradecemos la dignificación del pueblo, porque hoy todos los obreros se sienten dueños de su propio destino y no parias en esta patria de promisión. Al general Perón lo que más le satisface y llega a su corazón es compartir las alegrías y los sufrimientos del pueblo argentino, sobre todo del pueblo laborioso, de este pueblo que va posibilitando día a día, con su sacrificio diario, el engrandecimiento de nuestro país, para hacerles ver, aun a los rezagados del despertar nacional, que aquí se ha hecho un 17 de Octubre por el general Perón y por la Patria. Es ese mismo pueblo el que va posibilitando que en este país se consolide, hasta en el último rincón, la doctrina justicialista de nuestro insigne conductor.

La verdad y la historia
15-III-51

Nosotros estamos viviendo una época maravillosa, una época que no se da en todos los países ni tampoco en todos los siglos, y ésta es una verdad indiscutible. Los críticos, los supercríticos, los detractores de Perón, podrán escribir la historia como les parezca, como se les antoje, deformando o tergiversando, o decir la verdad, pero lo que no podrán decir, explicar ni negar jamás es que el pueblo lo quiso a Perón.

Conciencia social permanente
15-III-51

Ese sentimiento, ese estado de conciencia que, por unir a todo un pueblo, puede en cierto modo llamarse conciencia social, es lo que nuestro querido líder ha logrado; y tenemos nosotros que ayudarle a afianzar la conciencia social que permita que cuando él, el grande, tenga que alejarse de nosotros por la ley de la vida, el pueblo pueda sobreponerse a los hombres de menos quilates —porque no todos son grandes hombres— para imponerles su acción. La doctrina debe estar arraigada en el corazón del pueblo, para que éste pueda hacerla cumplir al más mediocre de todos los gobernantes que pudieran venir. Nosotros estaremos unidos al nombre del general Perón, que, por grande, sobrepasará un siglo. Si no ocurriera así, los argentinos no mereceríamos el calificativo de gran pueblo, por no haber sabido valorar y aquilatar a un hombre de los méritos del general Perón.

Todo por Perón y su doctrina
15-III-51

Yo, que tengo el placer de compartir casi todas las horas del día con todos los hombres humildes de mi patria, puedo casi asegurar que el general Perón ha logrado ya esa conciencia social que ha inculcado en el pueblo argentino. Nosotros la tenemos que perfeccionar, y para ello no podemos distraer la doctrina del genio para crear caudillos; no podemos distraer la doctrina del conductor, que es la felicidad de todos los argentinos, para favorecer a un grupo. Para favorecernos a nosotros mismos debemos ser amplios, grandes como la doctrina del General, y utilizarla para engrandecer a la Patria; utilizarla para consolidar la independencia económica; utilizarla para lograr la felicidad del pueblo argentino y utilizarla para que por siempre sepan todos los pueblos del mundo que los argentinos somos políticamente soberanos, económicamente libres y socialmente justos. Piensen que los pueblos que quieren consolidar un movimiento no tienen más que un hombre grande, y que los grandes hombres no nacen por docenas, ni dos en un siglo; nace uno, y tenemos que bendecir a Dios que nos haya favorecido con el meteoro del genio entre nosotros.

Mi día maravilloso
15-III-51

Para mí, la vida empieza el día en que mi camino se encontró con el camino del general Perón, día que yo siempre he llamado con orgullo "mi día maravilloso". Es por eso que desde el día en que conocí al general Perón le dediqué mis ensueños de argentina y abracé la causa del pueblo y de la Patria, dando gracias a Dios de que me hubiese iluminado para que, joven aún, pudiera brindar mi vida al servicio de una causa tan noble como es esta de Perón.

La historia y la grandeza
15-III-51

Aunque siempre he tenido un amor extraordinario por la historia, reconozco que solamente me he detenido en las páginas de los grandes hombres, porque he querido siempre hacer un paralelo entre los grandes hombres y el general Perón. Es que la comparación de nuestro líder con los genios de la humanidad siempre me resultó interesante, y he llegado, tal vez por mi fanatismo por esta causa que he tomado como bandera —y todas las causas grandes necesitan de fanáticos, porque de lo contrario no tendríamos ni héroes ni santos—, a hacer un paralelo entre los grandes hombres y el general Perón. Todos ellos

—los grandes hombres del pasado— lucharon por un imperio, por encontrarse a sí mismos... pero el general Perón lucha por algo más grande: lucha por encontrar la felicidad del pueblo argentino.

Fanatismo
29-III-51

Los mediocres son los inventores de las palabras prudencia, exageración, ridiculez y fanatismo. Para ellos el fanatismo es una cosa inconcebible. Toda nueva idea es exagerada. El hombre superior sabe, en cambio, qué fanático puede ser un sabio, un héroe, un santo o un genio, y por eso lo admira y también lo acepta y acepta el fanatismo.

Lo mejor que tenemos es el pueblo
29-III-51

El general Perón es de esos hombres extraordinarios que profundizan la historia universal. Nosotros nos damos cuenta de que tiene todo lo bueno de los grandes hombres y que no tiene nada malo de los grandes hombres. Es por eso que los hombres humildes de nuestra patria —que yo voy a calificar de hombres superiores de nuestra patria, porque fueron superiores— vieron a Perón y creyeron en él. Y es por eso que el general Perón, con muy pocas palabras, ha calificado a esos hombres superiores, a esos hombres humildes de nuestro pueblo, diciendo que lo mejor que tenemos es el pueblo.

Historia del peronismo
5-IV-51

La historia del peronismo es como la historia del mundo; es la suma de dos historias: la de Perón, que es el hombre extraordinario, y la de nuestro pueblo, que es un pueblo extraordinario. Y así como la grandeza de Perón no se puede medir sino comparándola con la grandeza de los hombres extraordinarios que lo precedieron, tampoco puede medirse lo que ha hecho y lo que es el pueblo argentino si no apreciamos primero lo que han hecho otros pueblos en el afán de ser lo que somos: un pueblo libre.

Perón quiere un pueblo unido
5-IV-51

Recuerden ustedes cuantas veces el general Perón habló a los obreros, a los industriales, a los comerciantes, a los profesionales, a todos, diciéndoles que debían organizarse. Es que nuestro gran maestro, conductor y guía, el General, pensó que para que nuestro movimiento fuera permanente era necesario que esa masa sufriente y sudorosa pasase a ser pueblo con personalidad propia. Perón quiere un pueblo que sienta y que piense, que actúe bien orientado; por eso le señaló tres grandes objetivos: justicia social, independencia económica y soberanía política. Perón quiere un pueblo unido, porque así nadie lo explotará ni será vencido por ninguna fuerza del mundo.

Los dirigentes
12-IV-51

El peronismo es un movimiento abierto a todo el mundo. Ustedes ven que cualquiera que llega a mí, sea un dirigente de esto o de lo otro, siempre le digo que él, para mí, no es más que un dirigente de Perón. Cuando me dicen que Fulano es un dirigente que responde a Mengano o a Zutano, pienso que no es un dirigente, sino un sinvergüenza, porque, bajo el lema Justicialista, el pueblo y la Patria toda constituyen una gran familia, en la que todos somos iguales, felices y contentos, respondiendo sólo a Perón.

El premio de los humildes
19-IV-51

Yo no ambiciono ni quiero tener ningún título dentro de nuestro movimiento, porque no pasarán a la historia los que tengan cargos, ya que Perón es único; pasarán a la historia los humildes que acompañaron a Perón, porque a la historia no pasarán más que Perón y el pueblo. ¡Por eso, no pudiendo ser Perón, yo quiero ser pueblo!

La esperanza y la fe de Perón
8-V-51

Ha resucitado la Patria por la fuerza creadora y patriótica del general Perón, que lucha para que la Nación sea más grande, más justa y más feliz, pero a base de la riqueza que nosotros los argentinos sepamos construir. En los hombres de tierra adentro —trabajadores y patriotas— están depositadas la esperanza y la fe del general Perón.

Movimiento de reivindicación social
10-VII-51

El Partido Peronista no es un partido político: es un movimiento nacional; es un movimiento de reivindicaciones sociales y de soberanía; un movimiento que nos ha dado a los argentinos el privilegio de que un conductor de los quilates de Perón pueda entregarnos una patria más justa, más libre y más soberana de lo que la encontramos.

El clamor del pueblo
10-VII-51

Es el clamor del pueblo humilde de la Patria el que ha alcanzado la aurora que todos los argentinos soñamos gracias a la mano conductora, generosa y realizadora del general Perón, que convierte en realidad todas las esperanzas y todos los anhelos del pueblo argentino. Por eso les digo: me uno al deseo de todos ustedes, que con ese sacrificio han dado un gran abrazo a todos los peronistas y al líder de la nacionalidad que vela denodadamente por nosotros.

La dignificación del hombre
9-VIII-51

La doctrina peronista no es un conjunto de principios enunciados como letra muerta; primero realizasteis y luego escribisteis la doctrina, para que, con ella en la mano y la Patria en el corazón, no desmayemos jamás en la lucha. Lo más grande que nos ha dado Perón es la dignificación del hombre.

Al servicio de la causa
10-IX-51

Yo no he representado el papel decorativo de la mujer del Presidente, sino el papel de una mujer que, interpretando los dolores, las ansias y las esperanzas del pueblo argentino, puso su corazón, su juventud y su vida al servicio de la causa de los que necesitan de su esfuerzo.

Eterna grtitud
31-IX-51

Guardaré un recuerdo de eterna gratitud hacia todos los hombres y mujeres, los niños y los ancianos de mi pueblo que estuvieron material o espiritualmente presentes en el Cabildo Abierto del 22 de agosto. Nunca se borrara tampoco de mi corazón la gratitud que siento por los compañeros de la Confederación General del Trabajo, y en ellos, por los trabajadores argentinos. Con ellos y por ellos, por los trabajadores y por los descamisados, seguiré luchando como hasta hoy con el General, nuestro líder, nuestro conductor, nuestro maestro, y para mí el amigo leal que con la grandeza extraordinaria de su alma supo dejar mi decisión de estos días librada al arbitrio de mi propia. conciencia y de mi propia voluntad.

Las esperanzas del pueblo
31-IX-51

Yo creo haber hecho todo lo que estuvo en mis manos para cumplir con los trabajadores, y puse mi corazón al servicio de los pobres, llevando siempre como única bandera el nombre del general Perón a todas partes. Si con ese esfuerzo mío conquisté el corazón de los obreros y de los humildes de mi patria, ésa ya es una recompensa extraordinaria que me obliga a seguir con mis trabajos y mis luchas.

Acto solemne de desagravio
27-X-51

Durante cien años, el pueblo argentino sólo ha recibido las migajas que caían de las mesas abundantes de la oligarquía, que primero lo explotaba y después, para quedar en paz con la conciencia, le tiraba las sobras de sus fiestas.

Yo he deseado y he podido, felizmente, realizar el acto de desagravio que los humildes de mi patria merecían.

En cada instituto de la Fundación he puesto expresamente todo el lujo y toda la riqueza que les fueron negados a los pobres descamisados argentinos durante los cien años amargos de la oligarquía vendepatria y egoísta. Soy feliz porque pude cumplir con el acto solemne de desagravio en todos los rincones del país donde se levanta una obra de la Fundación.

En la hora de los pueblos
27-X-51

Los hogares de la Fundación tienen la misión sagrada de formar hombres humildes que mañana sean abanderados del pueblo; que consoliden la victoria del pueblo sobre sus enemigos. Nosotros preparamos a los hijos del pueblo para que sean conductores de sus masas en la hora de los pueblos, cuya aurora comienza anunciando el mediodía brillante en que los pueblos tomarán las rienda de su propio destino.

Inseparables e invencibles
9-XI-51

El pueblo, que sigue a Perón y que lo quiere, debe demostrar toda la potencia de su fuerza... para que así, de una vez por todas, se convenzan sus enemigos para siempre de que Perón y el pueblo son una sola cosa... y que por eso son inseparables e invencibles.

Dos ideales
7-XII-51

Mi lucha del futuro no tendrá más que dos ideales fijos de los que nada ni nadie me podrá desviar: Perón y el pueblo. Todo lo demás serán cosas secundarias para mí. Mi vida será un permanente homenaje que cada día ofreceré por ellos para que la causa de Perón y su bandera alcancen todas las victorias que se merecen. Y para que la causa del pueblo —que es la misma causa justicialista de Perón— se consolide en esta tierra nuestra tan querida y señale para todos los pueblos y para todos los tiempos el maravilloso comienzo de una edad nueva de la historia del mundo: la edad definitiva de los pueblos... de los humildes, de los trabajadores, de los niños, de los ancianos... la edad en que los hombres no serán conducidos por unos pocos mercaderes del hambre y de la guerra... la edad en que los pueblos tomarán las riendas de sus propios destinos, dispuestos a vivir en paz a la sombra de la verdadera justicia y de la verdadera libertad.

El gran maestro de la vida
7-XII-51

Estoy con todos ustedes, lo mismo que antes, dispuesta a seguir con mi lucha y con mi trabajo, con más amor, con más fe y con más fanatismo que antes... por la causa de Perón, que es la causa del pueblo y de la Patria.

No me ha cambiado la enfermedad ni me ha quebrado el dolor. Por el contrario, ha confirmado mi fe y mi cariño por el pueblo. El dolor que he sentido en mi propio cuerpo y en mi propio espíritu me ha hecho comprender más íntimamente el dolor de los demás. Antes yo solamente lo presentía, y presintiéndolo me dediqué a aliviarlo en los cuerpos y en los corazones de los pobres y de los humildes. He conocido ahora de cerca la cara del sufrimiento, con sus amarguras y con sus angustias, y el dolor, gran maestro de la vida, me ha hecho meditar, durante las horas de su presencia, en los pequeños y grandes problemas que pasan habitualmente por mis manos o ante mis ojos.

Siempre con el pueblo
7-XII51

Ustedes son el pueblo. Ustedes son los hombres y mujeres humildes de mi patria. Ustedes son los que me oyen esta noche porque han comprendido que yo los quiero de verdad... y también me quieren un poco. Ustedes son los niños que Perón proclamó los únicos privilegiados. Ustedes son los ancianos que están tan cerca de mi corazón. Son los trabajadores con quienes he luchado en los días sin pausa de la Secretaría de Trabajo y Previsión para que siguiesen adelante por el mismo camino que nos marcó el Coronel. Ustedes son el pueblo y yo estoy otra vez con ustedes. Con ustedes, las mujeres del movimiento peronista, heroicas y fanáticas mujeres del corazón bien puesto. Con ustedes, humildes descamisados de los barrios humildes y de los pueblos lejanos.

Puertas abiertas
20-II-52

Hemos abierto en nuestro movimiento las puertas de par en par para todos los hombres, cualquiera sea su credo, su raza o su religión, porque para nosotros no hay más que argentinos justicialistas enrolados en las tres banderas de la doctrina peronista del general Perón: la justicia social, la independencia económica y la soberanía de la Patria. El objetivo de esas tres banderas es la felicidad del pueblo argentino, que ha labrado con tantos sacrificios y con tantos esfuerzos el general Perón. A él lo ha acompañado el pueblo argentino; lo han acompañado los humildes y, como dije en La Razón de mi Vida, aquí nuevamente se ha cumplido el milagro de hace dos mil años en Belén.

Lucha por la verdad
20-II-52

Yo quiero que mi voz de mujer, en representación de todas las trabajadoras argentinas, sea como un clarín que despierte a los que no han ocupado aún su puesto en la lucha. Todavía tendremos cincuenta años de lucha, porque es una mentira que siempre los pueblos han de ser una recua de hombres que trabajan en la paz y mueren en la guerra; es una mentira que siempre los pueblos han de estar gobernados por una reducida clase dirigente y que han de estar siempre entre dos capitalismos.

Los pueblos han de gobernarse por sí mismos; ha de llegar el momento en que han de hacer valer su voluntad, y la voluntad de los pueblos, ya que son soberanos, ha de prevalecer, cimentando la justicia social, la independencia económica y la soberanía de sus patrias. Así habremos logrado la humanidad feliz que soñamos todos los americanos y todos los hombres de bien.

Ahora y mañana
1-V-52

Otra vez estoy en la lucha, otra vez estoy con ustedes, como ayer, como hoy y mañana. Estoy con ustedes para ser un arco iris de amor entre el pueblo y Perón; estoy con ustedes para ser ese puente de amor y felicidad que siempre he tratado de ser entre ustedes y el líder de los trabajadores.

Estoy otra vez con ustedes, como amiga y como hermana, y he de trabajar noche y día por hacer felices a los descamisados, porque sé que cumplo así con la Patria y con Perón. He de estar noche y día trabajando por mitigar dolores y restañar heridas, porque sé que cumplo con esta legión de argentinos que están labrando una página brillante en la historia de la Patria. Y así como este 1º de Mayo glorioso, mi general, quisiéramos venir muchos y muchos años y, dentro de muchos siglos, que vengan las futuras generaciones para decirle, en el bronce de su vida o en la vida de su bronce: ¡Presente mi general!

Luchar y vencer
1-V-52

Nosotros no nos vamos a dejar aplastar jamás por la bota oligárquica y traidora de los vendepatria que han explotado a la clase trabajadora; nosotros no nos vamos a dejar explotar jamás por los que, vendidos por cuatro monedas, sirven a sus amos de las metrópolis extranjeras y entregan al pueblo de su patria con la misma tranquilidad con que han vendido el país y sus conciencias; nosotros vamos a cuidar de Perón más que si fuera nuestra vida, porque nosotros cuidamos una causa que es la causa de la Patria, causa del pueblo, causa de los ideales que hemos tenido en nuestros corazones durante tantos años. Hoy, gracias a Perón, estamos de pie virilmente. Los hombres se sienten más hombres y las mujeres nos sentimos más dignas, porque dentro de la debilidad de algunos y de la fortaleza de otros está el espíritu y el corazón de los argentinos para servir de escudo a la vida de Perón.

Jirones de nuestra vida
28-V-52

El camino a recorrer es largo y a veces un poco arduo. No todas van a ser alegrías; a veces habrá muchas espinas. Pero piensen qué poco importa dejar en el camino jirones de nuestra vida si lo hacemos por el bien de los demás, si nuestro fruto ha de ser la grandeza y la felicidad del país.

IX

LA MUJER EN LA SOCIEDAD

La meta
27-II-46

La mujer del Presidente de la República, que os habla, no es más que una argentina más, la compañera Evita, que está luchando por la reivindicación de millones de mujeres injustamente pospuestas en aquello de mayor valor en toda conciencia: la voluntad de elegir, la voluntad de vigilar, desde el sagrado recinto del hogar, la marcha maravillosa de su propio país. Esta debe ser nuestra meta.

Ya no estamos solos
2-I-47

Mujeres de mi país, compañeras: creo que hablamos ya un mismo lenguaje de fe, y abrigamos una misma esperanza de superación para el futuro de nuestra patria. Creo que estamos cada jornada más juntas, más intimamente ligadas con nuestro destino paralelo. Creo que, día a día, aquí y allá, en las fábricas o en los surcos, en los hogares o en las aulas, se acrecienta esta fuerza de atracción que nos reúne en un inmenso bloque de mujeres con iguales aspiraciones y con parejas inquietudes. Creo que, al fin, hemos adquirido el claro concepto de que ya no estamos solas ni aisladas, sino, por el contrario, solidarias y unidas alrededor de una bandera común de combate.

Ubicación
28-I-47

Lucho y brego porque las mujeres argentinas lleguemos a colocarnos en el sitio de privilegio en que están colocadas las mujeres de todo el mundo y del que nosotras injustamente hemos vivido relegadas hasta ahora.

Misión de la mujer
19-II-47

La misión sagrada que tiene la mujer no sólo consiste en dar hijos a la Patria, sino hombres a la humanidad. Hombres en el sentido cabal y caballeresco de la hombría, que es cuna del sacrificio cotidiano para soportar las contrariedades de la vida y base del valor que inspira los actos sublimes del heroísmo cuando la Patria los reclama. Hombres formados en las costumbres cristianas, que han hecho fuerte a nuestra estirpe y sensibles a la emoción nuestros criollísimos sentimientos. Hombres austeros que forjan su vida al calor del hogar donde siempre palpita un corazón de mujer.

La "descamisada", dueña de su propio destino
12-III-47

Fue la calle, el 17 de Octubre, lo que certificó que la mujer argentina representa también una opinión nacional digna de ser tenida en cuenta. La mujer, con magnífico impulso, se colocó de pronto en la trayectoria de su mejor derecho: en el de influir en los destinos de la Patria. Tú misma, la que aquella madrugada arrojaste el delantal de la fábrica para empuñar el cartelón de la revuelta callejera, decidiste el valor nuevo y perentorio de tu sexo. Tu voluntad fue la voluntad de miles de compañeras indóciles. Tu convicción fue la convicción de tu hogar, salvado por la revolución del pueblo. Tu pensamiento recóndito, expresado en gritería desordenada, mostró al país que la "descamisada" en marcha era desde entonces la dueña de su propio destino. Tú rompiste el tutelaje social a que sometieron a tu clase. Tú triunfaste, como Perón.

Columna del mundo
14-III-47

Que todas las mujeres sientan y amen la paz y la justicia, el derecho y el bienestar. Ellas preservan a las generaciones del flagelo de las contiendas y sirven para crear condiciones de justicia y de respeto, dentro de los conceptos amplios de la libertad social.

Las mujeres de América estaremos entre ellas e integraremos la columna de las mujeres del mundo. Por ello es que exhorto en nombre de las mujeres argentinas, entregadas a una paciente y laboriosa obra de construcción social, a meditar en este día espiritual de las Américas en favor de la unión fraterna de las mujeres del Continente, segura de que, tras esa meditación tranquila de mujeres patriotas, encontraremos el medio que haga posible el entendimiento de nuestros corazones y perdurable la vinculación de nuestros sentimientos.

Conciencia plena de la realidd argentina
19-III-47

Nuestra lucha es la lucha de la realidad argentina misma. De este período histórico —que puede llegar a todo porque posee voluntad y conciencia plena para llegar a todo— es preciso extraer el arma liberadora de la mujer. Ya no hablamos de nuestra generación, sino de las que vendrán. Ya no hablamos para el país de hoy, retemplado por una tónica nueva, sino para el país de mañana, consolidado en otra medida, dentro del concierto universal de los pueblos.

Reclamo de la mujer
14-IV-47

La mujer representa más de la mitad de la población americana y no reclama sus derechos con actos de requisitoria en favor de la justicia de su causa. Reclama, en cambio, un lugar para compartir con el hombre sus jornadas y para trabajar con él por el triunfo definitivo de la fe, por la voluntad y por la vida que se nutren en su espíritu generoso y porque las ciudades, los campos y la civilización también fueron afianzados con energía femenina.

La mujer en la gesta de América
14-IV-47

Al lado del héroe civil o militar, desde los días de la gesta colonizadora, en que el nativo paseaba su dominio y soberanía por la tierra inmensa e inconquistable, hasta los días claros de la jornada emancipadora americana , encuéntrase en el desarrollo de la historia la presencia de mujeres alentando al nativo, acompañando al héroe, aconsejando al soldado, dando su intuición al revolucionario, colaborando con el estadista y prestando su apoyo. Tras cada una de estas figuras, que luego alcanzaron los perfiles de la heroicidad, hubo siempre una mujer que alentó sus pasos, una mujer que ayudó a la Patria, una mujer que colaboró en la hora inicial de América.

Igual trabajo, igual salario
11-V-48

Si la mujer salió a la calle para ganarse el pan, también debe tener el derecho a elegir sus gobernantes; a que se la iguale a los hombres en todas las condiciones de trabajo. Aspiramos a la completa nivelación con los hombres: a igual trabajo, igual salario.

La mujer, misionera de paz
18-VIII-48

Somos, las mujeres, misioneras de paz. Los sacrificios y las luchas sólo han logrado hasta ahora multiplicar nuestra fe. Alcemos, todas juntas, esa fe e iluminemos con ella el sendero de nuestro destino. Es un destino grande, apasionado y feliz. Tenemos para conquistarlo y merecerlo tres bases insobornables, inconmovibles: una ilimitada confianza en Dios y en su infinita justicia, una patria incomparable a la cual amar con pasión y un líder al que el destino moldeó para enfrentar victoriosamente los problemas de la época: el general Perón. Con él y con el voto contribuiremos a la perfección de la democracia argentina.

La mujer en la nueva Argentina
4-IV-49

Vivimos en el ardor de una revolución nacional; vivimos una fe que arraigará hasta convertirse en una sólida realidad. La mujer ha tomado la bandera de su redención. La mujer está más cerca de su hombre, porque está más cerca de las inquietudes de su suelo, de su región, de su célula más íntima y más trascendente. La mujer está más cerca del corazón del país porque está más cerca de las necesidades de su pueblo. La mujer de la nueva Argentina, la mujer consciente de sus deberes, debe vivir ya una existencia conformada a esa realidad esencial.

Conciencia de la mujer argentina
16-VIII-49

La conciencia de la mujer argentina, fiel intérprete y ejecutora del ideal pacifista de la nacionalidad, que ha sido fortalecido y exaltado por el goce de una efectiva justicia social bajo el gobierno del general Perón, opone al recurso negativo de la guerra las fuentes afirmativas de la cooperación, la solidaridad y el respeto a la soberanía de todos los pueblos. Inspirada en el firme trabajar incansable de esta causa, con el convencimiento de que el grupo no puede desintegrarse por sistemas o ideologías, no aceptamos, ni aun mentalmente, que la humanidad se distribuya en favor de hegemonías laterales.

Movimiento femenino justicialista
24-VIII-49

El movimiento femenino argentino está perfectamente definido dentro de la política justicialista del general Perón, en su triple aspecto de libertad económica, soberanía política y justicia social, y se encuentra empeñado en el firme propósito de cooperación para el logro total de esos postulados que son la síntesis que justifica un vasto plan de gobierno. Esta trilogía de principios encuentra su natural realización en nuestra fe por las instituciones democráticas y republicanas que nos gobiernan, porque creemos que ellas son las únicas que pueden garantizar la libertad y seguridad de los pueblos, sin apelar a ideologías pútridas de principios materialistas.

Culto de la mujer argentina
3-VI-50

Esta jira que me lleva a las provincias pobres de la República es una jira de realidades, puesto que la Fundación de Ayuda Social hará entrega de cinco institutos que serán ejemplo de lo que se hace en esta era peroniana en favor de la clase trabajadora. Los descamisados de la Patria, con su noble corazón, saben estimular a los que ponen sus esfuerzos al servicio del pueblo; por eso he visto en el trayecto a ancianos, mujeres, hombres y niños levantar la mano saludando, no a la esposa del Presidente, sino a la mujer que ama al pueblo y que representa a todas las mujeres humildes de la Patria. ¿Qué premio más grande puede desear una argentina que el amor de su pueblo? Y ustedes, con esa bondad que caracteriza a los trabajadores, al aplaudir y vitorear el nombre de esta humilde mujer, están rindiendo culto a la mujer argentina.

Trabajando con denuedo
30-I-51

Cuando los trabajadores peregrinaban por los campos argentinos sólo fueron escuchados por ese patriota que rige hoy los destinos de la Patria, quien logró dignificarlos. Yo, que no hablo como esposa del Presidente, sino como mujer argentina y peronista, sé bien de las reivindicaciones que el general Perón ha hecho llegar a todas las mujeres, especialmente a aquellas que trabajan en las fábricas y que en tiempos inciertos para la nacionalidad eran tratadas despreciativamente por la clase que se creía privilegiada.

Por eso, porque sé lo que es trabajar con denuedo y porque sé del cariño entrañable que el general Perón siente por sus vanguardias trabajadoras, es que les pido que sigan trabajando como lo han hecho hasta ahora y realizando actos como éstos, que son los que engrandecen a todos los justicialistas.

Mujeres peronistas
1-II-51

Yo les deseo a la Escuela Superior Peronista toda suerte de triunfos y una larga vida de fecunda tarea. Las mujeres peronistas vendremos a ella para aprender cómo se puede servir mejor a la causa de nuestro único y absoluto líder, y pondremos en el trabajo de aprender todo nuestro fervor y nuestra fe mística en los valores extraordinarios del Justicialismo, porque nosotras no olvidaremos jamás que no se puede concebir el Justicialismo sin Perón.

Confiadas en las propias fuerzas
26-VI-51

Confiadas en nuestras propias fuerzas, confiadas en nuestro sacrificio y levantando nuestra mirada hacia el general Perón, trabajaremos contentas y felices, porque a lo único que aspiramos es a poder presentarnos y luego afirmar: Hemos cumplido...

Reserva moral
17-VII-51

Porque vi que la mujer no era tenida en cuenta, ni en lo material ni en lo espiritual, y porque advertí que la mujer era una reserva moral y espiritual en el mundo, me puse al lado de todas las mujeres de mi país, para bregar con ellas denodadamente, no solo por nuestra reivindicación, sino también por la de nuestros hogares, de nuestros hijos, de nuestros esposos, al lado del general Perón.

En pro de la felicidad de la Patria
3-VIII-51

Dentro del Partido Peronista Femenino no hay ambición personal, sino solamente un espíritu de disciplina y de sacrificio, y un deseo incontenible de estar siempre en los puestos de mayor lucha, y sobre todo en los lugares donde no se brille, sino que se dejen jirones del alma en pro de la felicidad de la Patria.

Una mujer del pueblo
22-VIII-51

Yo no soy más que una mujer del pueblo argentino, una descamisada de la Patria, pero una descamisada de corazón, porque siempre he querido confundirme con los trabajadores, con los ancianos, con los niños, con los que sufren, trabajando codo a codo, corazón a corazón con ellos, para lograr que lo quieran más a Perón y para ser un puente de paz entre el general Perón y los descamisados de la Patria.

La liberación de la mujer
31-VIII-51

Las mujeres, más que nadie, debemos a Perón nuestra liberación, porque éramos un número en la Patria. Estábamos siempre en la hora del dolor, en la hora del sacrificio, pero jamás en las horas de las decisiones. Tuvo que venir Perón para que las mujeres compartiéramos con los hombres la responsabilidad de construir un país más feliz, más próspero, más soberano.

X

DERECHOS CIVICOS DE LA MUJER

Unirse y afirmar una voluntad
27-II-46

Yo considero, amigas mías, que ha llegado el momento de unirnos en esta fase distinta de nuestra actividad cotidiana. Me lo indica diariamente la inquietud de vuestros pensamientos y la ansiedad que noto toda vez que cruzamos dos palabras. La mujer argentina ha llegado a la madurez de sus sentimientos y sus voluntades. La mujer argentina debe ser escuchada, porque la mujer argentina supo ser aceptada en la acción. Se está en deuda con ella. Es forzoso establecer, pues, esa igualdad de derechos, ya que se pidió y obtuvo, casi espontáneamente, esa igualdad en los deberes.

Nuestro baluarte: el hogar
27-II-46

El hogar, esa célula social donde se incuban los pueblos, es la argamasa nobilísima y celosa de nuestra tarea. Al hogar estamos llegando, y el hogar de los argentinos nos va abriendo sus puertas, que son el corazón ansioso del país.

Todo lo hemos supeditado, repito, al fin último y maravilloso de servir. Servir a los descamisados, a los débiles, a los olvidados, que es servir —precisamente— a aquellos cuyos hogares conocieron el apremio, la impotencia y la amargura.

Del odio, la postración o la medianía vamos sacando esperanza, voluntad de lucha, inquietud, fuerza, sonrisa. El hogar, que determinó el triunfo popular del coronel Perón, no podía ser traicionado por la esposa del coronel Perón.

La mujer debe ir a la acción política
27-II-46

La mujer argentina ha superado el período de las tutorías civiles. Aquella que se volcó en la Plaza de Mayo el 17 de Octubre; aquella que hizo oír su voz en la fábrica, en la oficina y en la escuela; aquella que, día a día, trabaja junto al hombre en toda gama de actividades de una comunidad dinámica, no puede ser solamente la espectadora de los movimientos políticos. La mujer debe afirmar su acción. La mujer debe votar. La mujer, resorte moral de un hogar, debe ocupar el sitio en el complejo engranaje social de un pueblo. Lo pide una necesidad nueva de organizarse en grupos más extendidos y remozados. Lo exige, en suma, la transformación del concepto de la mujer, que ha ido aumentando sacrificadamente el número de sus deberes sin pedir el mínimo de sus derechos.

El voto femenino
27-II-46

El voto femenino será el arma que hará de nuestros hogares el recaudo supremo e inviolable de una conducta pública. El voto femenino será la primera apelación y la última. No es sólo necesario elegir, sino también determinar el alcance de esa elección. En los hogares argentinos de mañana, la mujer, con su agudo sentido intuitivo, estará velando por su país al velar por su familia. Su voto será el escudo de su fe. Su voto será el testimonio vivo de una esperanza en un futuro mejor.

Capacitación cívica
12-II-47

Millones de mujeres saben ahora que estamos iniciando la lucha por la superación de nuestro valor humano dentro de la sociedad argentina. Millones de mujeres saben que está dentro de nuestra voluntad y al alcance de nuestras manos la conquista del derecho supremo que la Constitución acuerda a los ciudadanos del país, que excluyó —justificadamente en su época— la coparticipación cívica de la mujer.

Nueva valoración política
12-II-47

En el camino del hogar a las urnas está implícita la transformación de la vida cívica argentina por el aporte de una nueva valoración política, ajena a toda sugestión electoral que no sea la reclamada por la probidad la conducta y el sentido del orden que rigen la sensibilidad y el espíritu femeninos.

Testigo, actor y juez
12-II-47

Ahora sólo puedes sugerir, ayudar, impulsar. Pero cuando llegue el voto, tú misma tendrás ya la fuerza cívica que evite delegaciones estériles. Tú serás el testigo, el actor y el juez de tu misma conciencia nacional y de la conciencia de los hombres que invistan, en cualquier momento, la responsabilidad de la Nación.

Elegir mejor y más sanamente
12-II-47

Por eso lucharé por el voto femenino. Porque he sentido íntimamente la responsabilidad crucial de la hora que atañe al hogar argentino, reducto de la fe cívica nueva y futuro juez de la conducta de sus elegidos. Aspiramos a que, en el eje de ese hogar, que es la médula de la familia, se haga carne la preocupación de *elegir mejor y más sanamente*, con el apoyo activo de la mujer, verdadera reserva cívica incontaminada e insobornable.

La mujer puede y debe votar
12-II-47

La mujer puede y debe votar en mi país. La mujer votará si las camaradas —ahondando en sus responsabilidades nacionales— ofrecen a todo un vasto y ansioso sector humano el precioso instrumento de su reivindicación civil: el derecho a elegir y ser elegidas, como en las comunidades democráticas más avanzadas del mundo.

Del hogar a las urnas
12-II-47

El voto femenino, la facultad de elegir y vigilar desde la trinchera hogareña el desarrollo de esa voluntad expresada mediante el sufragio, se ha convertido, más que en una aspiración, en una exigencia impostergable. La mujer puede y debe condicionar su propia conciencia a la conciencia de la comunidad, de la que forma parte activa y vital.

Redención política y social
12-II-47

¡Mujer!... Allí donde vivas junto a tu hombre y tu hijo; allí donde concibas y trabajes; allí, en la mesa familiar o en el patio o en la gran cocina patriarcal de la chacra; allí, donde al final han de afluir las noticias de los diarios, el reclamo de la radio o el repertorio de novedades del vecindario; allí mismo, en el centro del país, que es tu hogar, y en el centro del hogar, que eres tú misma, es donde está la realización final del programa de redención política y social argentina que Perón inició hace tiempo para el aumento del bienestar de los tuyos.

Utiles a la Patria
19-II-47

Esperemos que el ejercicio de los derechos políticos de la mujer contribuya a depurar los sentimientos de nuestro pueblo, volviendo a las costumbres sencillas, humildes y alegres. Esperemos que, libres ya de la preocupación de nuestras necesidades materiales por haberla tomado sobre sus hombros el general Perón, todas las mujeres puedan saborear sus ilusiones y vivir una existencia feliz con el orgullo de poder ser útiles a la Patria, no sólo dándole los hijos que necesita para su progreso, sino ciudadanos ilustres para su prestigio ante el mundo entero.

Perfeccionamiento de la comunidad
19-II-47

El sufragio femenino no ha de ser un formulismo más en nuestras prácticas democráticas. Deseamos fervorosamente que sea un resorte que perfeccione los perfiles de nuestras costumbres, que afine las expresiones de nuestra conducta, que sea ejemplo, norma y guía hacia el perfeccionamiento de nuestra comunidad nacional.

Elevar los resortes morales
19-II-47

Al ejercicio del sufragio y al honor de contribuir al gobierno del país, las mujeres debemos corresponder consagrándonos intensamente a elevar los resortes morales de la conciencia nacional para que aparezca adornada con las mejores galas y los mejores efluvios de la sensibilidad femenina. En el corazón de los hombres gravitan perdurablemente las emociones y los sentimientos de la mujer. Madre, hermana, novia y esposa dejan en las determinaciones de los hombres el sello indeleble de su paso por la vida, y si queremos un mundo mejor o una era mejor que la que nos ha tocado vivir, necesitamos que las acciones y las pasiones de los hombres se vean suavizadas, matizadas, ennoblecidas por nuestra ternura de mujeres.

Verdad orientadora
19-II-47

El derecho femenino no consiste tan sólo en depositar la boleta en la urna. Consiste esencialmente en elevar a la mujer a la categoría de verdadera orientadora de la conciencia nacional. Cuenta Plutarco que en Esparta, durante el gobierno de Licurgo, se formó la escuela de las grandes mujeres lacedemonias. Ellas comprendieron y aprendieron la importancia que para el Estado tiene la mujer: educa al niño y forma al hombre. De grandes mujeres sólo pueden salir grandes hombres.

Propulsor del voto
21-II-47

El general Perón es el principal propulsor del voto femenino, porque siempre creyó en esas valerosas mujeres que el 17 de Octubre salieron a la calle del brazo de sus maridos, novios y hermanos, en esa gloriosa jornada, para reconquistar a su líder. Esas mujeres fueron las precursoras del voto femenino. Esas mujeres, con su intuición, con su ternura, con su cariño, han de acompañar a los hombres en sus hogares para que, en conjunto, puedan hacer de esta nuestra Argentina un país justo, fuerte y soberano.

Escuela cívica
26-II-47

El sufragio femenino será la escuela cívica donde llegará a su máxima expresión la influencia protectora del hogar cristiano, eje y escudo de nuestra formación social. Ante esta posibilidad, de nada valen la injuria y la ineptitud disfrazadas de crítica mordaz y la ya envejecida técnica de ataque de los hombres sin Dios. En el seno de la familia no cabe el instinto ni la barbarie, sino la Cruz, bajo la cual nos engendraron. En el seno de la Patria, no cabe el díscolo sin bandera y sin credo, sino el ciudadano sujeto a los cánones civiles. En el seno de nuestra democracia no cabe el distingo absurdo entre sexos, sino la unidad moral recia y firme, sin cuyo requisito la política carece de responsabilidad y de conciencia.

Virtudes democráticas
26-II-47

Piénsese que para la formación del ciudadano del mañana no hay mejor academia que la determinada por la madre que vota. Es un ejemplo vivo y lúcido, una escuela cívica en acción. Paralela a la enseñanza religiosa que otorga a la educación una ley moral que la justifica y la respalda, está la influencia de la mujer, que en cada hogar va formando en el ánimo de su hijo la conciencia política de orden y de respeto por las instituciones. Las virtudes democráticas bien entendidas arraigarán en el ciudadano del futuro, merced a este doble juego de inducciones y sugestiones que la mujer misma se encargará de ejemplificar con su aptitud ante las urnas.

Suma de anhelos
26-II-47

Para la mujer, el votar mal sería siempre un penoso experimento familiar, reflejado sobre todos los suyos. De modo indisoluble, el voto femenino viene a ligar así, dentro de la comunidad, principios de orden moral y de orden político difícilmente irrenunciables. La mujer puede votar, como una aspiración de los anhelos colectivos; pero debe, ante todo, votar como una exigencia de los anhelos personales de liberación, nunca tan oportunamente enunciados. Las mujeres de los trabajadores argentinos, a quienes el Presidente ha entregado un decálogo de sus inalienables derechos, tienen la ocasión de solicitar para ellas siquiera el más irrenunciable: el de elegir su gobierno.

Vigía moral
26-II-47

Yo pienso que la mujer argentina será en los comicios algo más que el ciudadano: será la avanzada y la vigía moral, superando la estéril o poco amplia situación de mera electora política. La hora de la mujer es la hora de la virtud pública para el país. Su hogar garantiza su voluntad. Su voto no es solamente un derecho formal, sino un compromiso permanente, sobrellevado y confrontado con la diaria realidad de ese hogar.

Principio permanente
26-II-47

La mujer al votar defenderá en todo momento, más que al hombre eventual, al principio permanente. La mujer al elegir se definirá por lo que atañe a la conservación de su hogar, de su familia, de su fe católica, dejando de lado todo aquello que signifique un peligroso vuelco hacia lo inescrupuloso o lo antiargentino.

Cómo debe votarse
26-II-47

Cuando hablamos del hogar argentino y de la mujer como símbolo de ese hogar, estamos hablando de la mujer cristiana y del hogar asentado sobre esta base de moral tradicional. De hecho, para legitimar nuestra aspiración de que toda mujer vote, podríamos agregar que toda mujer debe votar conforme con su sentido religioso, vale decir, ajustándose a una clara y alta medida de su deber de madre, de esposa, de hija, para con los seres que viven junto a ella, dentro de un cuadro de cristiana equidad, de estricta justicia, de limpia aspiración de mejoramiento espiritual, de generoso impulso solidario; de atento y minucioso ordenamiento mental. La mujer —que es responsable de la educación familiar y el eje de una estructura hogareña orientada en los santos y eternos principios del cristianismo— no podrá equivocarse jamás ante las urnas, donde está el destino ulterior de su patria. La mujer —que está dando en su voto el matiz de su honradez de conciencia— no podrá equivocarse en su destino político si viene de un hogar sometido a la inflexible ley moral de Cristo.

Responsabilidad
26-II-47

El sufragio femenino lleva en sí la responsabilidad. Lleva un compromiso sagrado. Es la responsabilidad y el compromiso del ejemplo que comporta su ejercicio. No olvidemos que la mujer está representando el hogar y, de hecho, el hogar es la simiente de los hombres nuevos. Es su caldo de cultivo. Es su educación, el ejercicio de su primera fe pública, el ejemplo de su iniciación en la difícil carrera del ciudadano. Aquí, pues, es donde se hace resaltar el valor extraordinario que tiene para las manos de la mujer esa arma del sufragio, vale decir, la voluntad de elegir, la voluntad de discriminar y de ilustrar, la voluntad de negarse o consentir en el juego democrático de las elecciones de un pueblo.

Claro y recto camino
26-II-47

Las angustias de la mujer han sido y serán las mías. Las preocupaciones de la mujer yo las vivo y las asimilo. Las esperanzas de la mujer me son comunes. Me animan y me impulsan. Son parte de mi creencia en la bondad y en la justicia de nuestra empresa. De tal suerte, todo aquello que la mujer de mi país ansía tener es parte de mi programa de acción. Nunca podré desdecirme ni retroceder, así, en este claro y recto camino de aproximaciones con lo popular, con lo entrañable de mi pueblo.

Integración de un sistema
26-II-47

La mujer argentina, la responsable de la construcción cristiana de la familia; la mujer argentina, el epígono crítico del hogar, es, ante todo, la representante de lo incontaminado y lo veraz. La vida misma, con su infinita escuela de valores, con su infinita gama de necesidades, grandes y pequeñas, está presente en la voluntad de la mujer. La mujer piensa por su casa, que es pensar por su familia y pensar por su país, suma de familias dispersas sobre el generoso suelo de nuestra patria, El sufragio femenino otorgará, pues, derechos civiles a las mujeres, ya aleccionadas por los derechos humanos. De este modo la mujer estará dando a su voto un carácter universal, de cuya profundidad son testimonios fehacientes el dolor, la alegría y la preocupación de todos los días.

Derechos civiles y humanos
27-II-47

El voto femenino restablecerá esa apremiante ausencia de iniciativa pública en la mujer. El voto femenino abolirá, al fin, el complejo de inferioridad de la mujer ante el panorama dinámico de su país. El voto femenino avasallará el tutelaje incomprensible que las leyes ejercen sobre la mujer argentina y la colocará, por fortuna, en el plano de vigencia política a que su sacrificio permanente le ha dado justo derecho. Con el voto femenino sancionado vamos hacia la integración de un sistema político depurado, aportando al país una experiencia electoral que millones de mujeres aguardan con sus mejores impulsos.

Conciencia de mujer
27-II-47

El voto femenino no será una abstracción ni una nebulosa. Ninguna mujer puede mostrar indiferencia ante su inminente aprobación por el Congreso, porque hacer tal significaría mostrar desafección por aquello que el país tiene de más puro y más incorruptible: la conciencia de una madre de familia, la conciencia de una mujer para quien Dios creó el supremo derecho de crear. El Plan de Gobierno así lo entiende, y el general Perón —propulsor de la inquietud diaria de su pueblo— así lo interpreta.

La hora de la mujer
12-III-47

Ha llegado la hora de la mujer que comparte una causa

pública y ha muerto la hora de la mujer como valor inerte y numérico dentro de la sociedad. Ha llegado la hora de la mujer que piensa, juzga, rechaza o acepta, y ha muerto la hora de la mujer que asiste, atada e impotente, a la caprichosa elaboración política de los destinos de su país, que es, en definitiva, el destino de su hogar. Ha llegado la hora de la mujer argentina, íntegramente mujer en el goce paralelo de deberes y derechos comunes a todo ser humano que trabaja, y ha muerto la hora de la mujer compañera ocasional y colaboradora ínfima. Ha llegado, en síntesis, la hora de la mujer argentina redimida del tutelaje social, y ha muerto la hora de la mujer relegada a la más precaria tangencia con el verdadero mundo dinámico de la vida moderna.

Madudez intelectiva
12-III-47

La mujer ha entrado en su madurez intelectiva. Los tiempos son duros y el trazo de la vida se hace férreo. La conducción del hogar, el consejo al hombre, la responsabilidad del crecimiento de los hijos, comportan para la mujer la adopción de un compromiso complementario que da más cohesión al conjunto. La mujer no es solamente la afección o la sensibilidad. La mujer es la conducta y la dinámica. La mujer es la voluntad y ha ganado sus derechos en la labor de sus fábricas y en el recio y parejo sudor diario del trabajo. Vive su hogar, viviendo la realidad del país; vive su ternura, viviendo también el cuadro social donde esta ternura es posible. La mujer se ha vuelto vigilante y responsable de la arquitectura de su felicidad. Sabe que las lágrimas nacen en definitiva de un mal gobierno, influyendo directamente en las elecciones de su pueblo.

Un deber y un derecho
12-III-47

Tu voto, mujer, nacerá más que la renovación ritual de tu sacrificio espontáneo del 17 de Octubre. Tienes el deber de preocuparte por la estructura moral y política de su patria. Tienes el derecho de exigirlo. El sufragio femenino —aparte de tu reconocimiento como entidad viva, actuante— será siempre el testimonio de un agradecimiento hacia la obra que tú contribuiste a afianzar. Perón confió en ti, y tú debes confiar en Perón. Tendrás el voto para certificar tu voluntad cívica, así como tuviste voz para expresar tu anhelo social de mejoramiento y tu esperanza en el hombre que hizo posible una Argentina nueva.

La Revolución y la mujer
12-III-47

Creíamos demasiado en los hombres y en sus posibilidades tradicionales de reacción para dar oportunidad de manifestar igual entereza a la mujer. A decir verdad, nuestra legislación la olvidó como entidad política. Se la despojó de sus ideas. Se la apartó con discreción e indiferencia del terreno de las decisiones nacionales. No creíamos en la mujer. Y fue la Revolución la que vino a sacarnos del error eterno. La mujer salió a la calle como su hombre. Y el triunfo fue el alarde conjunto de dos voluntades confundidas en una sola, universal, recia, incontaminada.

Levadura del país
19-III-47

Piénsese que el lenguaje del voto, que es el lenguaje de un pueblo libre y soberano, nace naturalmente en el hombre, y, en cambio, la mujer debe aprenderlo desde sus primeras frases. Esta meditación de su significación, esta nerviosa y apasionante elección de elegidos, esta antesala de conciencia que el sufragio supondrá para la mujer, hará cuadruplicar su valor cualitativo, sin que la mujer pierda por ello ninguna de sus más caras y femeninas esencias. La Nación necesita una madre para sus hijos, pero también necesita una ciudadana. En la calle, en el taller, en los campos, allí donde esté la mujer argentina, está la levadura del magnífico país que soñamos. La descamisada que llevó un cartel político puede llevar también la bandera de la Nación.

Igualmente femenina
19-III-47

Y ante todo quisiera que estas insinuaciones de mujer a mujer, para la preparación de un nuevo espíritu femenino, no comportaran para ustedes la creencia de que la mujer va a ser menos mujer porque vote, porque realce al votar el deber que la tradición de la tierra ha reservado al hombre.

No, queridas compañeras, no. Sería ilusorio tratar de mudarnos el alma. Sería inútil variar la índole de nuestros instintos, condicionar nuestra sensibilidad a la insensibilidad de la política. ¡No! Cuando concito tu atención, amiga mía; cuando apelo a tu sentido común y al dictado de nuestra nueva conciencia, no intento siquiera mudar la delicadeza de tu personalidad de mujer. La mujer debe votar. La mujer debe complementar el proceso cívico de su pueblo. La mujer debe influir de manera viva y decisiva en la esfera pública. Pero la mujer no debe por ello resignar ninguna de las dotes espirituales que le dan expresión. Al contrario: la mujer debe ir hacia la vida pública con su voluntad confrontada con tan delicados y supremos valores humanos. Si al hombre, en el ejercicio de su ciudadanía, se le podría imputar una ambición rastrera o un interés subalterno, a la mujer argentina en manera alguna se le podría mañana achacar irresponsabilidad o ligereza electoral.

La intuición y las ideas
19-III-47

Dígase lo que se quiera, la mujer argentina posee la sutileza de discriminar entre lo aceptable y lo desechable. Su intuición estará, pues, al servicio de un sistema de ideas y hechos políticos, en cuyo democrático manejo revelará probidad, versación y aguda percepción de los intereses que le atañen directamente para la conservación de su hogar, su familia, su fe y su trabajo. Si la mujer sabe remediar y rehacer; si la mujer sabe trabajar y sufrir; si la mujer se ve obligada a asistir y a ser actora en el drama de la existencia cotidiana, también la mujer sabrá votar, vale decir, obrar, opinar, dar fe de su destino

Palabras de Perón
19-III-47

El hombre que tu esposo con su voto y tú con tu ansiedad de mujer consciente llevaron a la presidencia de la República el 24 de Febrero, ya ha reconocido esa necesidad del sufragio femenino con estas palabras decisivas: "Estamos convencidos de la necesidad de otorgar a la mujer los derechos políticos y apoyamos con todas las fuerzas de nuestra convicción el propósito de hacer de esto una realidad argentina. Es necesario dar a la Constitución su plena aplicación dentro de las formas democráticas que practicamos, y debemos una reparación a esa Constitución mutilada en lo que se refiere a la mujer".

Reacción política decisiva
19-III-47

¿No creéis, compañeras mías, que ha llegado el bendito momento de oponer al desborde de una hora nuestra sedimentada pasión de años y años, pasados en la observación, en el silencio, en el ejercicio de nuestro buen sentido hogareño? ¿No creéis que al hombre le hace falta también descansar de sus compromisos nacionales, en el complemento obligatorio de su vida, en el ser más entrañable, en el testigo más íntimo de su preocupación, de su ansiedad, de su inquietud: su mujer? ¿No lo creen así, mujeres de mi pueblo, estén donde estén, al recibir esta suprema confesión de un corazón femenino que cree interpretarlas a todas? Es necesario que respondáis sí. Esa afirmación es la afirmación de la verdad. Decir sí es vivir la realidad social de la revolución argentina, iniciada bajo el auspicio promisorio de la mujer que, por primera vez, reaccionó en forma política, decisiva y recia.

Igual deber histórico
19-III-47

Sepamos que la tradición constitucional puede envejecer. Sepamos que la tradición no confronta a veces la realidad social de un pueblo. Sepamos que la vida dinámica de hoy admite, postula y exige responsabilidades paralelas de mujer y hombre. La mujer no es ya la consorte inerte de las circunstancias. La mujer es actora del drama de los tiempos. Es su testigo, su credencial vital. Es su mitad humana sacrificada al mismo deber histórico del hombre y ganada en igual lucha para una posteridad.

Responsabilidad política de la mujer
19-III-47

Habrá muchas mujeres que en la Argentina aun creen poder substraerse al deber de emitir su juicio en una elección libre, donde se juega la tranquilidad de su esposo, o la carrera de su hijo, o la ambición de su novio, o el porvenir de su hermano, o el resumen de toda situación personal, que es el destino de la Patria misma. A esas mujeres, a esas compañeras mías, yo les diría: leed los diarios del mundo. Pensad que el hambre, la miseria y el dolor vagan por las tres cuartas partes del globo. ¿Es humano dejar a los hombres la entera responsabilidad de correr la aventura trágica del poder? Y ante todo: ¿es humano delegar siempre en los hombres, aunque vivamos en el país de la riqueza, el fruto de nuestros deberes políticos ?

Salvaguardia de la revolución
19-III-47

Sé y lo sabéis vosotras, mujeres de mi país, que estamos en condiciones de hacer frente al deber de votar. Se y lo sabéis también vosotras que no hay justificación posible para la evasión de este mandato patriótico, cada día más imperativo, cada día más perentorio. La salvaguardia de la revolución nacional y la consolidación de sus frutos están, en cierto modo, en nuestras manos. Hemos dado al hombre, por delegación, nuestra responsabilidad argentina. Debemos retomarla. Debemos defenderla. Debemos exaltarlo al plano de las más claras aspiraciones femeninas. Todo vano intento de reformar el curso histórico, excluyéndonos de las urnas, donde una nación juega su papel universal, es parte de una inveterada desconsideración, contemplada casi siempre en función de imperfecto examen.

Derechos ciudadanos de la mujer
19-IV-47

Ahora estamos viviendo la realidad argentina, porque el 17 de Octubre junto al obrero argentino estuvo también la mujer. Por lo tanto, a ella también le corresponde el insigne honor de haber luchado para salvar a la Patria. Y es así como el general Perón nos dio los derechos de la ciudadanía, que tanto había ambicionado la mujer argentina, no como una expresión política, sino como una expresión del deseo de elegir al que ha de gobernar y al que ha de legislar, porque ella en el hogar es la que más siente la incuria de los malos gobiernos. Puesto que la mujer en el hogar es la que más sufre, tiene también el derecho supremo de elegir a sus gobernantes.

El valuarte del hogar
19-II-49

La defensa de las conquistas logradas en los planos social, económico y político está de tal manera unida a la capacidad de elegir de la mujer, que negarse a concederle derechos civiles equivaldría a excluir a la familia y al hogar del futuro inmediato de la Revolución. Perón necesita del baluarte inviolable del hogar y del impulso intuitivo y substancialmente conservador de la mujer, para llevar adelante y afianzar su programa de acción de gobierno.

Unidad femenina peronista
27-VI-49

Nos esperan grandes días que serán de esfuerzos y de sacrificios, pero también de esperanzas, de triunfos y de fe. Tenemos ante nosotras una obra enorme de consolidación que realizar, la que involucra no sólo nuestro presente superado de mujeres, de trabajadoras y de ciudadanas, sino el porvenir de nuestros hijos, de nuestros hermanos y de las generaciones futuras que vivirán felices y fraternales en la gran patria argentina que está forjando Perón. Para esa misión femenina, porque ha sido siempre la mujer la que consolidó las obras de los hombres con su sacrificio y su tenacidad, nosotras las mujeres peronistas contamos con dos palancas que nos llevarán seguramente a la victoria y el bienestar. La primera es la doctrina que recibimos directamente del general Perón, factor determinante del despertar nacional. La segunda es nuestra unidad femenina peronista, que debe forjarse invariablemente sobre nuestra fe en el Líder, nuestra comprensión de sus afanes y nuestra ternura y solidaridad hacia todo el pueblo argentino.

Movimiento peronista femenino
27-VI-49

Esta tarea nos corresponde por dos razones esenciales: primero, porque es propio de la mujer hacerse abanderada de las grandes soluciones colectivas que garantizan el porvenir de la humanidad, y ésa ha sido su misión en la Historia; segundo, porque como la peronización del país tendrá como consecuencia directa la exaltación de sus más altos y efectivos valores morales y espirituales, y éstos reposan siempre sobre la acción de la mujer, nuestra colaboración es imprescindible e insustituible. Y nosotras sabremos cumplir. Tengo esa plena seguridad y sé que es compartida por todas las delegaciones. El movimiento peronista femenino no puede fracasar en sus objetivos porque su fracaso sería el de toda la nacionalidad, y la Historia nos repite en todas sus páginas que las empresas que contaron con el apoyo de las mujeres, porque eran dignas de los pueblos y de su porvenir, triunfaron siempre como nosotras habremos de triunfar.

Adhesión femenina
27-VI-49

Nada más tendría que agregar en esta intervención si no me sintiera tan profundamente deudora de gratitud hacia cada una de las compañeras que han traído su entusiasmo y su fe peronista a esta Primera Asamblea Nacional. Confieso que, aunque había descontado la ejemplar disciplina en que se desenvolverían sus trabajos, la total adhesión hacia el Líder en sus manifestaciones, el espíritu femenino que presidiría toda su acción y el entusiasmo unitario de todas sus deliberaciones y resoluciones, la realidad superó mis mejores esperanzas y la experiencia rebasó toda mi expectativa. Hemos dado un ejemplo que es, al mismo tiempo, una confirmación de la justeza con que procedió el general Perón cuando no escatimó su apoyo para que las mujeres argentinas conquistaran plena igualdad con los hombres en los derechos ciudadanos. Hemos sido dignas del Líder y del momento histórico que vive la Nación, buscando, por los senderos de la justicia y de la total liberación, la grandeza de su porvenir.

Ateneos y centros de cultura
29-VII-49

Somos misioneros de Perón en toda la extensión de la Patria y hemos adquirido el compromiso de sembrar, sobre la totalidad de su territorio, los fortines acogedores de su mística y de su fe, concretados en los ateneos y centros de cultura peronista que substituirán para siempre —porque tendrán para dinamizarlos todas las fuerzas y la cohesión de todas las mujeres— a los viejos y desmoralizados comités de taba y empanadas.

La misión de la mujer peronista
29-VII-49

Que cada ateneo sea un baluarte de nuestra fe en el conductor; que cada centro cultural se convierta en un semillero de peronistas; que cada mujer se transforme en una misionera del general Perón y que todas unidas y cada una de nosotras individualmente, en el ambiente en que actúe y en la medida de sus posibilidades, se sienta depositaria y responsable de la doctrina de la consolidación de la obra del general Perón.

Mujeres peronistas
1-VIII-49

El peronismo está en marcha y nada ni nadie lo podría detener. Garantizan su triunfo las leyes inmutables del progreso y la perfección del género humano, los imperativos de la dignificación popular y el destino superior de los pueblos. Nosotras las mujeres peronistas, que somos parte integrante de ese pueblo y que sentimos sus inquietudes con la doble perspectiva de mujeres y de ciudadanas, nos hemos constituido en misioneras del general Perón y de su obra de recuperación nacional, de justicialismo social y de intransigente soberanía. Nuestra fe, nuestro entusiasmo, nuestra fidelidad al pueblo y al Líder son una garantía más para el triunfo popular, que es el triunfo de Perón. Unidas alrededor de él, fortalecidas con su doctrina, inspiradas en su ejemplo y dinamizadas por su devoción a la noble causa argentina, seremos invencibles.

Vínculo de unión
4-XI-49

Mi anhelo es que cualquier mujer argentina que llegue a tener el privilegio y el honor de ser la primera dama desee, como deseo yo, ser Evita antes que la esposa del Presidente de la Nación, si ese nombre es pronunciado para calmar un dolor en algún hogar de la Patria.

Por eso acepté ser abanderada de las mujeres peronistas, en la esperanza de que mi nombre pueda ser vínculo de unión, de que mi nombre pueda servir para mitigar inquietudes, y aquietar, en cualquier momento, los espíritus, llevando la tranquilidad y el bienestar a todos los hogares de la Patria. Pero, eso sí: que no se trate de poner a la compañera Evita en ningún círculo, porque yo sólo quiero estar en el corazón de todas las descamisadas de la Patria.

La mujer en el movimiento político
16-XII-49

En esta era no puede concebirse de ninguna manera que un movimiento político nazca desvinculado o se desvincule del pueblo, cayendo en manos de círculos privilegiados, máxime si ese movimiento es gestado y organizado por mujeres, porque han sido las mujeres de todos los tiempos y de todos los pueblos las que han sufrido y las que han derramado lágrimas por los actos de gobierno que daban la espalda a la realidad de la Patria, preocupándose únicamente por las prebendas y franquicias del poder.

No tenemos nada que aprender sin imitar al general Perón
24-II-50

No tenemos nada que aprender; no tenemos más que imitar al general Perón. Queremos ser un instrumento del pueblo, sentir sus necesidades y ponernos a su servicio. En ese sentido, continuaremos el derrotero trazado por nuestro líder, a quien apoyaremos y por quien trabajaremos como saben hacerlo todos los buenos peronistas. Vamos a trabajar constantemente en el pueblo. Vamos a mitigar dolores, porque sabemos que en la gran organización nacional hay lagunas que el partido político que nace debe resolver y allanar. Tratará el movimiento femenino peronista de ser lo más eficaz posible, no saliendo en ningún momento de su pueblo.

Doctrina peronista de amor y de esperanza
2-III-50

Aquí estoy en Entre Ríos; no importa que Evita sea fea o linda; la belleza no está en el rostro, está en el alma. Lo único que yo ambiciono es que la mujer entrerriana se una formando una sola fila, porque el general Perón nos dio en dos años de gobierno lo que durante 30 años nos habían negado siempre: el derecho cívico. Quiero que las mujeres trabajen tenazmente por la doctrina peronista, de amor y esperanza, de justicia social, de bienestar, de independencia económica y soberanía política.

Dignas de sus derechos
29-X-51

El Partido Peronista Femenino ha probado al país y al mundo entero que las mujeres son dignas de sus derechos, y si aun no bastase para ello el espectáculo de más de 6000 unidades básicas organizadas en dos años y si no bastase la evidencia del espíritu de lucha y la disciplina que las animan, las mujeres peronistas darán el 11 de noviembre la prueba definitiva de su conciencia cívica plebiscitándolo a Perón.

Las mujeres de la Nueva Argentina
29-X-51

Estoy orgullosa del Partido Peronista Femenino porque veo repetirse en cada una de las mujeres que integran sus cuadros mi propio amor por la causa de Perón. Sé que el propio general Perón está satisfecho por la acción que vienen realizando las mujeres peronistas, y yo me siento feliz, como deben sentirse las compañeras de lucha, porque hemos alcanzado la única gloria que ambicionábamos: ser útiles a Perón en la Nueva Argentina que él nos ha dado, justa, libre y soberana.

XI

DERECHOS DE LA ANCIANIDAD

Privilegios
26-VIII-48

Nuestro Presidente, como ustedes saben, siempre ha dicho que en nuestra patria los únicos que tienen privilegios son los niños. Por eso, como los niños tienen ya el apoyo extraordinario del general Perón —como lo tienen todos los necesitados del país—, yo, como iniciadora de la Fundación que tengo el honor de presidir, he querido proclamar ante el Gobierno Nacional y también ante el mundo los Derechos de la Ancianidad.

Sin fronteras
26-VIII-48

La sola proclamación de los Derechos de la Ancianidad no llenará nuestros objetivos y nuestras aspiraciones —todos ellos acordes con los principios solidarios y la política justiciera que inició el general Perón—. Nuestros objetivos van más allá; nuestras aspiraciones buscan realizarse más profundamente aún, comprendiendo no sólo a los ancianos desvalidos de nuestra sociedad, sino a los olvidados de la tierra. La justicia y la solidaridad no reconocen ni pueden reconocer fronteras. Son manifestaciones superiores de la condición humana, formas reveladoras del soplo divino que anima nuestras vidas y busca perfeccionarse de cara a la eternidad.

Hogar de ancianos
26-VIII-48

Este año vamos a inaugurar el primer hogar de ancianos, en Burzaco, provincia de Buenos Aires. Esto prueba que, con la obra revolucionaria que se está llevando a cabo y animados por los ideales que inspiraron siempre al general Perón, no sólo queremos legislar teóricamente, sino concretar una realidad.

Decálogo de los derechos de la ancianidad
26-VIII-48

1º *Derecho a la asistencia.* — Todo anciano tiene el derecho a su protección integral por cuenta y cargo de la familia. En caso de desamparo, corresponde al Estado proveer a dicha protección, ya sea en forma directa o por intermedio de los institutos y fundaciones creados o que se crearen con ese fin, sin perjuicio de la subrogación del Estado o de dichos institutos para demandar a los familiares remisos y solventes los aportes correspondientes.

2º *Derecho a la vivienda.* — El derecho a un albergue higiénico, con un mínimo de comodidades hogareñas, es inherente a la condición humana.

3º *Derecho a la alimentación.* — La alimentación sana y adecuada a la edad y estado físico de cada uno debe ser contemplada en forma particular.

4º *Derecho al vestido.* — El vestido decoroso y apropiado al clima complementa el derecho anterior.

5º *Derecho al cuidado de la salud física.* — El cuidado de la salud física de los ancianos ha de ser preocupación especialísima y permanente.

6º *Derecho al cuidado de la salud moral.* — Debe asegurarse el libre ejercicio de las expansiones espirituales, conformes con la moral y el culto.

7º *Derecho al esparcimiento.* — Ha de reconocerse a la ancianidad el derecho de gozar mesuradamente de un mínimo de entretenimientos, para que pueda sobrellevar con satisfacción sus horas de espera.

8º *Derecho al trabajo.* — Cuando el estado y las condiciones lo permitan, la ocupación por medio de la laborterapia productiva ha de ser facilitada. Se evitará, así, la disminución de la personalidad.

9º *Derecho a la tranquilidad* . — Gozar de tranquilidad, libre de angustias y preocupaciones, en los años últimos de existencia, es patrimonio del anciano.

10º *Derecho al respeto.* — La ancianidad tiene derecho al respeto y la consideración de sus semejantes.

Defensa de los desamparados
25-XI-48

La legislación peronista no beneficiará solamente a los hombres en plena actividad de producción, sino que tendrá en cuenta a los hombres que lo han dado todo por la Patria, y a quienes la Patria no puede dejar desamparados cuando lleguen a la vejez sin recursos y con las energías disminuidas.

Respeto a los ancianos
17-XII-48

Al crear el Decálogo de la Ancianidad, sólo he querido llevar a la conciencia del mundo el concepto de que los ancianos, que ya no son brazos productores, deben tener el máximo respeto de todos, porque han sido los que han dado los mejores años de su vida para la grandeza de la Patria.

Adhesión americana
18-XII-48

La adhesión del gobierno de Bolivia al Decálogo en el que consubstanciamos los derechos de los que culminaron una existencia de trabajo para abocarse a la espera del no ser, es un epílogo digno de la condición humana, es un hecho que honra por igual a la hermosa nación hermana del Altiplano y a toda la comunidad americana. Dice, con elocuencia, que los gestos que se alimentan del fuero moral y que dignifican el espíritu de nuestra época —lamentablemente tan propensa al utilitarismo más crudo— encuentran en nuestro continente un campo propicio a su desenvolvimiento y a su ampliación, señalando también, en este aspecto, nuevos rumbos para la perfección del mundo.

La vejez, drama universal
18-XII-48

El drama de la vejez, carente de los elementos indispensables para la vida, es un drama universal y muerde con el mismo dolor bajo todos los climas y bajo todas las latitudes. Resolverlo en un determinado lugar es resolverlo a medias, y no nos puede consolar de esa limitación de existencia de fronteras la disparidad de orientación y la diferencia de prácticas. Desde los cuatro puntos cardinales, los que rindieron su tributo de trabajo a la vida, sin encontrar un estado social que previera la tranquilidad de sus últimos días, se ven condenados a una vejez dolorosa, angustiada y desesperante, y claman hacia los pueblos y los gobiernos con un acento y unas razones morales a las que nadie tiene el derecho de hacer oídos sordos.

Una Argentina grande
19-V-49

Estamos empeñados en ayudar a la niñez, esperanza del futuro: en apoyar a la familia, piedra angular de todas las sociedades: al trabajador, que con su músculo está construyendo la Argentina grande que quiere el general Perón; y, por último, en apoyar a la ancianidad, como un homenaje que rinde la Patria a los que todo lo dieron y a los que, llegado su ocaso, los argentinos se unen para tenderles la mano.

Derechos de la ancianidad
24-VIII-49

Correspondió al movimiento peronista el realizar nuestra independencia económica e inscribir en la tabla de los valores humanos los "Derechos del Trabajador", jerarquizar al hombre en las postrimerías finales de su vida, imponiendo, por patrimonio ético, por virtudes de la tradición y por la fuerza de los ideales, los derechos que corresponden a la ancianidad, como el derecho a la vivienda, a la alimentación, al vestido, al cuidado de la salud física, al cuidado de la salud moral, al esparcimiento, al trabajo, a la tranquilidad y el derecho al respeto que merece la ancianidad en la consideración de sus semejantes.

Respeto a la ancianidad
16-XII-49

Con lo que acaban ustedes de firmar hoy, dan a la Fundación Eva Perón la enorme responsabilidad de ser asesora en el cumplimiento de un decálogo que no he querido fuese letra muerta, pues, como bien lo dije en oportunidad de sancionarse, no puede haber país grande donde no se respete a la ancianidad y no puede haber país grande tampoco donde no se tiene en cuenta a aquellos que, habiéndolo dado todo en su juventud, en el ocaso de su vida, no encuentren al Estado y a sus compañeros dispuestos a tenderles la mano de igual a igual, manteniendo su personalidad sin distinciones, con ese sentimiento de justicialismo que nos ha impreso el general Perón.

XII

ARGENTINA ANTE EL MUNDO

Enseña de libertad
14-III-47

En su inmensa extensión, América es, en el juego de la naturaleza, una enseña viva de la libertad humana. América puede exhibir con orgullo el ejemplo de sus generaciones. Puede ofrecer, asimismo, la dignidad de su historia, y con ella, la vida de sus heroínas, mujeres que, juntamente con los forjadores del americanismo, rivalizaron en el bronce los prestigios de su cooperación y su esfuerzo.

Tierra de confraternización
14-III-47

Somos nosotras parte de esas nuevas fuerzas que, renovando la voluntad universal, luchan por el afianzamiento de su destino histórico. Somos, en esta lucha gigantesca, lo que hemos sido siempre: grandes o heroicas, humildes u olvidadas, en la gloria o en la adversidad, mujeres dispuestas a cumplir con nuestro deber, haciendo de América lo que debe ser: una grande e indivisible tierra de confraternización.

Afianzamiento americano
14-IV-47

En la vida universal, América simboliza el continente de la esperanza. Para los hombres y para los pueblos de empresa, esa esperanza representa la libertad suprema y la felicidad entre los hombres. Por eso América es el continente de la justicia y la paz. En nombre de estos principios sociales y cristianos, liberadores y fraternos, de la justicia y de la paz, hablo a todas las mujeres americanas, para llevarles el pensamiento y los saludos de las mujeres argentinas que sueñan y luchan, al igual que por el engrandecimiento de la Patria, por el afianzamiento americano y por la consolidación del bienestar universal.

Impresión y afecto
7-VI-47

Permitidme que os diga la impresión que he recogido en vuestras ciudades y en vuestros campos. He venido por primera vez a España y, sin embargo, me ha parecido tornar a ella después de una ausencia de mucho tiempo. Como si mi alma, por misteriosas reminiscencias, despertase de un sueño de visiones de mis antepasados, los cuales nacieron y gastaron sus ojos en la contemplación de estas mismas ciudades y de estos mismos campos de ensueño. Me siento más argentina que nunca, precisamente porque me encuentro en la Madre Patria. La suprema efusión de amor sólo puede experimentarla la mujer cuando une las trepidaciones de su corazón efímero al ritmo eterno de las armonías divinas. Por eso siento ahora una ebriedad de amor y de felicidad, porque mi sencillo corazón de mujer argentina se ha puesto a vibrar en consonancia con los acordes eternos de la España inmortal.

La Argentina y España
27-VI-47

El pueblo español está hoy más que nunca ligado a nuestro pueblo argentino. Agradezco a la Madre Patria todos los homenajes que en mi persona se han rendido a la Argentina, con motivo de mi visita, que no podré olvidar jamás, como tampoco se borrará de mi mente el espectáculo de las incontables banderas argentinas y españolas reunidas en comunidad espiritual como muy pocas veces se ha visto.

Agradezco a España todo el cariño que siente por esta Argentina, su hija, en cuya patria su jefe, el general Perón, está bregando por una justicia social que haga más felices a nuestros trabajadores y a nuestro pueblo todo.

Llamado de paz
16-VIII-47

América está esperando con ansiedad, pero con fe, que sus representantes reunidos aquí (Brasil) concreten, en formas jurídicas, el llamado a la paz universal que ha formulado nuestro querido Presidente, nuestro jefe y líder, el general Perón.

Jerarquía en Europa
16-VIII-47

La República Argentina tiene en Europa una jerarquía que jamás alcanzó. He escuchado, en efecto, las más autorizadas voces de reconocimiento por la labor que ha cumplido la Revolución. Los principios sociales expuestos por nuestro líder, el general Perón, son ya destinos del mundo. El oprimido reniega de la opresión, el infortunado reclama el derecho de ser feliz.

Pureza del sentimiento argentino
27-VIII-47

No es posible cerrar los ojos a la realidad y hablar de paz sin desterrar el concepto de que los pueblos sólo son mano de obra en la paz y carne de cañón en la guerra. En Europa yo podía hablar de paz porque lo hacía en representación del movimiento peronista de la Argentina, que traduce la pureza de sentimientos y las buenas intenciones de los argentinos.

Hay que apoyar a Perón
11-IX-47

Yo he recorrido el Viejo Mundo y he podido contemplar la desolación, las dificultades y el empobrecimiento que ofrece la vieja Europa, dentro de un verdadero cuadro de terror. He apreciado también cómo miran todos hacia la Argentina, hacia nuestra patria. Y al verlo he pensado que los que no sean vendepatria deben apoyar a ese soñador que trabaja para todos, poniéndole el hombro para que triunfe en sus propósitos; porque creo sinceramente que las futuras generaciones no nos perdonarían jamás que habiendo tenido a nuestro lado un idealista patriota como el general Perón, no lo hayamos apoyado como se merece.

Italia
22-III-48

Pienso, amigos de Italia, en todos esos instantes maravillosos que se han adentrado tan hondamente en mi corazón, y al conversar con vosotros, a través de este diálogo que dicta el sentimiento, experimento la grata emoción de aproximarme otra vez a un pueblo que conozco y admiro por sus virtudes creadoras, por su hondura humana, por su sensibilidad y su cultura, que parece reflorecer en una infinita primavera de belleza, de poesía y de arte, sin agotarse nunca, ofreciéndonos así el espectáculo de un perpetuo milagro en que la gracia y la fuerza armonizan mágicamente. La gracia angélica de Rafael y la fuerza cósmica de Miguel Angel no han surgido por azar entre vosotros; son el símbolo del alma itálica, su contenido inmanente y la síntesis del mensaje que habla a los siglos con las voces de piedra de las catedrales y los monumentos, los museos y las columnas, la misteriosa sugestión de Leonardo y la resonancia divina de las estrofas de Dante, donde el número y la arquitectura dan forma precisa y matemática a las visiones y los sueños.

Consolidar la paz
16-VIII-49

Hablamos al mundo con el firme propósito humanista y cristiano que anima los elevados sentimientos de comprensión para que la conciencia universal acepte el contenido de su generosidad, y que la pacificación de espíritus y el desarme de la agresividad de los pueblos encuentren por aquel camino su rehabilitación moral, social y económica, con el sentido total de los principios de convivencia humana.

El espíritu real y profundo de la libertad y la justicia puede medirse en la prosperidad y seguridad de un sentimiento pacifista, que no es una esperanza privilegiada de grupos o continentes, sino que representa una patria de principios y que desea a todos los pueblos del universo que logren los medios para arribar a ese objetivo.

La paz es el gran dilema del hombre a través de toda su trayectoria y la moral de los pueblos que condenan la agresión como sistema operativo de los hombres debe ser tonificada para que la civilización no fracase. Sólo será posible la paz internacional cuando se haya alcanzado y consolidado la paz interna de todas las naciones del mundo.

La paz constructiva
16-VIII-49

Sólo salvará a la humanidad la paz constructiva; jamás la lucha destructora de valores morales, espirituales y materiales. Esa paz, que es anhelo general en todos los pueblos del mundo, no puede buscarse sino a través de la satisfacción de las necesidades de esos pueblos, mediante una economía de abundancia que predispone a la cooperación y desarma las agresividades primarias. Por eso, al hablar a los pueblos del mundo, en esta convocatoria de paz, deseamos expresar que en busca de soluciones ideales van las expresiones prácticas, porque creemos que las naciones envueltas en impulsos agresivos y en ideas vacuas tienen derecho a encontrar una existencia más digna sin ese constante aguijonear que hiere las conciencias y menoscaba la dignidad. Es muy triste el clima de la injusticia para obligar a los pueblos a vivir en él.

La posición internacional
24-VIII-49

El orden material y moral de nuestro movimiento de conciencias se dirige hacia destinos seguros, involucrando la actividad integral de toda la vida interna de la República Argentina, a fin de colocarse en una posición internacional propia, liberada de extremismos y segura de sus principios con la expresión íntima de todos los pueblos amantes de la paz. Argentina la ha denominado como la tercera posición internacional, si es que la ciencia de los pueblos admite la ciencia fundamental de la libre y soberana determinación de sus destinos.

Asamblea interamericana de mujeres
24-VIII-49

América, aquí reunida, celebra el esfuerzo de voluntades de todas sus mujeres para encontrar soluciones que arriben a hechos concretos y tangibles en los derechos civiles, políticos, económicos y sociales de la mujer. El esfuerzo realizado no debe servir para alimentar idealismos infundados; no serán recomendaciones para la justificación de ese olvido de la Historia; tampoco serán realizaciones prácticas que carezcan de la inteligencia y del espíritu que vive el Continente en esta hora, porque América tiene una expresión práctica de todo ello, porque tiene una porción de tierra continental que le sirve de fuente inspiradora para la materialización de todo cuanto es capaz de realizarse.

Mundo de paz y de solidaridad
24-VIII-49

Es ésta una combinación armónica y equilibrada de un sistema operativo que niega el absolutismo estatal y el individualismo absoluto; que niega la lucha y el aniquilamiento de las fuerzas morales y materiales de los pueblos; porque aborrece la idea de la potencialidad agresiva de los bandos que dividen los pueblos y preparan la guerra. La profunda filosofía de este pensamiento, que anima la idea peronista en un mundo que se define, por un lado, como una dictadura capitalista sin alma y, por otro, como la expresión de una fuerza opresora de un régimen basado en el despotismo, descansa en los principios de hermandad solidaria de todos los hombres que desean vivir en un mundo de paz y cordialidad.

Mensaje de amor al pueblo libanés
27-IV-50

Como argentina que siente una extraordinaria simpatía por todos los libaneses, con la sinceridad que saben demostrar los peronistas, que no tienen más arma que la verdad, deseo, señor ministro, que llevéis un mensaje de amor a vuestro magnífico pueblo y que podáis decir a los libaneses que los argentinos, y con ellos esa colectividad honrada y patriótica —como la ha calificado nuestro ilustre Presidente—, les deseamos que sean tan felices como somos los argentinos de hoy, gracias a la obra patriótica, tesonera e inquebrantable de un hombre de los quilates del general Perón: que el justicialismo que nos brinda a manos llenas el general Perón llegue también a vuestra tierra que tanto amamos, y que la tercera posición del general Perón, tan comprendida por vuestro pueblo libre, trabajador y honrado, sea también comprendida en el mundo entero, para que haya la paz verdadera que tanto anhela la humanidad.

La Nueva Argentina
10-VI-51

El pueblo, que tiene una intuición extraordinaria, deja siempre a lo largo del sendero, como se deja lo inútil, a los cobardes y a los payasos. Solamente fue así posible la independencia política y la independencia económica que ha labrado el pueblo argentino. Por eso, porque el pueblo es merecedor de Perón y porque Perón es merecedor de ese pueblo, estamos levantando en todo el territorio de la Patria la Nueva Argentina con que soñara el general San Martín y que está cristalizando a pasos gigantescos el general Perón.

Bandera de paz en el mundo
20-II-52

No fueron los ricos ni los poderosos los que lo comprendieron, sino los humildes. Es que los ricos y los poderosos han de tener el alma cerrada por la avaricia y por el egoísmo, mientras que los humildes duermen al aire libre y sus almas están siempre atentas a todas las cosas extraordinarias y ven con los ojos del alma, que ven mucho más lejos. Por eso fueron los humildes y los trabajadores los que comprendieron al general Perón, lo siguieron, lo siguen y lo seguirán, porque Perón es un símbolo, es una bandera, y todos los que luchamos por la felicidad, todos los que luchamos por la igualdad, todos los que luchamos por el Justicialismo, debemos seguirlo, porque él, en las horas inciertas de la humanidad, con un imperialismo capitalista y otro de izquierda que luchan por predominios económicos y políticos, levantó la bandera de la justicia y de la igualdad, la bandera del amor y la fraternidad, que es la única bandera de paz en todo el mundo.

Hermanos
25-IV-52

"Todo nos une y nada nos separa", dicen siempre los amigos brasileños. Y yo hoy repito que todo nos une y nada nos separa, pero cada día más, ya que el Brasil encontrará siempre en el pueblo y en el gobierno argentinos a hermanos y amigos dispuestos a marchar hombro con hombro en pos de la libertad, de la justicia y del bienestar social a que tenemos derecho.

ÍNDICE

Eva Perón Habla a las Mujeres

Patria - Pueblo - Recuperación

Este libro se terminó de imprimir en el mes de febrero de 1996
en Impresiones SUD AMERICA - Andrés Ferreyra 3767/69, Capital